융과 영혼의 탐구

융과 영혼의 탐구

2024년 5월 24일 초판 1쇄

지은이 이제 타르당-마스클리에
옮긴이 김성민
펴낸곳 도서출판 달을긷는우물
등록 2023년 02월 20일 제838-06-02216호
주소 경기도 과천시 관문로92 힐스테이트 과천중앙 101-1621

전화 02 6012 3319
e-mail souyou67@gmail.com
홈페이지 https://blognaver.com/puitsdelalune

ISBN 979-11-91335-19-4 93180

값 22,000원

Jung et la question du sacré d' Ysé TARDAN-MASQUELIER

Copyright © Editions Albin Michel - Paris 1998
All rights reserved.
Korean translation copyright © 2024 by Editions Le Puits de la Lune

이 책의 한국어판 저작권은 Editions Albin Michel과 독점 계약한 도서출판 달을긷는우물에 있다. 저작권법에 의하여 한국 내에서 보호를 받는 저작물이므로 무단 전재 및 복제를 금한다.

융과 영혼의 탐구

이제 타르당-마스클리에 지음

김성민 옮김

역자 서문

본서의 저자 타르당-마스클리에는 C. G. 융은 어떤 범주에 넣어서 분류할 수 없는 독특한 사람이라고 말했는데, 그녀 역시 매우 독특한 사람인 듯하다. 그녀는 비교종교사가로서 세계 각지의 종교를 연구하였고, 특히 인도 종교와 요가에 흥미를 느끼고 그 분야에 관한 많은 저서를 출판하였으며, 요가 아카데미를 설립하여 요가 훈련에도 열심을 기울였지만(그녀는 그런 업적들로 레종 도뇌르 훈장을 받았다) 전공분야와 어느 정도 거리가 있는 융의 분석심리학에 흥미를 느끼며 본서를 집필했기 때문이다. 그녀가 융의 분석심리학에 흥미를 느꼈다면, 그것은 융의 분석심리학 사상에 흥미를 느꼈기보다는 융이 프로이드의 정신분석학과 달리 그녀가 추구했던 영혼의 문제를 다루었기 때문일 것이다. 다시 말해서 융이 사람에게는 자아-의식을 뛰어넘는 어떤 "성스러운 것"(le sacré)을 향해서 나아가는 성향이 있다고 주장하면서 추구해 나갔기 때문인 것이다. 그녀 역시 비교종교사가로서 세계 여러 나라의 종교들을 살펴보면서 사람들이 그 이름이나 방식은 달라도 언제나 무엇인가 궁극적인 것을 추구하고 그것과 관계 맺으며 살려는 것을 알았으며, "성스러운 것"을 향해서 나아갔는데 융도 마찬가지였던 것이다. 그래서 그녀는 융 학파 분석가도 아니면서 융에게 깊이 빠져 들어가서 본서를 집필하였고, 융 사상의 핵심을 뚫고 들어가서 자신과 융의 접촉점을 찾았다.

저자가 본서를 집필한 것은 그녀가 생각하기에 인간에게는 신을 찾고, 신과 하나가 돼서 정신적 완성을 추구하려는 욕망이 본능적으로 존재하는데, 현대인들이 "하느님이 없는 듯한" 풍조 속에서 고통 받는 것이 너무 안타까웠기 때문인 듯하다. 그녀는 융이 신학자나 종교학자가 아니었음에도 불구하고 정신의학자로서 그의 사상이 "너무 신비주의적이다"라는 비판을 받으면서도 눈에 보이지 않는 "성스러운 것"을 찾으며 그의 환자의 정신세계는 물론 연금술과 종교체험에서 그것들을 확인하려고 했던 것이 놀라웠던 것이다. 그래서 그녀는 융과 같이 영혼의 심층을 탐구해나갔다. 그러면서 본서의 결론에서 "융은 임상가로서 '신이 죽었을지라도'—이것은 더 입증해 보아야 한다—신적인 것은 어쨌든 신성한 힘의 표현으로서 여전히 살아 있다고 확인하였다. 변화된 것이 있다면, 신은 외적 초월성으로 체험되지 않고, 가장 깊은 곳에서 내재성으로 느껴진다. 우리가 '신'이라고 하는 생각은 어떤 면에서 바뀌었다. 융은 이런 변화와 그 변화가 서구의 전통적인 '하느님의 상'(Imago Dei)에 가지고 온 변화에 주목하였다"라고 하며 융을 높이 평가하였다.

정말이지 인간이 신적인 존재를 추구하는 것은 지극히 개인적이고, 내면적인 행위이다. 물론 사람들이 집단적 의례에 참가하면서 또 다른 성(聖)의 경험을 하기도 하지만, 인간과 신의 관계는 본질적으로 개인적이고, 내면적 관계인 것이다. 따라서 사람들은 신을 자신의 바깥에서 찾으려고 할 것이 아니라 자신의 내면에서 찾아야 한다. 더구나 현대 사회처럼 과학기술이 발달하여 합리적이고 실증적인 풍조가 팽배한 사회에서 신은 더욱더 내면에서 찾을 수밖에 없다. 근세 이래 사람들은 신을 제도적인 종교에서 찾을 수 없게 되었기 때문이다. 현대 사회에서 기독교뿐만 아니라 모든 종교들이 쇠퇴해가는 것은 그 때문이다. 현대인들은 지난 세대들처럼 이제 더 이상 어떤 종교지도자나 교회의 권위를 통해서 "성스러운 것"을 체험하지 못하게 되었다. 그러나 현대 사회의 영적인 문제는 사람들이 합리적인 입장에서 교회의 많은 것들을 비신화화 하다가 정작 내면 깊은 곳에 있는 "성스러운 것"까지 내쫓아버렸다는데 있다. 사람들은 교회의 여러 가지 문제들에 실망하여, 신성(divinity) 자체까지 부정해버린 것이다. 그 결과 현대 사회는 커다란 혼돈에 빠지게 되었다. 현대인들은 "신 죽음"의 사회에서 그들의 내면 깊은 곳에서 삶의 방향과 의미를 제공해주고, "비일상적인 세계"를 체험하게 했던 것과 단절되어 일상적이고, 무료하며, 무의미한 것들 속에서 살게 된 것이다. 그래서 현대인들은 그들을 이상한 열정에 빠지게 하는 우상에 사로잡히거나 잘못된 종교집단에 빠지거나 종교 대체적인 것에 몰두하면서 삶 전체가 파괴되기도 한다. 많은 현대인들이 정말 "성스러운 것"을 잃어버렸기 때문이다.

본서에서 저자는 분석심리학의 중요한 개념들인 자기, 원형, 그림자, 아니마/아니무스, 개성화 과정 등을 종교학적인 관점에서 그녀 나름대로 해석하여 설명한다. 그녀의 주장 가운데서 가장 인상적인 것은 그녀가 융의 "죽은 이들을 위한 일곱 편의 설교"를 해설하면서 융의 심리학은 그동안 잘못 알려져 왔던 것처럼 프로이드의 정신분석학에 영향 받은 것이 아니라 그것과 전혀 다른 심리학적 기초 위에 세워졌고, 전혀 다르게 발달한 것이라고 강조한 점이다. 왜냐하면 융이 프로이드와 헤어진 다음 그에게 찾아온 정신적 혼란의 시기가 끝날 무렵인 1916년에 쓴 "죽은 이들을 위한 일곱 편의 설교"에는 융이 나중에 개진하게 될 전체성, 자기, 신성의 개념, 악의 개념, 대극의 쌍 등 분석심리학 개념이 나오기 때문이다. 그런데 그것들은 프로이드의 정신분석학과 근본적으로 다른 것이다. 저자의 이런 지적은 정곡(正鵠)을 찌르는 지적이며, 근래의 융 연구자들도 모두 동의하는 주장이다. 융은 프로이드를 만나기 이전에 이미 프로이드와 근본적으로 다른 사상 체계를 형성하였고, 프로이드와 헤어진 다음 그것을 체험하면서 그의 독자적인 심리학을 전개시켜나갔던 것이다.

융의 그런 생각의 바탕에는 그가 프로이드와 다른 가정적 배경에서 성장하였고, 철학, 신학, 종교학 등 인문과학을 폭넓게 공부하였기 때문이다. 특히 그는 중세 철학자들이 우주 전체의 잠재적인 정신-물리적 통일성을 전제로 한 "하나인 세계"(unus mundus) 사상을 받아들여서 이 세상에 존재하는 모든 것들은 서로 떨어져서 존재하는 것이 아니라 커다란 전체가 하나를 이루고 있으며, 각각의 개체 속에서도 전체는 하나로 되어 있다고 생각하였다. 그러면서 그것을 그의 심리학 사상에 도입했는데, 그것이 자기(自己) 개념의 전개로 나타난다. 자기는 전체성으로서 모든 정신 요소들을 통합하며, 정신을 전체적으로 조절하는 역할을 하는 것이다. 원자핵이 중심에 있으면서 전자들이 궤도를 이탈하지 않게 하듯이 자기는 전체성이면서, 중심으로 전체를 통괄한다는 것이다. 그래서 자기는 동시에 중심, 전체성, 정신적 삶의 목적이 된다. 그래서 그는 과거 그의 환자였으면서 동시에 노벨 물리학상을 수상한 스위스의 물리학자 볼프강 파울리와 그런 생각을 나누며 물질과 정신은 서로 다른 것이 아니라 서로가 서로를 비추는 양면이라는 생각에서 동시성 현상을 같이 연구하였다. 그들은 모두 똑같은 지적 모델, 즉 상보성(complémentarité), 미묘한 에너지론, 상대성, 관찰자의 비-외부성(non-extériorité)을 가지고 세상을 바라보았던 것이다. 이런 전체성에 대한 생각은 사람들에게 의미체험을 하게 한다. 사람들은 그들이 우주와 전체적으로 조화를 이루고, 그들의 리비도가 순조롭게 흐를 때 인간의 삶에는 어떤 방향이 있고, 의미가 있다고 느끼기 때문이다. 인간의 삶은 우연의 연속이 아니라 어떤 방향을 향해서 나아간다고 느끼기 때문이다.

   융의 이런 생각은 현대 사회의 지극히 합리주의적이고, 기계적인 삶을 사는 사람들에게 점점 더 많은 공감을 받고 있다. 그래서 저자는 융을 포스트 모더니즘의 선구자라고 주장하였다. 현대 세계에는 융의 영향을 받았든지 받지 않았든지 간에 그가 반 세기 전에 주장했던 것과 비슷한 운동들이 전개되기 때문이다. 그것은 가히 "새로운 문예부흥"(renaissance)라고 부를 만한 것이다. 융은 인간과 우주의 반쯤은 동물적이고 반쯤은 정신적, 반쯤은 원시적이고 반쯤은 문명적, 반쯤은 남성적이고 반쯤은 여성적, 반쯤은 밝고 반쯤은 어두운 원초적 실재를 그대로 파악하였고, 그것들을 계속해서 통합하는 모델을 제공했던 것이다. 1990년 프랑스 스트라스부르에서 조직된 제2차 유럽회의의 주제 역시 그런 것이었다. 그 회의도 세계를 전체론(Holisme)에 입각하여 현대 세계를 과학과 고대 전통 및 신비주의의 교차점으로 파악하고, 현대 세계는 정신과 물질을 통합한 새로운 패러다임을 도출해야 한다고 강조하였다. 그렇지 않으면 세계는 파멸의 길로 나아갈 것이기 때문이다.

그러나 우리나라의 종교, 교회의 상황을 보면, 대부분의 제도적 교단들은 현대 세계의 이런 정신적 흐름에 전혀 무신경한 듯하다. 대부분의 종교는 아직도 바깥에 있는 신에게 복을 빌고, 내세의 구원과 정신적 평안만 비는 지극히 외향적이고, 개인적인 태도에 머물러 있기 때문이다. 이미 죽어버린 신의 시체 앞에서 엉뚱한 짓을 하거나 신의 처벌이 두려워서 벌벌 떠는 것이다. 그러나 기독교의 위대한 신비가들은 그 시대들을 앞질러서 하느님을 바깥에서 찾지 말고 내면에서 찾으라고 강조하였다. 하느님의 아들은 언제나 영혼의 깊은 곳에서 태어나기 때문이다.

2024. 5. 4.
月汀.

차례

역자 서문 4
서문 12

제1장 칼 구스타프 융, 선구자로서의 삶 17
_ 운명의 지표 17
_ 융의 가족 20
_ 유년기 23
_ 의사라는 직업 25
_ 프로이드 26
_ 밤바다의 항해 28
_ 성숙한 상태에서의 작업과 분석심리학의 형성 30
_ 세계에 대한 경청 33
_ 정신치료를 넘어서: "위대한 작업" 38
_ 융, "포스트 모던"의 시조? 41

제2장 영혼의 세계 44
1. 네 가지 정신기능과 자아 45
2. 무의식 49
   개인무의식 49/ 집단적 무의식 52/ 집단적 무의식의 원형 55 – 태모 55, 아니마와 아니무스 58, "노현자" 원형 61, 사위성 61
3. 영혼의 중심, 자기 65
   현상학 65/ 이론적 접근 68/ 자아와 자기의 사이 72

제3장 개성화 과정, 영적 체험 74

1. 과정으로서의 개성화와 삶의 의미 76

"실재적인 것의 문" 77/ 가면을 벗은 자아 80/ 아니마, 아니무스: 무의식의 매개자 82 – 어머니와의 관계 82, 대가의 저서 84

2. 현자의 금 87

3. 개성화 과정, 종교체험의 기반 96

전통적인 만달라들은 어떤 역할을 했는가? 97/ 무의식이 만든 종교적 예배 99/ 기독교 문화에서 중심의 상징주의: 자기에로의 접근? 101

제4장 의미의 시험 107

1. 중요한 열쇠들 107

중요한 개념들 108 – 리비도 108, 상징 109, 이미지 또는 이마고 111, 원형과 집단적 무의식 112/ 상징의 기능 114 – 표현 116, 중개 118, 통합 120

2. "종교"라는 단어의 두 가지 의미 122

교파 또는 체험 122/ 종교의 대상: 자기, 또는 "신의 원형" 126

3. 주요 방법들 129

꿈에 대한 견해 130/ 확충과 연상 131/ 비교종교사 133

제5장 악, 신적인 것, 성스러운 것 138

1. 『욥에의 응답』: 하느님 안에 있는 악 138

기독교 신앙체험에서 사위성의 원형 139/ 잃어버린 "네 번째의 것"을 찾아서 143

2. 융과 기독교 148

신의 원형과 기독교의 하느님 149/ 전체성에 대한 추구와 신앙의 행위 151

3. 질문들 153

"초월성" 153/ "신성한 것" 155/ 온전성과 타자성 158

제6장 융과 융 이후 162

1. 융은 영적 스승인가? 165

"늙은 연금술사" 165/ 정신치료와 영적 동행 166

2. 새로운 시대와 융의 추종자들 169

합리적인 것을 넘어서 169/ 심리학의 전환 171/ 융의 전체론적 입장 177

3. 동양의 약속 178

인도 179/ 중국 182

4. 심리학과 과학의 만남 185

동시성, 또는 영혼과 물질의 암시적 통일성 186/ 과학과 의식 188

결론 195
참고문헌 201
주석 206

서문

융은 어떤 방식으로 분류할 수 있는 인물이 아니다. 지금도 그의 독창성은 많은 사람들을 불편하게 하고, 그의 저서들을 모두 읽으려면 오랜 인내가 필요하다. 그의 작업 자체가 거대하고, 풍성하며, 그의 글 속을 관통하는 강한 힘이 첫 문장에서부터 느껴지지만 의미를 제대로 깨달으려면 시간이 많이 지나가야 하기 때문이다.

프로이드나 또 다른 정신분석적 인류학자들처럼 융도 그 자신을 첫 번째 실험 대상으로 삼았다. 그는 그의 개념들이 정확하다는 것을 먼저 검증했던 것이다. 사실, 그는 먼저 그 자신의 내적인 고통과 정신적 통일을 향한 과정을 통해서 그의 환자들에 대한 치료를 시작하였다. 그를 개인적으로 잘 알지 못하는 독자들은 언제나 그 순간 만들어지는, 어떤 진행 과정 중에 있는 살아 있는 생각들을 보게 된다. "무의식", "상징", "원형", "개성화" 등은 발달 과정에 있는 용어들이다. 우리가 그 과정을 정직하게 따라가다 보면, 그 생각의 발달에는 완전히 일관성이 있음을 알게 된다. 그러나 어려운 점은 서로 다른 정신분석학들이 태어나면서부터 인문과학으로 만들어졌다는 사실에 있다. 그것들은 객관화 과정을 거쳐야 했는데, 불가피하고 필요한 것이었다. 관찰자와 거리를 둠으로써 그 지표들을 정확하게 하지 않는다면 책임 있는 치료법이 되지 못하기 때문이다. 그러나 그것들을 하나의 학문으로 만들게 하는 이 필요성은 우리들로 하여금 그 선구자들로부터 안정된 내용을 가진 개념들을 추구하게 한다. 하지만 거기에서 종종 어떤 가설들이 만들어지고, 그것은 특히 융에게서 마찬가지였다. 그는 언제나 주저하지 않고 의심스러운 것들을 살펴보았고, 그것으로부터 지적 수정 작업을 해나갔다.

그에게서 삶과 저작은 계속적인 상호 작용 속에서 나아갔다. 그 자신이나 다른 사람들과의 관계는 그의 생각들의 진실성을 확인하는 공간이었다. 그의 전기는 거기에 열쇠를 제공한다. 따라서 그의 전기인 『나의 생애와 사상: 기억과 꿈과 생각들』이 아무리 한 노인이 어쩔 수 없이 과거의 사건들을 재해석한 것으로서, 그때까지 아직 드러나지 않았던 의미들을 풍부하게 채워준 책이라고 할지라도 언제나 다시 그 책으로 돌아가야 한다. 『나의 생애와 사상』은 거의 마지막으로 보는 매우 훌륭한 책이다. 그래서 융에 대해서 읽으려면, 그 책으로부터 시작해야 한다. 나로 말하자면, 그 책은 청소년 시절부터 나와 같이 다녔다. 그 책은 다른 사람들에게 열려 있으면서, 점점 더 보편적으로 된 자기-실현의 길에서 아주 멀리 나아간 어떤 사람에 대해서 말하기 때문이다. 그의 내면의 기억들은 어떤 이상적인 이미지와 동일시하는 것과 정반대로 분화나 "그 자신으로 되는 것"을 제외하고는 그 어떤 모델도 주지 못한다. 그것들은 내면세계를 일깨우면서 나의 가장 깊은 곳에 말을 걸었기 때문에 그것들을 읽는 것 자체가 나에게는 하나의 실존적 체험이었다.

그 책을 다 읽은 다음 취리히를 방문하면, 우리는 저자에 대해서 더 잘 이해할 수 있을 것이다. 융은 호수(湖水)의 사람이다. 그는 콘스탄스 호수 기슭에 있는 케스빌(Kesswill)에서 태어났고, 어릴 때부터 호숫가에서 살려고 마음먹었다. 또한 그가 유명한 정신분석가가 돼서 에라노스 학회에서 그 당시 위대한 학자들과 정기적으로 모임을 가졌던 것도 마조레 호수(Lac Majeur)였다. 그러나 취리히는 몇 가지 점에서 특별하다. 취리히는 라페스빌(Rapperswil) 반도에 의해서 서로 다른 지형을 나타내는 두 개의 분지로 나누어져 있는 것이다. 아래쪽 호수 주위에는 도시와 외곽이 펼쳐져 있고, 사람도 많이 산다. 아름다운 정원에 둘러싸인 잘 가꾸어진 중산층 저택들에는 보트를 정박시킨 창고와 부교(浮橋)들이 죽 늘어서 있다. 융이 가족과 함께 사는 아늑한 집도 퀴스나하트에 있는데, 융은 거기에서 중요한 내담자들을 만났으며, 그의 사무실과 주목할 만한 풍성한 서재도 같이 있다. 취리히의 위쪽 호수는 이것과 완전히 다른 분위기이다. 융이 살았던 시기에 그곳은 개발되지 않았고, 자동차나 자전거 여행객들이 여름에 가끔 들렀을 뿐 인적이 거의 없는 곳이었다. 그 대신 갈대들이 언덕을 점령하고 있었고, 남쪽을 향한 산의 광경은 장엄하였다. 융 자신이 1923년 두 사람의 석공과 함께 성탑을 세운 곳은 그곳, 볼링겐(Bollingen)인데 그는 1935년까지 처음 지은 성탑에 다른 건축물들을 덧붙였다. 거기에는 수돗물도 없었고, 전기도 들어오지 않았는데, 융은 종종 혼자 묵상을 하려고 거기에 왔다. 사진을 보면 그가 돌에 조각을 한 것을 볼 수 있고, 여든 살의 나이에 장작을 쪼개는 것이 있다.

  내가 퀴스나하트와 볼링겐에 있는 두 집을 보았을 때, 나에게는 그 두 집이 마치 융의 인격의 두 측면, 말하자면 그가 말했던 "첫 번째 인격"과 "두 번째 인격"을 나타내는 은유처럼 보였다. 첫 번째 인격은 직업적 성공과 가정적인 삶에 알맞도록 정리되어 외향적이고, 사회화되어 있었고, 두 번째 인격은 더 은밀하고, 직관을 향해 있었다. 외로우며, 무의식의 소리를 듣고, 본성과 강하게 연결되어 있었다. 융은 퀴스나하트에 대해서 이렇게 말하였다: "나에게 아내와 다섯 아이라는 가족이 있었고, 나의 환자들을 도와야 하는 의사로서의 자격증이 있었으며, 또한 퀴스나하트의 제스트라세(Seestrasse) 228번지에 산다는 의식, 그것이 나에게 주어진 현실이었고, 나에게 부과되어 있었다." 또한 볼링겐에 대해서는 이렇게 말하였다: "나는 처음부터 그 성탑을 성숙을 의미하는 장소로 생각하였다. 그것은 나에게 있어서 어머니의 품속이거나 어머니의 상(像)으로 생각되었다. 그 속에서 과거의 나, 현재의 나, 그리고 미래의 나 자신이 형성될 수 있었다. 그 성탑은 내가 돌로 다시 태어나고 있다는 것 같은 느낌을 주었다. ... 이곳에 우주를 벗어난 곳에 있는 무대 안쪽의 영역을 위한 자리가 있다." 그 두 집 사이에 융이 매우 자주 그의 돛단배를 타고 가로지르며, "그것은 세상이라는 대양(大洋)을 횡단하는 또 다른 중요한 곳이다"[1]고 말했던 호수가 있었다.

하지만 그가 "부르든지, 부르지 않든지 간에 하느님은 거기 계시다"(VOCATUS ATQUE NON VOCATUS DEUS ADERIT)라는 수수께끼 같은 델피의 신탁의 말씀을 새긴 것은 퀴스나하트의 횡목(橫木)이다. 신은 기독교의 하느님인가, 아니면 신인가? 그 글귀가 모두 대문자로 되어 있고, 라틴어에 관사가 없기 때문에 무엇이라고 판단할 수 없지만, 융이 그 모호성을 즐겼으리라는 것은 틀림없다. 나는 이 글귀를 더 편하게 "우리가 원하든지, 원하지 않든지 간에 신에 대한 문제는 주어진다"라고 번역하고 싶다. 그런 질문은 어디서든지, 그가 볼링겐에 혼자 있든지, 퀴스나하트에서 사회생활을 하고 있든지 언제나 주어졌을 것이다. 이것은 무엇을 의미할까? 종교의 역사가 신에 대한 좀 더 깊은 수준의 문제가 부각되는 막다른 골목에서 정신분석학에 무엇인가 이야기할 것이 있는 것은 이 지점이다. 그것은 인간을 구성하는 근본적인 거룩함에 대한 체험이기 때문이다. 융은 이런 체험을 인식하지 못하고, 그것을 받아들이지 않고서는 영혼에 대한 치유가 불가능하다고 생각했기 때문이다. 나는 오래 전부터 정신적인 것과 종교적인 것, 그리고 영적인 것들을 이 기초 위에서 연결할 수 있는지에 대해서 알려고 노력해왔다. 어쩌면 나는 그것을 확신하기보다는 의문을 가졌었는지도 모른다. 융이 선택했던 신탁의 말씀은 나에게 "지나가지 말고, 계속해서 맞서라"고 하는 스핑크스의 수수께끼였던 것이다.

나는 이 책을 쓰면서 종교와 정신분석학 사이를 다행스럽게도 통합하신 나의 부모님들에게 많은 것들을 빚지고 있다. 그러나 이 책은 프랑스 융 학파의 위대한 인물이었던 엘리 윔베르(Elie Humbert)와의 오랫동안의 대화가 없었더라면 이런 형태로 출판되지 못했을 것이다. 그러므로 나는 우리가 오늘날 살아 있는 지혜를 탐구하는데 필요한 새로운 지표(指標)에 대해서 논의하였던 것을 기억하면서 삶과 죽음의 간격을 넘어서 이 책을 그에게 헌정한다.

제1장
칼 구스타프 융, 선구자로서의 삶

"그러나 당신, 당신 자신의 신화, 당신이 그 안에서 사는 당신의 신화는 어떤 것인가?"(*Ma Vie*, 199).

"나의 삶은 그 자신을 실현했던 무의식의 이야기이다"(*Ma Vie*, 199).

운명의 지표

융이 여든 두 살의 나이인 1957년부터 그의 제자 아니엘라 야페에게 구술했던 자서전은 정신적 발달과 과학적 연구 사이의 놀라운 관련성을 보여 준다. 그 책은 "나의 삶은 그 자신을 실현했던 무의식의 이야기이다"라는 놀라운 주장으로 시작된다. 이런 통일성은 그 노인의 삶 전체를 그가 자신의 "운명"이라고 부른 것과 어떻게 관련되었는지 다시 생각하게 한다: "내가 기록한 모든 것들은 말하자면, 내면으로부터 나에게 주어졌던 과제들이다. 그것들은 운명의 압력 아래서 태어났다. 내가 기록했던 것들은 내 안에서, 그리고 그 위에서 나를 녹게 하였다."[1] 그에게 내면적 우주가 지배적이었던 것은 그의 성격의 기본적 전제가 되었다. 그런 성향은 그가 어린 시절 외롭게 놀았던 놀이들 속에서 이미 생기를 불어넣었던 식물과 광물의 세계에 대한 신비한 공감을 하게 하였고, 의사소통할 수 없는 내적 체험의 단단한 핵을 만들어냈다. 그런 성향은 그가 의학공부를 하고, 의사로서의 초기 활동을 하던 무렵 뒤로 물러났다가 1913년부터 1916년 그가 프로이드와 프로이드의 개념들과 결별한 다음 다시 나타났는데, 융은 오랜 시간이 지난 다음 그 기간을 "무의식과의 만남"[2]이라는 이름을 붙였다. 이 어두운 기간 동안 그는 점점 더 그가 프로이드와 함께 지내면서 발견했던 것들을 동화시켰고, 그를 고립시켰던 프로이드와의 결별의 결과를 받아들였으며, 그 자신의 무의식적 요소들과 대화하면서 더 폭넓은 인격을 만들어갔다.

그에게는 점점 "그러나 당신, 당신 자신의 신화, 당신이 그 안에서 사는 당신의 신화는 어떤 것인가?"라는 근본적인 질문이 떠올랐다. 그는 1959년에 쓴 자전적 전기의 "그 뒤의 생각들" 장에서 다음과 같이 밝힌다: "우리가 우주 속에서의 인간 실존의 의미를 충분히 설명할 수 있는 표상, 즉 의식과 무의식이 함께 작용하는 영혼의 전체성에서 나오는 표상을 발견할 때, 그것을 신화적으로 표현하려는 욕구를 충족시키게 된다."[3] 그러므로 "당신이 그 안에서 사는 당신의 신화는 어떤 것인가?"라는 질문은 정신의 어두운 과정과의 통일을 실현시키는 데까지 이르는 의식의 확장을 가리키는 말이 된다. 그것은 모든 사람들의 실존에 의미를 주는 추진력이고 성공을 위한 윤리적이며 영적인 수단인 것이다. 그 질문을 계속해서 상기하는 것은 그 질문과 조화를 이루며 사는 것이다. 그래서 "나의 삶은 그 자신을 실현했던 무의식의 이야기이다"라고 말하게 된다.

이 결정적 위기는 그 정신과의사의 연구를 새로운 영역으로 나아가게 하였다. 그가 모든 것을 체계화하기 전에 직관적으로 경험했던 것들은 종교체험에서 볼 수 있는 자료들과 놀라울 정도로 비슷한 무의식적 내용의 집단적이고, 신성한 특성이었기 때문이다. 그는 혼자서 외롭게 영지주의 체계를 살펴보았고(1918-1926), 연금술을 연구하였으며(1928년부터), 연금술에 관해서는 10년 동안 중심이 되는 용어들의 일관된 어휘집을 만들었다. 그리고 마침내 기독교 교의에 대해서 연구하였다.『심리학과 종교』(*Psychologie et religion*)는 1937년에 출판되었는데, 그가 처음 "무의식과의 만남"을 가졌던 이후 28년만이다. 그가 이 책에서 객관적으로 밝힌 성숙의 과정은 그의 "신화"의 한 부분이기도 하다: "내가 인간적이거나 과학적으로 관심을 가졌던 모든 문제들은 꿈을 통해서 예기되었거나 꿈과 함께 하였다."[4]

1944년 융에게는 심근경색이 찾아왔고, 그 때문에 그는 몇 주 동안 혼수상태에 있었다. 그는 그가 죽음의 가장자리들에서 체험했던 무의식의 체험에 대해서 이야기했는데 그것은 개인적 자아에서 오는 모든 주관적 구성물들을 뛰어넘거나 벗어나기 때문에 그가 "객관성"이라고 부르는 존재의 원초적 상태에 대한 직관이었다. 그것은 인간의 모든 현상들의 공통된 층인 "정신양"(psychoïd: 융은 이것을 원형이라고도 부른다. 정신양이라는 용어는 원형이 정신적인 것만이 아니라 물리적이기도 하다는 생각 때문에 융이 말년에 종종 정신양이라고 하였다. 원형은 인간의 경험에서 정신과 물질이 분화되기 이전의 미분화된 상태에서 경험된다는 것이다―역자 주)이다. 사람들에게 충만감을 낳게 하는 이 한계 상태에 대한 가장 가까운 묘사를 살펴보려면 "환상들"이라는 장을 읽어야 한다: "영원의 관점에서 볼 때, 죽음은 결혼, 즉 '신비적 융합'(*mysterium conjunctionis*), 연합의 신비(mystère d'union)이다. 영혼이 그에게 부족한 반쪽에 도달하는 것이다. 그때 영혼은 전체성을 이루게 된다."[5] 그것은 언제나 신화이다: "나는 사람들이 그의 운명을 받아들이는 것이 얼마나 중요한 것인지 그 병을 앓고 난 다음에서야 겨우 깨달았다. 그렇게 해야 진리를 지탱하고 있고, 운명이나 세상보다 더 높이 있는 굳건한 자아가 있을 수 있기 때문이다."[6] 그에 따라서 어떤 요청이 점점 더 급하게 다가오는데, 그것은 "한 개인을 뛰어넘는 중요한 과제"[7]를 완수하는 것이다. 사실, 융은 그의 동시대인들 가운데서 역설적이게도 유독 그 자신이 그의 뿌리가 되는 역사적 공동체에 아주 긴밀하게 속해 있다는 사실을 체험하였다: "나는 나의 부모와 조부모는 물론 조상들로부터 대답을 듣지 못해서 불완전한 상태로 남아 있는 문제들의 영향 아래 있다는 강렬한 느낌을 받았다."[8] 그는 그 자신은 물론 그의 환자들을 통해서 인간의 정신에는 원시적 차원이 있다는 것을 직관적으로 알았다. 거기에서 상징은 조상들이 과거에 행했던 것들을 현재적으로 표현하고, 그가 집단적 무의식이라는 관념으로 개념화하려는 것이 그 체험들에 뿌리를 두고 있다는 사실을 알았다. "나에게는 내가 역사의 한 끄트머리, 말하자면 그것보다 앞서거나 그 다음에 이어질 것이 없는 하나의 조각 같다는 느낌이 들었다. 나의 삶은 긴 사슬이 가위로 잘라진 것 같았던 것이다. 그래서 수많은 질문들에 대답이 주어지지 않았다."[9]

그는 1944년부터 그가 죽는 1961년까지 같은 계열의 관심사에 관한 연구를 하였다. 그에 따라서 아주 방대한 양의 저서들이 출판되었는데, 그 안에서 그는 종교사와 영성사(靈性史)를 치료적인 관점에서 살펴보았다. 얼핏 보면 그 책들에 치료적인 내용은 언급되지 않는 것 같지만 사실 그 안에 내포되어 있으며, 더 광범위한 이해를 가지고 그 위에 자리 잡고 있다. 이것은 정신분석적 환경에서 정말 융에게서만 찾아볼 수 있는 특이한 입장이다.

융의 가족

칼 구스타프 융의 두 조부는 모두 훌륭한 사람들이다. 그의 외할아버지인 사무엘 프라이스베르크(Samuel Preiswerk)는 목사님의 아들로서 그 자신도 목사였고, 시온주의자였다. 그는 유사심리학에 관심을 가졌는데, 그것은 그의 가족에게 본래 여러 세대에 걸쳐서 전해진 영매(靈媒)

의 은사가 있었다는 점에서 아주 자연스러운 현상 같다.

그의 친할아버지는 더 흥미로운 사람이다. 그는 본래 독일계 가톨릭 신자였는데, 그의 아주 가까운 친구인 위대한 신학자, 프리드리히 슐라이에르마허의 영향 때문에 개신교로 개종하였다. 그런데 슐라이에르마허는 독일에서 낭만주의가 절정에 도달했던 시기에 그의 유명한 저서에서 교의와 의례보다 자발적인 종교체험이 더 중요하다고 주장하였고, 그 자발성이 어떻게 합리적 의식을 하느님에 대한 절대의존의 감정에 스며들게 하는지 보여 주었다. 융이 어쩌면 더 높은 요소나 "초월적" 요소와의 접촉을 통해서 상징들이 어떻게 분출되는지 이해하기 위하여 이 자료를—상당히 변환시키기는 했지만—사용했을 가능성은 상당히 높다. 그러나 그의 할아버지는 그의 가계(家系)에 또 다른 방향을 제시하였다. 그는 자연과학에 열정을 가졌던 뛰어난 의사로, 정치적 이유 때문에 바젤로 망명할 수밖에 없었다. 바젤에서 그는 스위스 프리메이슨의 지도자가 되었고, 바젤대학교 총장으로 봉직했다. 그는 순응적이라기보다는 독재적이고, 변덕스러우며, 매혹적인 사람으로 자식이 열세 명이나 되었다. 그리고 희곡과 과학 논문들을 썼으며, 믿어지지 않는 정력으로 유명했다. 그는 어쩌면 괴테의 사생아일 수 있다고도 알려졌다.[10] 우리는 그 손자가 태어나기 11년 전에 그 할아버지가 죽지 않았다면 그 손자와 할아버지의 만남이 어땠을지 상상할 수 있다.

그의 아버지 폴 융은 매우 박식한 목사였으며, 특히 동양 언어에 흥미를 느꼈다. 그는 융이 태어난 콘스탄스 호숫가의 케스빌, 라인 폭포 기슭의 라우펜 성 등 여러 교구 등에서 목회하였다. 그러다가 그는 바젤 근교의 프리드마트 정신병원에서 원목으로 일했다. 그는 우울했고 불안이 많았으며 모순적이었는데, 평생 동안 지적인 신앙에 회의감을 느끼면서 그 문제와 씨름하면서 살았다.

에밀리 융-프라이스베르크는 그의 남편보다는 삶을 더 신뢰하였던 것 같다. 융은 그의 기억에서 그의 실제의 어머니에 대한 묘사와 그가 모성 원형을 통해서 배운, 알 수 없는 양가성이 중첩돼서 뒤섞인 미묘한 관계들에 대해서 토로한다: "나의 어머니는 나에게 매우 좋은 어머니였다. 그녀에게는 매우 커다란 동물적인 따스함과 달콤하고 편안한 분위기가 느껴졌다. 그녀는 매우 건장한 체구였다. 그녀는 모든 사람들의 말을 들을 줄 알았고 수다 떨기를 좋아했으며, 그것은 마치 시냇물이 기분 좋게 졸졸거리면서 흐르는 것 같았다. 그녀는 문학을 음미하고, 그 깊이를 느낄 수 있는 자질뿐만 아니라 매우 뛰어난 문학적 자질까지 갖추고 있었다. 그러나 진실을 말하자면, 그것들은 겉으로 거의 표출되지 않았고 고작해야 친절하고 뚱뚱한 할머니, 매우 다정스럽고 풍부한 유머 감각의 소유자라는 특성들 밑에 감춰져 있을 뿐이었다. 어머니는 다른 모든 사람들이 그렇듯이 전통적인 견해들을 가지고 있다. 그러나 그녀에게서 갑자기 무의식적 인격이 드러나기도 했는데, 그것은 전혀 예기치 못할 정도로 강력한 것이었다. 어딘가 좀 음울하고, 무엇인가 알 수 없는 권위를 지니고 있었던 것이 틀림없다. 그녀에게 두 가지 인격이 있는 것이 확실하였다. 하나는 아무 독성이 없고 매우 인간적인 인격이고, 다른 하나는 그와 반대로 나에게 좀 위험하게 보이는 인격이었다. 그 두 번째 인격은 이따금씩만 나타났지만, 언제나 뜻밖의 상황에서 무시무시하게 나타났다. 그럴 때 어머니는 마치 자신에게 말하는 것 같지만 실상은 나에게 말하는 것이었고, 그 내용은 으레 내 존재의 핵심을 찌르는 것이었다. 그래서 나는 어안이 벙벙해져서 그저 잠자코 있을 수밖에 없었다."[11]

괴테, 의학, 유사심리학과 아버지의 불안 ... 아마 앞에서 이미 말했던 것들을 문자 그대로 받아들여야 할 것이다: "나는 나의 부모와 조부모는 물론 조상들로부터 대답을 듣지 못해서 불완전하게 남아 있는 문제들의 영향 아래 있다는 강렬한 느낌이 들었다."

유년기

이 노인이 자신의 삶의 초기에 대해서 말했던 것 가운데 몇 가지 주제는 주목할 만하다.

무엇보다도 먼저 외로움의 감정이 지배적이었다. 그가 태어나기 2년 전 융의 형은 태어난 지 얼마 되지 않아서 죽었고, 그의 여동생 요한나는 그보다 아홉 살이 어렸다. 그래서 융은 그의 집 둘레에 있는 자연에서 많이 놀았다. 그는 불을 좋아해서 불과 관련된 의례들을 행하였고, 돌들에게도 어렴풋하게 의식이라는 것이 있어서 돌과 말할 수 있지 않을까 하고 자문(自問)하였다. 자연을 구성하는 요소들과의 매우 강한 교감은 언제나 그가 정신적 균형을 이루는데 기초로 작용할 것이며, 심지어 그는 특히 그의 삶의 두 번째 시기에서 우주와의 공생(共生)에 정당성을 부여할 필요성을 느끼게 될 것이다. 그는 어쩌면 자연을 통해서 그의 부모의 관계가 야기했던 위험한 갈등을 조화시키면서 회복되었는지도 모른다. 융의 부모가 사이가 좋지 않았던 데서 비롯된 역할의 혼란은 그들의 아들에게 어려움을 주었고 습진을 비롯한 여러 가지 문제를 불러일으켰으며, 학교생활의 리듬에도 영향을 주면서 융이 졸도하거나 각종 질병에 시달리게 했기 때문이다. 융은 열 살에서부터 스무 살까지 사교적이면서 동시에 비사교적이었다. 그에게는 그가 나중에 "첫 번째 인격"이라고 부른 의식적이고 논리적이며 다른 사람들이 그에게 기대하는 것을 하는 책임적인 인격과 환상적이고, 비판적이며, 직관적이고, 그의 아버지가 가르치는 종교에 반항적인 "두 번째 인격" 사이의 이중적 경향을 체험하면서 살았다. 그러나 그를 정말 파편화시킬 수도 있었을 대극

(opposition)은 그를 의식과 무의식 사이의 최초의 만남으로 나아가면서 내면의 삶에 대한 자발적인 입문으로 이끌고 갔다. 그것은 아마 그의 말을 귀담아 듣지 않는 가족들과 소통할 수 없는 상황에서 비밀에 붙여진 채, 그 경험들이 그의 존재에 말로 다 표현할 수 없는 핵(核)을 만들어 놓았기 때문일 것이다. 그와 같은 발견은 정신치료에서 인간의 정신체계는 이중성의 체험을 통해 자율적으로 나아갈 수 있다는 가설과 영혼은 "모든 것들을 다 말할 수 없고", 그 신비 자체는 본질적으로 모두 다 파헤칠 수 없다는 확신으로 결실을 보게 될 것이다.

그 "비밀"은 깊어지고, 융이 그의 자전적 전기에서 언급하고, 그에게 "어두운 왕국에의 일종의 입문식"이고, 그의 "영적인 삶"[12]의 진정한 시작이라고 하는 "남근(男根)의 꿈"으로 나타난다.

청소년기 동안 그를 사로잡았던 불안과 의문들 가운데 자주 반복되는 주제는 악에 대한 문제와 인간의 책임에 관한 것이었다. 아담과 이브가 자유롭게 살도록 한 하느님은 그들이 죄를 지을 것까지 알지 않았을까? 그렇다면 악은 하느님 안에 있는 것이 아닐까? 그는 아버지 폴 융에게 물어보았지만, 대답을 들을 수 없었다. 아버지는 "의심이 너무 깊었고, 분열되어 있었기 때문에 자신에게 그런 생각을 하지 못하게 하였다." 따라서 아버지와 아버지 쪽에서 두 명의 목사와 어머니 쪽에서 여섯 명의 목사 있었던, 드물게 보는 균일하고 닫혀진 가정적 환경 속에서 욥 같은 고함이 그의 내면에서 들리기 시작하였다. 광야에서 외치는 소리일까? 결코 그렇지 않았다. 그의 "첫 번째 인격"이 그의 어머니가 전해 준 괴테의 『파우스트』와 쇼펜하우어, 칸트를 읽으면서 몇 년이 지난 다음 그의 "두 번째 인격"은 "하느님은 나에게 적어도 가장 확실한 즉각적 체험이었다"[13]고 말하였다. 슐라이에르마허가 바랐던 것은 ... 어쩌면 이렇게 완성되었는지 모른다. 어쨌든 그때 융은 그 사실을 알지 못했지만 개성화 과정의 첫 번째 발걸음을 딛고 있었다. 그는 나중에 한 사람의 사회적 표현인 "페르조나"와 처음에는 "그림자"처럼 나타나고, 꿈과 직관을 통해서 신성함의 즉각적 지각이나 영혼의 보편성을 나타내는 그의 깊은 내면성 사이를 분별하고 있었던 것이다. 청소년기 말기에는 첫 번째 인격이 두드러지게 나타났고, 그는 철학과 자연과학에 대한 지적 흥미를 느꼈으며, 그 두 가지를 충분히 완수할 수 있는 직업으로 정신과의사를 택하였다. 융이 니체를 처음 읽은 것은 그의 나이 스무 살 무렵이었다.

의사라는 직업

그는 20세기가 시작되는 무렵 취리히의 뷔르크횔쫄리 병원의 정신과 조수로 들어가는데 그것은 그의 "도제 기간"이었고, "정신병자들의 머리에서 어떤 것들이 벌어질까? 라는 아주 궁금한 질문"[14]에 대한 답변을 얻기 위해서였다. 그의 최초의 진정한 정신분석적 "훈련"은 이 기관의 울타리 안에서 시작되었다. 거기에서 그는 매우 훌륭한 교수인 오이겐 브로일러(Eugen Bleuler)의 가르침을 받았고, 그들은 언어를 병적 담론(談論)의 미궁 속으로 들어가게 하는 아리아드네(Ariane)의 실인 소위 "단어 연상"을 같이 시행하고, 환상들을 하나의 의미로 통합시키려는 작업을 하였다.[15]

다른 한편, 융은 영매의 은사를 가진 그의 사촌 누이와 함께 하는 심령술 모임에도 참석하였다. 그때 융은 유사심리학적 사실들은 자아보다 훨씬 더 직관적인 영혼의 어두운 부분의 통제되지 않은 표출이고, 사건들 사이를 더 폭넓게 연결시킬 수 있는 것이라고 생각하였다. 그는 꿈 역시 이런 현상들과 같은 범주에 있고, 의미에 다가갈 수 있는 왕도라고 생각하였다. 그는 1902년 "소위 비의(秘儀) 현상이라고 하는 것에 대한 심리학적이고 병리학적 공헌"이라는 제목의 박사학위 논문 심사를 받았다.

1905년 대학병원 정신과 진료실의 주임 의사가 된 그는 취리히 대학의 정신과 강의를 맡게 되었다. 그가 "치유한 사례들" 가운데 몇 가지는 그를 유명하게 만들었고, 그의 개인적인 고객들이 늘어났다. 그는 언제나 최면술을 사용하였고, 정신질환의 분류를 위해서 실제적인 기준, 말하자면 순전히 외적이고, 기술적인 기준을 사용하였다. 더구나 그 시대는 위대한 발견의 시대였다. 그리고 꿈과 신경증적 표현들의 상징적 성격, 나중에 "콤플렉스"가 되는 정신적 "핵"을 나타내는 일련의 이미지에 대한 가설, 의사-환자의 관계에 대한 예비적인 고찰 등을 하면서 그의 개인적인 삶에서도 매우 중요한 시기였다. 특히 모든 관찰들은 일반심리학적 관점에서 고찰되었고, 정신병리적인 것은 특수한 경우였다.

이 시기 동안 그의 삶의 모습에 대한 힌트를 얻으려면 당시 이미 뛰어났던 이 의사가 1903년 스위스의 기업가의 딸인 엠마 라우셴바하와 결혼했다는 사실을 덧붙여야 한다. 그는 매우 튼튼한 가정을 만들었고, 그 사이에서 다섯 남매를 낳았다. 따라서 그의 자서전이 지적하듯이 1900년대 초기에는 "첫 번째 인격"이 두드러지게 나타났다. 융은 서른 살 무렵에 사회적 성공과 가정적 안정을 통하여 자신의 현재와 미래를 확신하였다.

프로이드

그는 1900년 『꿈의 해석』(*L'Interprétation des rêves*)을 처음 읽었는데, 그 책은 그에게 별 충격을 주지 못하였다. 그 당시 비엔나와 취리히는 멀리 있었던 것이다. 1903년 그가 두 번째로 그 책을 읽었을 때, 그 책의 깊이는 이미 고조된 경쟁의식과 함께, 열광과 동시에 우려를 자아냈다. 결국 융은 1906년 프로이드에게 편지를 쓰고, 그의 "연상적 진단에 대한 연구" 논문을 보냈다. 그는 1907년 비엔나에서 프로이드를 만났는데, 우리는 두 사람이 서로에게 끌렸던 이 이야기를 어느 정도 알고 있다. 이 두 위대한 탐구자 사이를 오갔던 편지들은 서로에게 직관을 주었고, 그들이 부딪혔던 외부의 사나운 비판들은 그들을 가깝게 해 주었다. 1908년 융은 제1회 국제정신분석학회 조직의 책임을 맡았는데, 그는 역설적이게도 슬픔과 열의 없이 그 일을 수행하였다. 사실, 영혼에 관한 이 새로운 과학 사이의 차이는 분명하다. 비엔나와 취리히 사이는 대단히 멀었던 것이다. 꿈은 말할 것도 없이 서로가 실언(lapsus)을 이상하게 해석한다고 생각했던 것은 그들 사이의 이론적 차이와 뒤섞였는데, 그것은 융이 1912년 9월 뉴욕에서 초대 받아서 행한 일련의 학회에서 성욕에 대한 프로이드의 이론이 협소하고 환원적이라고 비판했을 때, 그 의미가 모두 드러났다. 융의 제자 가운데 한 사람은 그들 사이의 어쩔 수 없는 차이를 다음과 같이 요약하였다: "그는 어머니를 향한 아들의 근친상간적 욕망들은 생물학적이라기보다 더 정신적이며, 어머니의 자궁으로 되돌아가려는 선망(羨望)은 재탄생의 욕망, 말하자면 새로운 자아 안에서 재창조되려는 욕망에 의하여 자극된다는 생각을 밀고 나갔다. 요약하자면, 근친상간적 욕망은 문자적 행동을 말하는 것이 아니라 정신적 발달의 발단인 것이다. 이런 관점은 프로이드가 가르쳤던 모든 것들과 너무 반대돼서 결별은 불가피하였다."[16]

1913년 9월 뮌헨에서 개최된 학회에서 정신분석학 운동은 분열되었다. 프로이드는 융의 저서 『변환과 리비도의 상징』(*Métamorphoses et symboles de la libido*)이 그의 정신체계의 전반적 관점의 기반인 에너지 발생 과정의 성적 원인론을 배반하는 것이라고 느끼면서 용서하지 않았다. 사실 다른 중요한 차이들도 여기 모이는데, 그것들은 여기에서 비롯되었거나 그 결과이다. 또한 융은 검열과 억압 기제들도 상대화시켰고, 신화에 대한 연구를 통해서 집단적 무의식에 대한 가설을 주장하였으며, 꿈을 해석하는 데도 꿈을 그대로 보는 방법을 사용하였다. 융이 비교종교사의 도움을 받았고, 철학적이고 영적인 문제에 관심을 기울인 것은 프로이드에게 정신분석학에서 말하는 카타르시스의 역할을 부정하는 것으로 보였다.

밤바다의 항해

『연상검사』,『분석심리학』,『변환과 리비도의 상징』등은 서로 다른 두 정신분석학 운동이 조화를 이루며 나아가던 초기의 저서들이다. 이것은 사람들이 흔히 상상하듯이 프로이드가 이 취리히의 정신과의사의 사상 형성에 중요한 역할을 했다는 것과 정반대되는 말이다. 더 나아가서 그 결별은 융에게 심각한 내적 위기를 촉발시켰다.

1913년 융은 서른여덟 살이었다. 그의 "첫 번째 인격"이 절정에 도달했던 순간, "두 번째 인격"이 반격을 시작하였다. 외적으로 볼 때 그는 3년 동안 심한 우울증에 사로잡혔고, 내적으로는 "무의식과의 만남"을 통해서 그 자신으로 태어났다. 이 정신분석가는 그의 꿈들과 매우 충격적인 비전들 때문에 방향을 상실하여 사회생활을 감당할 수 없었고, 그의 환자들이 경험했던 것을 그 자신이 똑같이 경험하였다: "나는 나의 환자들이 내가 감히 성취하지 못한 일을 성취해 내리라고는 기대할 수 없었다."[17] 내면의 심층 속으로 들어가는 진정한 입문식 과정은 그가 어린 시절처럼 나무 조각들을 쌓거나 돌들을 모아서 "마을"을 만드는 것 같은 유년시절로의 퇴행의 표시들 아래 이루어졌다. 그것들은 그에게 나아갈 방향과 길을 보여 주었고, 창조적 형상들과 적극적 상상이 펼쳐지는 영혼의 상징적 산물들을 받아들이는 것을 통하여 이루어졌던 것이다. 그는 "무의식"을 주의 깊게 경청하면서 엘리야, 살로메, 필레몬 등 원형적 상들과 대화했는데, 그들은 자아가 몰랐던 희미한 내적인 삶의 계시인 에로스와 로고스의 출현이었다. 이 "인물들"은 그에게 일종의 "영적 스승", "정신의 안내자"[18]처럼 나타났다. 우리는 이 과정에서 이중적인 일관성을 살펴볼 수 있는데, 하나는 그의 모계로부터 주어진 "은사"인데, 그의 외할아버지 프라이스베르크는 설교할 때 종종 중재하는 "영들"로부터 영감을 받았으며, 다른 하나는 그에게 이미 정신치료에서 성공을 가져다 준 것, 다시 말해서, 그는 이미지들을 확충하였고 꿈을 도움이 되는 것으로 생각하였으며 "무의식"이나 사람들이 무의식이라고 생각하는 것과 대화하였던 것이다.

"죽은 이들을 위한 일곱 편의 설교"(앞으로 일곱 편의 설교라고 약칭한다)라는 매우 이상한 본문은 1916년 그의 밤바다의 항해의 마지막을 장식하고, 그의 심층에 잠겼던 상징들의 광맥(鑛脈)이 의식화된 것을 의미한다. 그 본문의 색조는 매우 특별하다. 거기에는 이론적인 것이나 지적 연구의 결실이 전혀 없다. 그것은 마치 영적 스승인 바실리데스(Basilides, 3세기 영지주의자—역자 주)가 "그들이 찾으려고 했던 것을 찾지 못한" 예루살렘에서 온 "죽은 이들"에게 입문식적 가르침을 전하는 것으로 보인다. 그 본문은 거기에 담긴 밀교적 분위기로 인하여 불편을 주기 때문에 그의 저술들 가운데서 따로 취급된다. 크리스틴 마야르(Christine Maillard)는 "일곱 편의 설교"에 있는 신화적 주제를 깊이 분석한 다음, 그 본문은 내적 체험과 종교적인 삶을 둘러싼 문제들과 악에 대한 깨달음 및 자아가 무의식의 콤플렉스들을 만나는 문제들은 물론 분화된 인식과 상징에 대한 고찰을 둘러싼 문제들에 대한 이후의 위대한 종합을 예고한다고 주장하였다.[19]

그 다음에 융은 1918년부터 인도 전통에서 "만달라"라는 이름으로 잘 알려진 중심을 가진 상(像)들을 그리거나 색칠하였다. 그는 그 작업을 내면의 힘의 움직임 아래 수행하였고, 그것을 통하여 영혼의 중심의 표현인 "자기"를 지각하였다.

이런 시련의 시간들 끝에, 해방된 융이 솟아올랐다: "첫 번째 인격"과 "두 번째 인격" 사이의 아주 오래된 대결에서 해방되었고, 프로이드에 대한 양가적 매혹에서 해방되었으며, 그를 일반적으로 짓누르는 내적 모험에 대한 불안으로부터 해방된 융이 탄생한 것이다.

성숙한 상태에서의 작업과 분석심리학의 형성

칼 구스타프 융은 여러 가지 측면에서 휴머니즘이 눈에 띄게 활짝 열리던 1920년부터 1940년경까지의 양차 대전 사이에 그가 떠맡고, 이해했던 위기 다음에 종종 이어지는 깊은 창조성을 경험하였다.

융의 글들 속에서 반성적인 의식과 무의식의 영역을 가진 영혼의 지도가 그려진 것은 그 무렵이다. 이때 융은 개인적 실체의 예민한 점이면서 동시에 초개인적이거나 보편적 차원을 향해서 나아가는 통로인 정신의 중심에 대한 가설을 세웠고, 의미가 부여된 이미지들을 통하여 무의식의 에너지를 전달하면서 정신적 내용들을 매개하는 상징적 기능의 중요성을 강조했던 것이다. 또한 그는 1900년부터 수집한 엄청난 양의 사실들을 또 다른 방식으로 객관화하는 작업을 하였다.

모든 것들은 그의 흥미를 끌었고, 그것들은 모두 그의 방법론에서 이런저런 방식으로 전체적 구조에 통합되었다. 융은 "배열하는" 정신을 따라서 확충하였고, 연상하였다. 그리고 그는 아주 옛날의 신화나 매우 이국적인 신화들에서 반복해서 나오고, 그의 환자들이나 그 자신의 꿈에 나타나는 무의식의 흐름을 따라갔다. 이렇게 하면서 융에게 환자의 영혼을 돌보는 정신분석학은 정신발달의 과정으로 되었고, 내면의 삶에서 발견되는 위대한 원형의 조절 작용에 기초를 둔 지혜의 실험으로 되었다. 이 작업으로부터 정신의 과정에 대해서 아주 분명하게 알게 하는 그의 저서들이 탄생하였다: 그것들은 『심리학적 유형』, 『정상적이고 비정상적인 정신적 삶의 무의식』, 『의식과 무의식의 대화』, 『정신에너지 발생론』, 『영혼을 찾는 인간』 등이다.

1928년 중국학자인 리하르트 빌헬름은 그가 번역한 중국 연금술서 『태을금화종지』(*Le Secret de la fleur d'or*)를 보냈는데, 그것은 정말 하나의 계시였다! 융은 거기에서 그가 지난 20여 년 동안 그의 비전들과 예술적 창조물들은 물론 그의 내담자들에게서 살펴보았던 정신의 중심이나 "자기"가 절대적으로 확실한 실재(réalité)로 이미지의 언어 속에서 묘사된 것을 발견하였다. 그는 1929년 정신과의사이며 동양학자로서 그 책을 논평하였다. 리하르트 빌헬름이 비록 1930년에 죽었지만, 융은 그가 만달라에 대한 다른 논문들을 쓰거나 미국 원주민들의 전승 속에서 무의식을 살펴보거나 훨씬 더 나중에 『역경』에 대한 주목할 만한 서문을 쓸 수 있게 하였던 이 최초의 충격에 언제나 고마움을 느꼈을 것이다.

그는 이 기간 동안 북아프리카, 뉴멕시코, 케냐, 우간다와 특히 인도 등지로 중요한 여행을 떠났다. 그는 그 여행들에서 단지 한 사람의 여행자처럼 살펴보려고 하지 않았다. 그는 오히려 프로이드처럼 현대 인류학자들보다 먼저 매우 다른 상황들 속에서 만날 수 있는 개인들의 정신적 역동이 어떻게 작용하는지 살펴보려고 하였다. 자연히 그는 프로이드가 『토템과 타부』나 오늘날 상당히 낡은 것처럼 보이는 조지 프레이저가 그 유명한 『황금가지』에서 묘사했던 것과 같은 진화론적 시각을 보여주고 있다. 정신분석학자로서 민족학적 자료들을 살펴볼 때 그는 처음부터 순전히 서구적이고 현대적인 사실들을 차치하고 그와 전혀 다른 동양적이거나 "원시적인", 즉 고대적 관점에 초점을 맞추려는 의도를 가지고 있었다. 따라서 그 사회들 사이의 비교는 곧 종교사에 대한 비교를 강화시켰다. 그는 그들에게 똑같은 가정, 말하자면 인류에게 공통적으로 존재하는 집단적 무의식에 대한 가정을 가지고 나아갔다. 그것은 여러 문화적 표현들 속에서 매우 다양하게 변용(變容)되지만 변하지 않고 나타나는 기제이기 때문이었다.

융은 어떻게 그렇게 광범위한 탐구를 할 수 있었고, 어디에서부터 그 자료들을 얻을 수 있었을까? 그것은 그의 독서와 전승들에 대한 연구의 열정인 것이 분명하지만, 그밖에도 매년 스위스의 아스코나에서 개최되었던 에라노스 학회(Rencontre d'Eranos)에서 만났던 수많은 놀라운 사람들과의 교제 덕분이었다. 그 학회는 서양철학과 동양철학 사이의 지적인 대화를 하려는 목적으로 수많은 철학자들, 신학자들, 인문과학자들과 인도학자들을 초청했었다. "융은 그곳에서 그가 신화에 관한 여러 가지 저서들을 같이 출판했던 칼 케레니(K. Kerényi)를 만났고, 그와 영지주의에 관해서 많은 대화를 나누면서 질문을 던졌던 질 퀴스펠(G. Quispel), 그가 말한 원형 개념을 페르샤 신비주의에서도 찾아볼 수 있다고 했던 앙리 코르뱅(H. Corbin), 그가 '행동유형'의 문제에 관해서 토론했던 동물학자 포르트만(A. Portmann), 기독교 상징의 전문가 라너(H. Rahner), 유대교 신비주의에 대해서 연구했던 숄렘(G. Scholem), 이집트학자 야콥슨(H. Jacobsohn), 허버트 리드(H. Read) 경 등 수많은 학자들을 만났다."[20] 엘리아데(M. Eliade)와 코르뱅(H. Corbin)을 비롯한 몇몇 인류학자들이 융의 사상에서 감명을 받은 것도 그곳에서였다. 융은 에라노스 학회에서 그가 1940년부터 전집을 출판하려고 나중에 손질하고 내용을 더 다듬었던 논문들인 "집단적 무의식의 원형들"(1933), "개성화 과정에서 꿈의 상징들"(1935), "연금술에서 구원의 관념"(1936), "삼위일체 도그마 해석 시론"(1940) 등을 발표하였다. 우리는 에라노스 학회의 인문주의적 환경의 풍요성과 그로 하여금 "동시성"[21] 같은 선구적 관념이 출현할 수 있게 했던 그의 사상과 표현의 개방성에 대해서 더 길게 언급해야만 한다. 아스코나는 점점 더 영지주의뿐만 아니라 그리스, 중세, 중국의 연금술 등 낯선 주제들에 대해서 토론하는 장(場)으로 바뀌었다. 그곳에서 사람들은 물질의 변환을 "철학적인 금"을 찾으려고 영혼의 변환에 투사시킨, 잊혀진 시도의 역사적 단편들을 찾아냈던 것이다.

세계에 대한 경청

그러나 에라노스 학회에서 활동했던 사람들은 그들을 둘러싸고 있는 세계에 대한 참여를 등한시 하지 않았다. 그들은 그들 나름대로 유럽의 비극적 상황에 대한 형이상학적이고 심리학적 원인들에 대해서 고찰하려고 했다. "참석자들의 관심은 유럽의 문제와 운명을 보여주는 다양한 측면에 대한 동서양의 만남에서 비롯되었다."[22] 그 무렵에 융은 세계와 신에 대한 너무 일방적인 관념 때문에 억압되었다고 생각되는 악의 세력의 분출에 대해서 심각하게 생각하고 있었다. 그가 1936년에 처음 썼고, 1947년에 재판을 낸 『현대 드라마의 측면들』에 수록된 논문 "보탄"(Wotan)에서 그 근심의 중요성을 언급하였다. 이 짧은 연구는 그가 1930년대에 했던 수많은 인터뷰들과 저서에서 말했던 수많은 증언들을 담은 예감적 관찰들로 이루어져 있었다. 보탄은 고대 게르만 인들에게 바람의 신이었다. 그 신은 맹목적인 힘으로 나타났고, 사람을 우주에서 폭력의 도구로 만들려고 사로잡았다. 융은 이런 신화적 언급을 선택하면서 독일에서 그 당시 치솟아 올라온 야만성에서 마술적이고-종교적인 측면을 보이며, 고태적이고 집단적인 정감이 재출현한 것이라는 사실을 보여주려고 하였다.

논쟁은 이차대전이 끝난 1950년 프로이드의 열성적인 추종자인 글로버(E. Glover)가 런던에서 출간한 거의 과학적이지 않은 『프로이드인가 융인가?』라는 책에서 정신분석학에 분열을 가져온 융을 공격함으로써 시작되었다. 그는 그 책에서 융이 1933년 6월 21일 취리히에 본부를 둔 국제정신치료의학회의 회장직을 수락한 것을 규탄하였다. 그러나 융은 그렇게 함으로써 독일에서 "유태인의 과학"이라는 꼬리표가 붙을 수 있었던 분야를 구출하고, 그보다 더 중요한 것은 독일에 사는 그의 유태인 동료들이 그가 편집장이 될 국제학술지에 계속해서 기고할 수 있게 하고, 그와 동시에 국제학회에 직접 등록할 수 있게 되기를 바랐던 것이다. 그들이 뉘렘베르크 법 이후 독일 분과에서 축출될 것이 분명했기 때문이다. 이제는 프랑스어로 읽을 수 있게 된 그의 서한들은 그의 이런 의도들이 반박할 수 없을 정도로 효과적이었다는 사실을 입증해 준다. 그것이 여러 차례 성공을 거두었기 때문이다. 융은 "정신치료학회" 지(誌) 편집자로 일할 때, 불행하게도 괴링 원수의 사촌이자 독일 정신치료의 책임자이며 의사인 마티아스 하인리히 괴링과의 사건에 연루되었다. 그는 그 직함으로 그 당시 활동이 완전히 마비된 독일 프로이드 학회의 모든 모임들을 감독하고, 그 당시 "정신치료학회" 지(誌)의 공동 편집자였기 때문이다. 사건은 융이 그의 이름을 괴링의 간행사에 함께 올려놓은 것을 보았을 때, 이미 심각해졌다. 괴링은 아무에게도 알리지 않고 그 간행사에서 히틀러의 자서전 『나의 투쟁』의 본문을 직접 인용해서 그것이 "정신치료의 기초가 되는 책"이라고 선전해 놓았던 것이다. 하지만 융은 독일이 선전포고를 한 다음인 1939년에서야 겨우 회장직을 사임하였다.

융은 그 점 때문에 종종 비난을 받지만, 그것으로부터 그가 나치에 공감하였다는 것을 추론하면서 논란을 제기하는 것은 어리석을 뿐만 아니라 당파적이기까지 하다. 그것은 융이 전쟁 전이나 전쟁 중에 진전시킨 그의 생각들에 대해서 전혀 무지한 소치이기 때문이다. 그의 글들은 금서(禁書) 목록에 올랐기 때문에 독일에서는 그의 저서들이 겨누려고 했던 진정한 의미들을 알지 못하였다. 애석하게도 그는 중상모략을 받으면서 힘들게 살았다. ... 1949년 미국의 시인이자 비평가인 로버트 힐르예는 『토요 문학 산책』에 융이 반유태주의자이고 나치의 부역자라고 공격하는 논문 두 편을 실었다. 융은 비난을 받았던 그 논문에서 "유대인의 무의식"과 "아리아인의 무의식"에 대해서 말하였다.[23] 그 논문이 비교한 것이 있다면, 그것은 "유대인의 무의식"이 더 오래돼서 더 문명화되었지만, "아리아인의 무의식"은 더 젊어서 폭력적이고 야만적이라고 "유대인의 무의식"을 더 평가했던 사실이다. 각 민족의 무의식적 특성에 대한 이런 연구는 오늘날 시간이 지난 다음에서 볼 때 건강하지 못한 연구로 보일 수도 있을 것이다. 폰 프란츠와 더불어 융과 가장 가까웠던 제자였고 유태인으로서 그녀 자신과 그녀의 가족이 수많은 고통을 당했던 아니엘라 야페는 2차 대전이 끝난 다음 융이 그렇게 하지 않았던 것이 더 현명했을 것이라고 말하였다. 융 자신도 그 문제에 있어서 그의 예지(叡智)가 부족했었다고 여러 차례 인정하였다. 그러나 문화적 차이를 야기하는 원인에 대한 관심은 인류학자, 민족학자, 심리학자, 사회학자들에게 절대적으로 공통적인 관심사였으며, 국가사회주의(national-socialisme)와는 아무 관계가 없는 문제였다. 그것은 소위 "문화주의"라고 불렸던, 그 당시 지식인들이 그들의 혈통이나 정치적 견해를 막론하고 많은 관심을 가졌던 지적 흐름이었던 것이다. 프로이드조차 민족의 심리에 대해서 많은 견해를 밝혔었다.

다른 한편, 융이 "보탄"과 다른 논문들에서 "독일의 야만성"과 묵시록적 전개에 관해서 했던 예언을 살펴보면, 우리는 오늘날 그가 "독일의 정신치료의 나치화의 정치적 도구"가 되었다는 주장은 그의 저서에 대해서 완전히 무지하다는 것을 알 수 있다. 그러나 이것은 『정신분석학사전』에서 루디네스코(E. Rudinesco)와 플롱(M. Plon)이 융에 대해서 언급했던 것을 정확하게 반영하고 있다. 그것은 아주 짧게 언급되어 있으며, 융의 사상의 독창성을 전혀 이해하지 못하고 있음을 말해 준다. 우리는 그것을 읽으면서 융에 관해서 그렇게 간략하게 편집되어 있는 것을 유감스럽게 생각한다! 왜냐하면 그것은 아무 근거도 없이 융을 막연하게 비난하고 있으며, 프로이드와 라캉의 전통적 입장을 난처하게 한 사람으로 중상하고 있기 때문이다. 그것은 정말 융이 살았던 역사적 맥락을 전혀 고려하지 않으면서 그의 평판을 깎아내린 것이다.

융은 1930년대와 1940년대의 모든 맥락 속에서 심리학자로서 그가 사는 시대의 드라마를 해독하려고 하였다. 그 점에 대해서 언급할 수 있는 주제가 적어도 두 가지가 되는데, 그것들은 그 후에 그의 연구의 근본적인 관심사로 남을 것이다. 따라서 그것들이 상황적 관찰과는 아무 관계도 없을 것이다. 첫 번째 주제는 의식 작업을 통해서 진정한 개인으로 되고 언제나 위험한 결과를 가져오는 집단성을 거부할 필요성과 관계된다. 그것이 무의식으로의 퇴행을 이끌기 때문이다. 우리는 집단적인 것에 대한 그의 끈질긴 불신이 지나치거나 스위스적인 것이라는 것을 알 수 있다. 융이 개인의 구원은 결코 집단으로부터 올 수 있다고 생각하지 않은 것이 틀림없다. 그와 반대로, 그는 인간의 사회-정치적 의식이 변환되고 고양될 수 있는 것은 오늘날 사람들에게 부과된 개성화라는 윤리적 과제에 의해서라고 확신하였다. 사람들은 개성화에 의해서 한 사람으로 될 수 있으며, 공동체의 이상(理想)들은 그때 의식적으로 육화될 수 있는 것이다. 융은 그 밖의 다른 길들을 환상에 빠지거나 투사의 위험이 있다고 보았다.

두 번째 주제는 악의 실재에 대한 것으로, 첫 번째 주제와 밀접하게 관련된다. 우리는 앞으로 개성화 과정의 첫 번째 단계에 대해서 살펴볼 텐데, 그것은 우리 자신의 내면에 있는 부정적인 부분에 대한 인식으로 이끌어 갈 것이다. 우리에게 그런 인식이 없으면 우리는 우리 자신이나 다른 사람들에 대해서 객관적으로 알지 못할 것이다. 그래서 웜베르(E. Humbert)는 그림자를 "실재에 이르는 문"이라고 불렀다. 악의 실재에 대한 거부는 악을 억압하게 되고, 곧 이어 끔찍한 분출을 불러올 것이다. "보탄"은 이미 그 사실에 대해서 언급하였다. 융은 렝스(Reims)에 있는 독일군 수용소에서 진료한 지 나흘째 되는 날, 다음과 같이 말하였다: "악마의 능력은 엄청 나다. ... 나는 그 힘을 확신한다. ... 그것은 확실히 존재한다. 그것은 부헨발트(Buchenwald) 수용소가 존재하는 것이 확실한 만큼 확실하다." 융은 그 인터뷰에서 이미 그런 집단적 죄의식으로부터 벗어날 수 있는 개인적이고, 내면적인 절차에 대해서 지적하였다. "심리학자에게 정치인들이 그토록 걱정하는 집단적 죄의식의 문제는 사실이며, 독일인들이 이러한 죄의식을 인정하도록 하는 것이 치료의 가장 중요한 과제 중 하나가 될 것이다. ... 개인적인 치료는 환자가 그의 개인적 죄의식을 보고 인정해야만 고려될 수 있다. ... 그들은 그들이 했던 것을 알지 못하고, 그것을 알기를 원하지도 않는다. 그들에게 있는 유일한 감정은 끝없는 비탄의 감정이다. ... 내가 전에 말했듯이 유일한 구속(救贖)은 죄의식을 완전히 인정하는 것에 있다. '내 잘못이오. 나의 커다란 잘못이오!'(Mea culpa, mea maxima culpa!) 하느님의 은혜는 죄에 대한 정직한 회개로부터 온다. 이것은 종교적 진리만이 아니라 심리학적 진리이기도 하다."[24]

이 본문을 다소 길게 인용한 것을 통해서 우리는 융이 그 인터뷰에서 그 논쟁에 관한 한 거짓말을 할 이유가 전혀 없었다는 것을 더 분명하게 볼 수 있다.[25] 그것은 또한 『아이온』, 『욥에의 응답』, 『융의 생애와 사상』 같은 그의 마지막 저작들에서까지 그가 계속해서 재작업했던 근본적인 주제였다. 결국, 오늘날 독자들은 『현대 드라마의 측면들』에 편집된 본문들에서 그것들이 담고 있는 통찰력에 충격 받는다. 융은 거기에서 미래에 대해서 말하는데, 지금 프랑스인, 스위스인, 그리고 어떤 의미에서 독일인들은 그들의 어두웠던 시절의 "기억"에 끔찍한 그림자들이 담겨 있는 것을 다시 발견하면서 융이 멀리 보았고, 정확하게 보았다는 사실을 확인할 수 있을 것이다. 따라서 그는 방어될 필요가 없다.

정신치료를 넘어서: "위대한 작업"

융에게는 1944년 심장마비가 찾아왔는데, 그의 삶과 그를 둘러싼 사회 사이의 "동시성"은 놀라움을 안겨 준다. 1913년에 이미 피와 죽음에 대한 일련의 환상들은 그의 밤의 항해(航海)는 물론 그 이미지들의 집단적 성격에 의해서 세계대전을 알려 준 바 있다. 삼십 년이 지난 다음 그에게 세계의 종말은 그의 임박한 죽음과 같이 느껴졌다. 그 단절은 근본적인 것이다. 그는 그것이 마치 지금 "임사체험"(near death experience)을 하거나 입문식, 즉 심층으로부터 더 명료하고, 각성돼서 나오는 극심한 시련을 하는 것과 같은 것이라고 말하였다. 그의 『융의 생애와 사상』의 마지막 장들 가운데 하나에는 이런 종류의 현상을 실제로 관찰하는 사람들에게 "고전"이 된 이야기가 기록되어 있다: 죽은 이는 먼저 사원의 입구에서 신화적인 존재의 영접을 받는다—융의 경우에는 동양적 지혜를 상징하는 인도인이었다—융은 아주 멀리서 그 땅과 거주

민들을 보았다. 그 다음에 그가 다시 살아 있는 사람들에게 돌아가야 한다는 통고를 하도록 의사가 "지구로부터 파견되었다."

그 체험은 거기에서 끝났을 수도 있었을 것이다. 하지만 그와 반대로 그 체험은 그의 인격에서 이미 삶의 의미에 대한 추구의 측면에서 매우 많이 나아갔던 정신적 에너지를 활성화시켰다. 그의 비전들은 "석류의 정원", "어린양의 혼인", "제우스와 헤라의 결혼" 등으로 성서적 상징주의와 그리스-동양적 신화에 섞여 들어갔던 것이다. 거기에서 하나의 주제가 끊임없이 되살아나는데, 그것은 삶과 죽음의 대립이라는 초월적 신비의 현현이다. 이 기간은 1913년부터 1916년까지의 일종의 위기 기간에 대한 대응처럼 보인다. 이때 그는 자기 분석의 열매를 많이 거두었고, 오랫동안의 내적 성찰을 통해서 예리해진 섬세한 자아 안에서 집단적 무의식이 그대로 흘러나오는 것을 체험하였다: "나는 나의 삶을 통하여 나를 이 세상으로 이끌었고, 다시금 이 세상 바깥으로 이끌어가는 흐름을 찾아내려고 하였다."[26]

그의 그 다음 저작들은 이 신비의 문에서 나오는 것들이다. 그것들은 정신적 균형의 회복을 소홀히 하지 않으면서 정신치료의 범위를 훨씬 뛰어넘고, 영적 특징을 지니고 있다. "이 병에서 회복된 다음, 나에게는 작업에 있어서 풍요한 시기가 시작되었다. 나의 주요한 저서들의 많은 것들은 그 다음에 쓰인 것들이다. 만물의 종말에 대한 인식이나 직관은 나에게 새로운 표현 형식을 찾을 수 있는 용기를 주었다. 나는 더 이상 나 자신의 관점을 고집하려고 하지 않았고, 내 생각들의 흐름에 맡기려고 하였다. 문제 하나하나가 나를 사로잡았고 익어갔으며, 형태를 갖추었다."[27] 이 무렵에 출판된 『심리학과 연금술』(1943), 『전이의 심리학』(1946), 『아이온』(1951), 『욥에의 응답』(1952), 『의식의 뿌리들』(1954), 『융합의 비의』(1955, 1956. 그와 가장 가까웠던 제자인 폰 프란츠의 『떠오르는 여명』에 의해서 완성된다) 등은 정신적인 삶의 보편적 의미로 이끌어 가는 "위대한 작업"의 또 다른 국면을 보여 준다.

융은 그가 죽기 2년 전 영국 BBC방송의 프리맨(J. Freeman)과 인터뷰를 하면서 프리맨에게 그의 주요한 근심사를 고백하였다: "우리는 인간의 본성에 대해서 잘 알아야 합니다. 현존하는 가장 진정한 위험은 인간 자신이기 때문입니다. ... 우리는 인간에 대해서 아주 조금밖에 알지 못하고 있습니다." 그러나 이런 관심은 취리히의 정신분석가라는 광범위한 영역을 가진 사람의 것이었다. "우리는 어제나 오늘에만 존재하지 않습니다. 우리의 나이는 아주 많습니다."[28] 이것은 그가 그의 자서전에서 말하였고, 우리가 이미 언급했던 것을 다른 방식으로 말한 것이다: "나는 역사로부터 나온 존재라는 느낌이 듭니다."

그런 관점에서 볼 때, 자아는 영혼과 영혼의 발달 과정의 확장된 전망에서 그에게 알맞은 자리에 서 있다. 개성화되는 것은 완수하는 것, 말하자면 가장 단순하게 말해서 그 자신으로 되는 것이다. 그러나 그 움직임은 개인을 보편성에 다가가게 한다. 의식을 뛰어넘고, 그 앞으로 의식이 향해가는 차원에 대한 의식의 "상황"은 융의 심리학에 매우 특별한 역동성을 부여한다. 융은 무엇보다도 먼저 거기에 관심을 기울였다. 그것이 그 자신의 실존적 위기에 의하여 드러난 신비였기 때문이다. 그것은 그가 밤의 항해를 하는 동안 그의 내면의 스승들인 엘리야, 필레몬 또는 살로메가 언급했던 신비였다. 또한 그것은 그의 대부분의 환자들의 꿈에 감춰졌고, 그 자신이나 그의 환자들의 무의식을 통해서, 그리고 그 모순들과 씨름하면서 인류의 집단적 무의식을 통해서 중얼거리면서 발견했던 신비이기도 하다. 그는 그의 자전적 전기의 부록에서 다음과 같은 뛰어난 생각에 대하여 말하였다: "우리가 태어나면서 들어온 이 세상은 거칠고 잔인하지만, 그와 동시에 신적 아름다움을 지니고 있다. 무의미나

의미를 가지고 그를 압도하는 것을 믿을 것인가 아닌가는 성격의 문제이다. 무의미가 절대적이라면 발달하는 과정에서 삶의 의미 있는 측면은 점점 더 사라질 것이다. 그것은 나의 경우에는 그렇지 않았거나 그렇지 않았을 것이다. 형이상학적인 것들이 모두 그렇듯이, 그 두 가지는 어쩌면 진실일 것이다. 생명은 의미이거나 무의미이고, 생명에는 의미가 있고 동시에 아무 의미도 없다. 나는 의미가 압도하고, 싸움에서 이기기를 간절히 바란다."[29]

융, "포스트 모던"의 시조?

융의 삶은 대단히 실제적으로 어떤 의미에서 "세상에서 특별한 존재 방식"을 대표하는 것 같다. 그의 동시대인들은 그에게 "고전주의"가 부족했고, 그가 정신체계에 다소 "샤마니즘적으로" 접근했으며 지식의 모든 영역에 호기심을 가졌던 것을 애석하게 생각했지만, 그는 언제나 그 사이에 다리를 놓았다. 프로이드, 아들러, 랑크, 페렌치 등은 그들의 연구에서 더 기술적이고 더 "날카로웠다." 라이히(Reich)는 상상력과 선구자적인 역할에 있어서 그와 비슷할 수 있지만 (그가 살았던 것이나 관점이 매우 다르기는 했지만) 융보다 열 살이나 어렸다.

그는 정신분석학의 창시자 가운데서 지난 20년 동안 밝혀진 것, 즉 사람들이 흔히 "포스트 모던"이라고 부르는 것을 예견한 유일한 사람이었다. 그는 그의 내면에서 이루어지는 개성화 과정의 형태와 거의 비슷한 원초적 실존이 만들어지는 것을 알았다. 그것은 전통적인 것이 아니라 반쯤은 의학적이고 반쯤은 철학적이며, 영적인 방향으로 나가는 것이었다. 그는 직관, 생각의 연상, 꿈에 자리를 마련해 주었다. 그리고 에너지의 개념을 확장시켰다. 그는 인도와 극동의 지혜들과 만나면서 사상이 풍부해졌고, 그 당시 살았던 위대한 물리학자들과 영혼의 과학과 물질과학 사이의 접근 가능성에 대해서도 대화하였다. 그는 영지주의, 연금술, 유사심리학 등에도 흥미를 느꼈는데 … 이 모든 것들은 융이 우리가 사는 시대의 매우 전형적인 인물로 만들고, 흥미롭게도 그의 시대를 앞서게 하였다.

폴 리쾨르는 언어와 해석의 문제를 연구한 사람들에 대한 잘 알려진 철학 논문에서 프로이드, 마르크스, 니체를 "의심의 대가"라고 지적하였다.[30] 그들은 현대 의식의 기초를 세웠고, 의식이 그 자신과 관계를 맺는 방식, 즉 신비적이지 않고, 신화적이지 않게 관계맺는 방식을 세운 사람들이다. 그들은 갈등의 분석에 기반을 둔 새로운 명료성을 위한 공간을 열어 주었다.

우리는 이 세 사람과 정반대편에 칼 융과 미르세아 엘리아데가 있다고 생각한다. 이 두 사람은 어떤 의미에서 "일반의"(généraliste), "영혼의 일반의"나 "신성한 것의 일반의"[31]이다. 그들은 지금 인간의 체험의 여러 가지 영역 사이를 연결하려는 현 세대에 매우 적합하다. 그래서 융은 다시 읽히고, 연구된다. 알뱅 미셸 출판사에서는 미셸 카즈나브(Michel Cazenave)의 주도 아래 융 전집과 서간문집이라는 거대한 작업을 시도하였다. 지금 몇몇 대학교의 논문들에서 그의 사상을 다루고 있으며, 과학자들은 영혼에 대한 그의 비전에서 영감을 받고 있다.

*

"내 삶의 이 시기에 내가 했던 체험들과 기록했던 것들을 연구하고 나의 과학적 저작들에 기록하기까지 45년이 걸렸다. 그 당시 나는 아직 젊은이로서 내가 종사하는 과학계에 무엇인가 공헌하려는 야망을 가지고 있었다. 그러나 나는 용암의 흐름을 만났고 ... 그 불에서 나온 열정은 나의 삶을 바꾸어 놓았고 이끌어갔다. 이 용암의 흐름은 나에게 주어진 원질료(原質料)였고, 나의 저작은 내가 사는 시대의 세계관 속에서 내가 이 불타는 질료들을 얼마나 성공적으로 담아내느냐 하는 시도가 될 것이다. 내가 가지고 있던 최초의 상상들과 꿈들은 불그스름한 현무암의 용암이었다. 그리고 그 결정(結晶)으로부터 내가 작업할 수 있는 돌들이 나왔다.

　내가 내면의 이미지들의 소리를 들었던 시간들은 내 삶에서 가장 중요한 시간이었다. 그 기간 동안 본질적인 모든 것들이 결정되었다. 그 다음에 내가 한 작업들은 그것들을 보충하거나 설명하거나 의미를 좀 더 명료하게 하는 부차적인 작업에 지나지 않았다. 그 후의 나의 일은 이 무렵 나의 무의식 속에서 흘러나와서 나를 그 속에 담가 놓았던 환상들을 연구하는 일이었다. 그것이 내 삶의 작업에 주어진 원질료였다"(『C. G. 융의 생애와 사상』, 231-232).

제2장
영혼의 세계

"정신신경증은 가장 깊은 의미에서 그 의미를 발견하지 못한 영혼의 고통이다"(C. G. 융, 『정신치료』, 282).

마음과 마음의 다른 부분들에 대한 묘사는 언제나 "만들어지는" 역동적 실재를 얼어붙게 한다. 정신의 특성은 그 자신의 능력을 모두 실현시키거나 그와 반대로 그것들을 파괴하고 병에 고착되는 과정에 머무르려고 한다는 데 있다. 따라서 영혼을 여러 가지 "층들"과 경계선으로 된 도식처럼 유기적 체계로 묘사하는 것은 완전히 인위적이다. 하지만 융이 기하학적 도형을 그린다면, 거기에는 교육적인 의도 이외에 정신을 "지리적"으로 나타내려는 기대도 담겨져 있다. 그것은 중요한 콤플렉스들의 존재를 나타내는 관념들과 연상의 사슬들이 펼쳐지는 힘의 선(線)들이 담긴 내면의 공간을 나타내려는 것이다. "마음의 이 도면들은" 지도와 같은 역할을 한다. 그것들은 경치를 보여주지는 않지만 어떻게 나아갈지를 말해준다. ... 그것이 어떻든지 간에, 그것은 근본적인 방향으로 나아간다. 융은 중심을 가진 영혼, 더 정확하게 말한다면 동심원적이고 집단적 무의식의 핵심처럼 생각되는 매우 강력한 에너지의 초점을 중심으로 해서 이루어진 영혼을 그리기 때문이다. 『영혼을 찾는 인간』(*L'Homme à la découverte de son âme*)은 이 주제(그림 1)를 가장 잘 나타내기 때문에 융의 심리학을 전반적으로 가장 잘 설명할 수 있는 출발점이 된다.[1]

1. 네 가지 정신기능과 자아

"의식이란 무엇인가? 의식적이라는 것은 외부세계를 지각하고 인식하며, 그 자신이 이 외부세계와 관련되어 있다는 사실을 지각하고 인식한다는 것을 말한다."[2] 이런 목표를 달성하기 위해서 마음은 네 가지 중요한 기능들을 사용한다(그림 1의 A 영역). 사고와 감정은 판단을 하기 때문에 합리적 구성을 한다. 사고는 대상의 성질에 대해서 결론을 내리고, 감정은 그 대상이 바람직하거나 바람직하지 않고, 받아들일 만하거나 받아들일 만하지 않다고 말하는 것이다. "따라서 감정은 어떤 의미에서 일종의 판단이다. 그러나 이 판단은 관념적인 관계를 맺으려는 지적인 판단이 아니라 수용하거나 거부하려는 주관적 행동을 하려는 판단이다."[3] 감각과 직관은 비합리적인 기능들이다. 그것들이 전혀 분석하지 않고 주어진 것에 즉각적으로 반응하기 때문이다. 융은 감각에 대해서는 "실제적인 것에 대한 기능"이라는 피에르 자네(P. Janet)의 정의를 기꺼이 받아들였고, 직관에 대해서는 "무의식을 통한 지각"이라고 말하였다. 여기에서 우리는 의식과 무의식이 그렇게 엄격하게 분리되어 있지 않은 것을 볼 수 있다. 그 기능들 가운데 하나는 그 역동을 적어도 깨어 있는 의식의 바깥에 있는 자료로 이용하기 때문이다. "직관은 우리가 그것이 어떻게 이루어졌는지 알거나 말할 준비가 되어 있지 않는데도 우리에게 즉시 그 내용을 특정한 형태로 제시한다." 그러나 "그 내용들은 감각의 경우와 마찬가지로 언제나 '추론'이나 '생성'이라는 성격을 가진 사고나 감정과 정반대로 주어지는 것이다."[4] 우리는 정신 체계의 내면에서 정신기능의 쌍들 가운데 각 기능이 동시에 작용하지 못한다는 것을 알고 있다. 감각과 직관이 대립하듯이 사고와 감정도 대립하는 것이다.

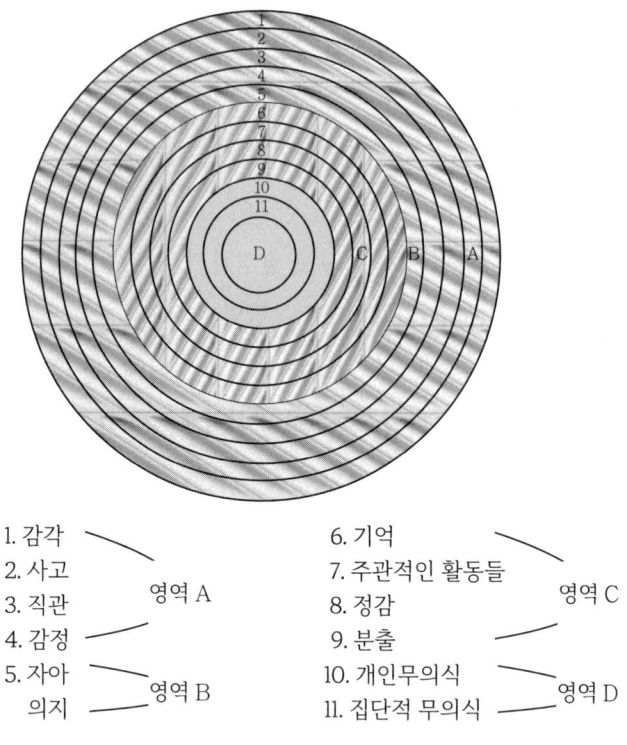

1. 감각			6. 기억	
2. 사고			7. 주관적인 활동들	
3. 직관	영역 A		8. 정감	영역 C
4. 감정			9. 분출	
5. 자아			10. 개인무의식	
의지	영역 B		11. 집단적 무의식	영역 D

그림 1. 융의 정신구조

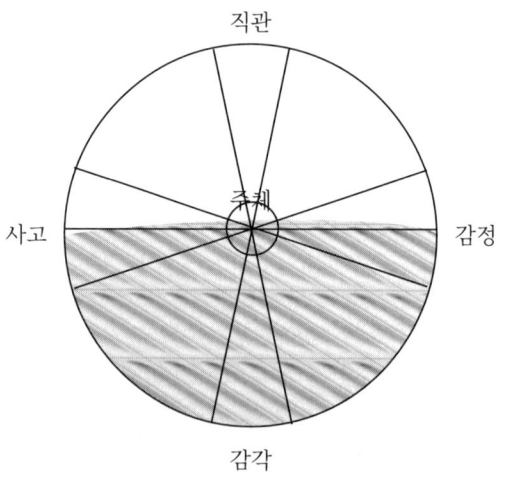

그림 2. 네 가지 정신기능

"나는 감각을 의식적 지각, 직관을 무의식적 지각이라고 생각한다. 나는 감각과 직관이 반대되는 쌍이거나 사고와 감정처럼 서로를 충족시키는 기능이라고 생각하는 것이다."[5] 그것들이 의미를 온전히 가지기 위해서 힘의 이런 관계들은 의식의 일반적 구조에서 배제되어서는 안 된다. 그때 사람들은 각자는 자신의 성격에 따라서 그에게 지배적으로 된 기능을 더 많이 사용하는 것을 알게 된다. 그와 반면에 그는 반대되는 기능을 미분화시켜서 무의식성에 가깝도록 한다. 매우 드문 예외를 제외하고 사람들은 그들에게 주어진 이 네 가지 기능들의 잠재성을 똑같이 발달시킬 수 없고, 그것들 가운데 하나를 가장 좋아하거나 경험하게 된다. 융이 묘사한 도식은—우리가 아무리 기하학적 도형을 정신의 실제적인 삶에 적용하는 것을 조심해야 하지만—직관이 지배적일 때 감각은 흐릿한 영역으로 거부되는 것을 분명하게 보여 준다(그림 2). 서로 다른 유형을 얻으려면 매번 90도를 돌리면 된다.[6]

성격에 따라서 네 가지 기능 가운데 어느 하나가 강조되는 마음의 4위적 구조에 대한 발견은 본래 『심리학적 유형론』의 분류에 따른 것이다. 융은 이 네 가지 기능에 대상에 대한 기본적 태도 두 가지인 내향성-외향성을 포개 놓고, 다음과 같이 규정한다: "객관적으로 주어진 것과 대상에 대한 방향이 이루어질 때 가장 빈번하고, 중요한 결정과 행동이 주관적인 생각에 의하지 않고, 객관적인 사건에 따라서 행해진다면 그것을 외향적 태도라고 부른다. 이런 태도가 흔히 이루어질 때, 우리는 그를 외향형이라고 부른다."[7] "그와 반면에 객관적인 세계가 주체 자체를 위해서 … 어느 정도 무시되고, 주체가 그의 모든 관심을 독점하여 자신의 눈으로만 모든 것을 고려한다면 그것은 내향성이다."[8] 이렇게 일반적인 수준에서만 언급하는 것으로는 성격을 구별할 수 없고, 단지 이상적인 유형만을 말할 뿐인데, 심리학자들은 이것을 통하여 실제적인 목적을 위해서 다음과 같이 유형화할 수 있다: 외향적 사고형, 외향적 감정형, 외향적 감각형, 외향적 직관형; 내향적 사고형, 내향적 감정형, 내향적 감각형, 내향적 직관형. 이 가운데서 넷은 합리적 유형이고(두 가지 사고형과 두 가지 감정형), 넷은 비합리적 유형(두 가지 감각형과 두 가지 직관형)이다.

요약하면 다음과 같다: "정신기능은 다음과 같이 작동한다. 어떤 것이 거기에 있다(감각). 두 번째 기능은 그 본성에 대해서 말한다(사고). 세 번째 기능은 그것이 우리를 기쁘게 하는지 아닌지를 결정한다(감정). 네 번째 기능은 우리에게 그것이 어디서 왔고, 어디로 갈지 말한다(직관)."[9]

그림 1에서 자아는 얇은 고리로 외부세계를 내부세계와 연결하면서 B로 나타나있다. 자아는 우리가 "의식"이라고 부르는 매우 분명하지만 신비스러운 특성을 가지고 있다. "어떤 대상이 자아와 연계되어있지 않는다면, 다시 말해서 대상을 자아에 연결하는 다리가 존재하지 않는다면 그 이유는 그 대상이 무의식적이기 때문이다. 그것은 마치 존재하지 않는 듯한 것이다."[10] 자아에는 능력과 의지가 있는데, 거기에 주의가 집중될 경우 실행 가능성은 매우 커진다. 융은 나중에 자아를 하나의 콤플렉스라고 하였다. 자아는 에너지를 산출하는 중심 주위에 여러 가지 요소들이 배열되어있는 관념들의 집합체인데[11], 유일하게 의식이 있는 콤플렉스이다.

결국 자아는 네 가지 정신기능들이 외부세계와 관계를 맺게 하는 것처럼 자아의 내면으로 오는 네 가지 종류의 "정신적 사실들"(영역 C)을 나타낸다. 그것들은 기억들과 정신기능에 의한 주관적 활동들과 자아와 대상 사이에 즉각적으로 스며드는 개인적인 의미 지각과 정감들, 즉 "우리 자신이 그 장(場)으로 되는 내면적 사건들"과 분노와 같은 "일종의 갑작스러운 폭발"로서 "즉각적 특성을 가진 비의지적 반작용"들, 마지막으로 무의식의 분출들, 말하자면 흔히 정감적 파편이 들어있지 않으면서

"의식과 합쳐지는 환상들", "갑작스러운 영감들", "견해, 편견", "착각", "창조적 환상들"이다. 이 네 가지 "층"들은 내면을 가로지르면서 지나가는데, 그것들은 점점 더 무의식과 가까워지고, 하나하나가 점점 더 의식을 커다랗게 움켜쥐고 있다.[12]

2. 무의식

"우리는 그것이 우리에게 무의식적이기 때문에 그것을 무의식이라고 부른다. 우리는 물리학자들이 물질에 대해서 아는 것만큼 정신에 대해서 잘 알지 못한다."[13] 사람들이 이 용어를 무분별하게 사용할 때 반드시 상기해야 하는 문구이다. 우리는 아주 드문 예외를 제외하고 무의식을 위한 특별한 도구인 상징을 통해서 간접적으로 알 수 있는 것만을 무의식이라고 할 것이다.

개인무의식

"개인무의식은 의식화될 수 있었지만 어떤 동기에서인지 여러 가지 방식으로 무의식에 머무르게 된 요소들로 이루어진 정신의 층이다."[14] 그 요소들에 어떻게 접근할 수 있고, 그것들이 의식에 받아들여지지 않는 이유는 무엇인가? 거기에 접근할 수 있는 과학적 방식에는 실험심리학의 방법인 연상 실험이 있고, 자연스러운 방식에는 무의식적 내용들이 저절로 나오는 과정인 꿈이 있다.

연상 실험에서 사람들은 지시어를 사용하여 주체(피험자)에게 그 단어에서 연상되는 다른 말을 하도록 요구한다. 예를 들면, "하늘"이라는 말에서 연상되는 단어를 요구하면 "위협적이다"라고 답변할 수 있는 것이다. 응답에 대한 분석은 응답의 형태(왜곡, 응답시간, 지시어를 이해하지 못함, 반복 등)와 주체의 연상 사슬에서 발견되는 내용(예를 들면, "해"라는 지시어에 "남근"이라고 했을 경우)이 된다. 융은 개인무의식의 구성을 비교적 명확하게 판명할 수 있도록 이 방법을 고안해냈다. 그 내용들은 서로 포개질 뿐만 아니라 중심적인 요소들, 즉 콤플렉스들 주위에 배열되는 것 같았다. 콤플렉스는 "어떤 특정한 정신적 상황에서 비롯된 생생하고, 정동적인 이미지, 말하자면 일상적인 의식적 태도나 분위기와 양립할 수 없는 이미지"[15]라고 할 수 있는 것이다. 콤플렉스에는 그 나름대로의 에너지와 자율성이 담겨있다. 그래서 콤플렉스는 일련의 관념들, 기억들, 환상들을 끌어들이며, 그 지시어는 다른 그물코를 이끌어내는 실로 쓰이는 연상의 사슬이 존재한다는 사실을 설명해준다. 콤플렉스가 의식에 아주 약하게 붙어 있어서 완전히 모순된 상태에 있을 때, 콤플렉스는 "인격의 신경증적 해리"[16]를 불러일으킨다.

 자아가 의식을 가진 유일한 콤플렉스, 즉 그 자신에 대해서 반성할 수 있는 능력과 의지를 가진 콤플렉스라면, 융은 개인무의식을 구성하는 콤플렉스들도 그 나름대로 비슷한 구조를 가지고 있을 것이라고 생각하였다. 그에 따라서 그것들도 정신의 내면에서 마음이 자율적으로 형성되도록 하고 갈등이 조성되는 상황을 만들며, 흔히 자신이 통합되어있다고 느끼게 하기보다는 "복합적이다"라고 느끼게 한다.

 무의식에 접근하는 과학적이지 않고 자연스러운 또 다른 길은 꿈을 분석하는 것이다. 우리는 프로이드가 꿈의 드러난 내용과 잠재적 내용 사이를 구분하였고, 왜곡되어 있다고 지적했다는 사실을 알고 있다. 의식은 너무 교란되어있는 꿈의 본래적인 메시지를 받아들일 수 없고, 받아들일 수 있는 이미지로 변화시켜야 한다는 것이다. 그와 반대로 융은 "꿈은 실제로 꿈이다. 꿈에는 의미가 담겨있다. ... 거기에는 전면이 없고 ... 하나의 완성된 구조물이다"라고 주장하였다.[17] 억압, 검열, 승화는 그것들이 정동적인 삶을 구성하는 에너지의 과정으로서 중요하다. 그러나 그 중요성은 "자아와 무의식 사이의 대화"라는 더 커다란 전망에서는 상대화된다. 거기에서는 관계의 역동이 보상으로 이루어지는 것이다: "우리의 모든 실제적 경험은 무의식의 모든 과정들은 의식에 대해서 보상적인 자리에 있다고 주장하게 한다."[18] 이런 관념이 가지는 장점은 명백하다: 이 관점은 의식과 무의식을 대립적으로 보지 않게 하고, 그것들을 상호보완적으로 보게 한다. 자연히 의식이 일방성을 띨수록 꿈들이나 연상에 의해서 배열된 내용들은 모순을 띠게 된다. 그와 반대로, 의식이 내면세계에 열려 있고 내면세계를 향해서 확장될수록 의식은 저절로 더 균형이 잡힌다. 자기-조절이 이루어지는 것이다. 이런 관점에서 볼 때 정신의 모든 병은 에너지 조절의 부조(不調)이고, 모든 정신치료는 기능 부전에 빠진 보상 기제를 회복하는 데 있다.

의식과 개인무의식 사이의 관계의 발달은 의식에 도움이 되는 방향으로 나아간다: "사람들이 조금씩 그 자신에 대해서 알고, 거기에서부터 행동을 바르게 하며 그 자신에 대해서 의식화가 이루어질수록 집단적 무의식에 진흙처럼 쌓인 개인무의식의 층은 얇아지고, 결국 사라질 것이다. 이런 발달을 한걸음씩 따라가면서 의식은 조금씩 보잘것없고, 매우 개인적이며, 자아에 민감한 세상에 갇히지 않게 되고 점점 더 사물의 넓은 세계에 참여하게 된다. 이렇게 확장된 의식은 조금씩 이기적인 실타래와 개인적 바람, 염려, 희망, 야망의 그림자와 멀리하게 되고, 무의식적이고 대극적인 개인적 성향에 의해서 그의 존재 속에서 보상을 찾거나 심지어 올바른 삶의 길을 찾아 나서게 된다. 이렇게 새로워진 의식은 외부세계와 대상을 향해서 다리를 놓으면서 관계의 원천으로 되는데, 그것은 그가 세계와 분리될 수 없는 공동체를 품고, 통합하게 한다. 그 공동체는 그가 참여해 있고, 책임감을 느끼는 공동체이다."[19]

이렇게 보았을 때 인간의 삶의 드라마에서 진정한 주인공은 자아와 자기인 것처럼 보인다. 무의식의 개인적 측면은 사실 중재적인 장소, 즉 꿈이나 비전들을 통해서 말하는 상징들이 작업하는 공간인 것이다. 융은 그 영역의 중요성을 상대적으로 밖에 인정하지 않았다. 그곳은 본래적인 영역 가운데 하나일 뿐이다. "프로이드와 아들러의 심리학은 그들의 환자에게 개인무의식의 이 층을 의식화하려고 하며 영혼의 심층은 거기에서 끝난다. 그것을 뛰어넘는 것이 더 이상 없는 것이다. 그러나 정신적 사실들은 거기에서 끝나지 않는다."[20]

집단적 무의식

"사람 안에는 … 그의 영원한 체험의 이름 아래 모든 개인적인 상황들과 삶을 나누도록 인간의 토대에 이미지를 파견한 세상만큼 나이 먹은 노인이 있다."[21]

여러 가지 사회와 시간과 개인들 사이에서 변이를 보이지만 기본적으로 같은 의미를 가진 보편적으로 위대한 이미지들이 존재하기 때문에 그것들이 어떻게 반복적으로 나타나는지 설명해야 한다. 그것으로부터 "모든 사람들에게 비슷한 관념을 가지게 하는 공통된 정신적 층, 말하자면 신화 속에서 오랫동안 다듬어진 것으로 내가 집단적 무의식이라고 불렀던 층이라는 가설을 세울 수 있다. 이것은 개인적 체험의 산물이 아니다. 우리가 태어날 때 서로 다른 두뇌를 타고 나듯이 이것은 우리에게 주어진다. 이것은 우리의 생물학적 두뇌처럼 우리의 정신구조가 점진적이지만 계속해서 발달한 계통발생적 흔적을 지니고 있다는 사실을 단순하게 다시 확인시켜준다. 우리의 정신구조도 수천 년 동안 발달한 것이다."[22] 이와 같은 정의는 대단히 모호하다. 그것은 새로 태어난 아이의 정신체계를 이미 "가득 채우고 있는" 유전적인 관념들이 있는 것처럼 생각되게 하기 때문이다. 그리고 융은 초기에는 획득된 특징의 유전에 대한 위험한 이론으로 그것을 설명하면서 그렇게 암시하기도 하였다. 더구나 그 이론은 그 당시 과학계에서 논쟁 가운데 있기도 하였다. 그러나 융은 1930년부터 그의 개념을 수정하였다. 사람들이 타고나는 것은 이제 더 이상 관념들, 즉 정신체계의 "내용"이 아니라 관념들의 선험적 형식인 잠재성이다. 그것이 각 사람에게 실재(實在)로 되고, 개인화되는 것이다. 융은 그 형식들을 원형(原型)이라고 불렀고, 사람들은 그것을 편안하게 받아들였다. 그것들이 우리를 "무의식적 관념들"에 대해서 끊임없이 논쟁하는 모순으로부터 나오게 해 주었다. "그러므로 나는 이런 가설을 가지고 입증하기 어렵거나 불가능한 관념이 유전적으로 전해지는 것을 기대하지 않는다. 오히려 나는 유전적으로 전해지는 특성은 어떤 것, 즉 비슷하거나 적어도 유비적인 생각들을 재생시킬 수 있는 형식적 가능성이라고 가정한다. 나는 그 가능성을 "원형"이라고 불렀다. 나는 이 용어에서 정신이 타고나는 구조적 특성이나 조건을 말하려고 한다."[23] 원형의 모습은 중심적인 주체 주위에 배열된 어떤 중요한 일반적 특징을 얻으려고 가능한 한 많은 관념들과 종교적 개념들과 그와 비슷한 사회적 사상들을 수집하는 것을 통해서만 어떤 이미지를 얻을 수 있다. 이 방법이 확충이다. 예를 들면 우리는 "모성원형"을 생각할 수 있다. 모성원형이란 "여성이 가진 마술적 권위, 지성을 뛰어넘는 영적 지혜이며 고양(高揚)이다. 좋고 보호하며, 참고 지탱시키며, 증가하고 풍요하게 하며 먹여 주는 것이다. 마술적 변환과 재생이 일어나는 곳이다. 구원하는 본능이나 충동이다. 무엇인가 감추어져 있고, 비밀스러우며, 어두운 것이다. 죽음의 심연이며, 집어삼키고 유혹하며, 중독되게 하고 불안을 불러일으키며, 항거할 수 없게 하는 것이다." 더 나아가서, 모성원형은 "모든 변환과 이루어지는 모든 것의 비밀스러운 뿌리, 집으로의 귀환과 모음, 모든 시작과 끝의 조용하고, 원초적인 기반이다."[24]

따라서 집단적 무의식은 보편적 이미지들의 저수지가 아니라 오히려 여태까지 살았던 체험에 의해서 잠재적 표상들이 작용하려는 내적 공간과 같은 것으로 나타난다. 정신 에너지가 이 "비어 있는 틀"인 원형을 자극할 때 진동한다. 그때 고대의 집단적 이미지들의 보고(寶庫)에서 나온 불변하는 상징적 콤플렉스들이 그것들을 통하여 개인적 본성의 문제와 더 넓은 해결책을 보이면서 나타난다. 따라서 집단적 무의식의 출현은 개인무의식의 그것에 비해서 전혀 다르고, 원형의 형성에 대해서 구체적인 예를 들기 전에 이 점을 강조하는 것이 중요하다. 사실, 지금 기억을 지배하는 메커니즘을 가지고 집단적 무의식의 구성을 설명할 수는 없다. 그렇게 하는 것은 융의 생각을 지극히 단순화시키는 것이 된다. 원형을 유전되고 축적되었으며, 망각 속에 떨어져서 쌓인 기억들이 갑자기 재활성화된 것으로 생각하는 것이기 때문이다. 이런 관념, 말하자면 자아와 개인무의식 사이의 관계에서 작용하는 매커니즘은 여기에서 충분하지 않은 것이다. 인간의 내면세계를 기억이나 지나간 과거로만 파악할 수는 없다. 그것은 단지 의식으로 돌아오는 것이 아니다. 집단적 무의식은 영원한 실재, 즉 영원한 현재인 것이다. 그 자체의 질서는 재구성의 질서가 아니라 "계시"의 질서이다. 그것은 융의 심리학에서 매우 중요한 사실이고, 특히 종교체험에 대한 그의 비전에서 매우 중요하다. 모든 "하느님의 말씀", 초월성의 모든 개입은 그것이 인간의 가장 깊은 곳에서 깨우쳐질 때만 중요하게 되고, 의미 있게 된다. 그러므로 무의식은 쓰레기장은커녕 일종의 영적인 삶을 위한 자궁이다.

집단적 무의식의 원형

원형에 대해서 더 잘 알기 위하여 몇 가지 중요한 원형적 콤플렉스들의 예를 들어보자. 원형들 가운데서 사람들이 아버지에 대해서 경험한 느낌에 따라서 아니마는 "태모"(Grande Mère)의 모습을 종종 취하면서 나타나고, 개인적 아버지는 "노현자"(Vieux Sage)의 모습으로 나타난다. … 무의식의 이런 여러 가지 모양들은 우리에게 어떤 질서, 말하자면 어떤 힘의 흐름을 이해하게 해 준다.

태모

융은 『영혼의 변환과 그 상징들』에서 단번에 여러 가지 다른 종교들의 신학 언어 뒤에 파묻혀 있는 원초적 이미지들을 고찰한다. 그러면서 그는 프로이드의 오이디푸스 모델을 끄집어내면서 영웅 신화에 두 어머니가 등장하는 것에 주목한다. 따라서 헤라클레스는 구원적인 여인 알크메네의 아들이면서 동시에 박해적인 여신 헤라의 아들이었는데, 헤라는 헤라클레스에게 그녀의 불사(不死)의 젖을 먹였다.[25] 두 명의 어머니(double mère)는 무의식에서 작용하는 어머니인데, 신화와 꿈속에서도 나타날 수 있다. 그것은 모성 개념에 사람들이 모든 생각과 경험을 무의식 자체의 언어인 상징적 언어로 투사한 것이다. 따라서 이 투사는 그 안에 한 개인의 개인적 어머니에 대한 생각이 포함되어 있는 (물론 신화에서가 아니라 꿈에서) 매우 복합적인 투사이다. 오이디푸스가 서 있는 자리는 그 수준이다. 이 첫 번째 층 아래서 모든 인류에게 공통적인 전형적 이미지, 즉 출산자로서의 어머니, 생명을 주지만 미래의 연인의 이미지를 찾아볼 수 있다. 두 어머니가 제시하는 표상들은 두 개의 서로 다른 상들을 낳는 데까지 이른다. 하나는 낳고, 재탄생하게 하는 도움이 되고 위로하는 어머니이고, 다른 하나는 사람을 배아(胚芽) 상태에 머물게 하는 사로잡고 집어삼키는 어머니이다. 프로이드의 심리학은 원초적 이미지 안에 있는 이 분열을 잘 알고 있었지만, 만족과 좌절 사이의 대립을 가로지르는 어머니에 대한 모순된 체험을 한 개인의 인격 속에서 통합할 수 있게 하지 못하였다. 그러나 융은 환상을 통해서 깊은 상징주의를 연구하면서 프로이드와 전혀 다른 발걸음을 내딛었다. 그는 인간의 정신에서 의식, 무의식, 집단적 무의식 등 서로 다른 층들이 동시에 작용하는 의미 전체를 보았던 것이다. 그래서 우리는 집단적 무의식의 더 모호한 수준에서 가능한 수많은 표상들을 제시하고, 동일성-분화의 대화 가운데 있는 모성 원형을 찾아볼 수 있다. 동일성: 특히 똑같은 것에 대한 향수, 그곳은 잉태의 자리이고, 이상적인 어머니라고 상상되는 친밀성의 낙원이며, 그것을 향해서 나아가고, 가능한 정신 발달의 모델이기 때문이다. 분화: "더 폭이 넓어지기 위해서" 싸워야 하고, 모성-원천에 맞서서 그 자신이 되기 위한 욕구 때문이다. 이렇게 거리를 두는 것은 내면에 있으면서 가두어 놓고, 모든 변화를 거부하며, 어두운 것으로 생각되는 모성의 가치를 절하시켜야만 가능해진다. 동일성과 분화라는 이 의미론적 쌍은 인간 정신의 또 다른 측면을 말해 준다. 거기에서 모성 이마고(*imago*)는 무차별성과 원초성, 따라서 인간 정신의 가장 분화된 산물인 의식성과 반대되는 무의식적인 것을 나타내는 가장 좋은 표현이다. 상징을 정신분석적으로 해독하는 데 있어서 융의 가장 개인적인 공헌이라고 할 수 있는 이러한 새로운 관점에서 보면, 영웅의 몸짓은 더 큰 의식으로 나아가기 위한 내면의 발달로 해석되어야 하며, 두 어머니의 주제는 이 투쟁의 이중적 움직임을 반영한다. 유익한 어머니는 승화 경향의 투사이고, 해를 끼치는 어머니는 퇴행 경향의 투사이다. 처음에 융은 상징들은 모성 원형에 기초를 두고 만들어졌다고 말하였다. 그러나 다음에 그는 모성적 이미지와의 관계와 어머니 자체를 "영혼의 변환"의 상징으로 생각하였다. 따라서 상징된 것은 그 자체가 세 겹의 정신 역동을 통하여 상징하는 것으로 된다: 그것은 개인적인 어머니에 의해서 어머니가 되려는 욕망과 싸우는 것이다. 그 다음에 상징화의 첫 번째 단계가 이루어진다. 그것은 자신을 주고 또 거부하는 어머니의 복합적인 이미지 앞에서 주저하는 것이다. 삶 앞에서의 일반적인 태도의 모델로 된 고태적 경험인 것이다. 마지막으로는 상징의 세 번째 모습이다. 거기에서 정신체계는 두 번째 단계로 상징화된다. 어머니는 그 앞에서 의식이 드러나고, 구조화되는 것에 맞서는 무의식이다.

  융의 여러 제자들은 이 근본적인 주제에 대해서 연구하였다. 그들의 분석에서 가장 놀라운 것은 정신의 가장 일반적인 작용 가운데서 모성 원형에 부여된 역할과 궁극적으로 정감을 절제하려는 노력이다. "영웅 각자의 싸움은 어쩌면 그들의 콤플렉스의 상태에 따라서 그의 완전한 해방을 위한 가장 중요한 투쟁인지 모른다." 어머니의 매력(오이디푸스적 측면)과 마찬가지로 "어머니의 젖가슴에 대한 향수(출생 콤플렉스의 측면)는 똑같이 프로이드적인 의미에서 '쾌락원리'의 표현이다. 그리고 영웅은 쾌락원리로부터 나와서 힘든 투쟁에서 현실원리를 획득한 사람이다."[26] 따라서 우리는 빙켈(E. van de Winckel)과 함께 융 학파에게 부모의 문제는 개인무의식의 문제를 집단적 무의식의 문제로 끌어들여야만 극복할 수 있다고 주장해야 한다. 괴물 같은 어머니의 고태적 이마고의 해결은 "투쟁의 원형으로 비워지지 않고, 사람들이 다른 단계에 도달할 때마다 이런저런 형태로 드러나게 된다. 그러므로 사람들은 그것을 성숙 과정에 있는 성인에게서도 다시 발견할 수 있다. 그때 원형의 심층적 의미가 드러난다. 본성적인 어머니로부터의 해방은 어린아이의 문제만은 아닌 것이다. 그때 괴물인 용의 의미가 분명해진다. 그것들은 자기에 대한 인식에 도달하기 위하여 격퇴하며, 꿰뚫고 들어가야 하는 무의식의 상징인 것이다."[27] 융은 상상의 세계의 이 근본적인 일련의 과정들에 밤의 항해라는 이름을 붙였다.

그러므로 그는 모성(母性)의 모호성을 순전히 내적 갈등의 각도로 접근하였는데, 그것은 "반대되는 것을 구분하지 않고서는"[28] 이중적일 수밖에 없는 정신적 사실에 대한 일반적 비전의 틀 안에서 다가갔기 때문이다.

아니마와 아니무스

아니마에 대한 생각은 "경험적인 개념", 즉 "순전히 경험에서 나오는 개념"[29]이다. 이 말은 아니마가 무엇보다도 먼저 융에게 그가 만났던 남성 환자들의 상상적 자료들 가운데서 방법론적으로 언제나 여성성에 대한 표상으로 흔히 나타났기 때문이다. 그와 반대로, 우리는 여성들에게서 남성의 이미지가 형성되는 것도 본다. 그래서 우리는 그와 평행하게 아니무스라는 일반적인 용어로 분류할 수 있다. "아니마는 남성의 정신에 있는 모든 여성적인 정신적 경향들, 예를 들면 감정, 막연한 기분, 예언적 직관, 비합리적 민감성, 개인적으로 사랑할 수 있는 능력, 자연적인 느낌, 마지막으로 무의식과의 관계 같은 것들의 의인화이다."[30] 아니마/아니무스가 의식과 무의식 사이를 연계하는 가장 복잡한 이 마지막 측면에 대한 검토가 다음 장에서 다루어질 것이다. 그것이 "개성화 과정"의 본질적 절차이기 때문이다. 아니마와 아니무스는 종종 반대되는 여러 가지 형태를 나타내는 현상학이다. 상징들이 아니마와 아니무스로부터 자발적으로 나오기 때문에 그것들은 그것들을 만드는 의식의 상태에 본질적으로 의존되어 있다. 따라서 매우 고태적 단계에서 아니마는 물의 요정, 싸이렌, 라미, 수큐브이며, 누미노스한 영역에 속한 여신들과 마녀이다. 아니마는 현실에서는 어떤 것인지 모르는 무의식의 구성 요소이고, 모든 신비한 것들에 투사된다. 더 분화된 단계에서, 그것은 빛의 천사이며, 파우스트를 "지고의 의미"로 데리고 간 영혼의 안내자(psychopompe)이다. "여기에 이상한 의미, 말하자면 비밀스러운 지식이나 감춰진 지혜가 들어 있다." 이런 면에서 아니마는 모성원형에 공명(共鳴)한다. 사실, 아니마는 종종 가장 가까운 여성에게 투사된다. 여기에서 융의 해석은 꿈이나 비전에 나타난 여성상은 언제나 근본적으로 어머니와 관계된 사랑에 대한 욕망의 상상적 실현이라고 주장한 프로이드의 해석과 정반대된다. 유아기의 좋거나 나쁜 기억들은 대부분 부모의 이미지를 투사한 정감적 색깔로 경험을 물들인다는 것이다. 이와 반대로 융은 모성 원형과 똑같지만 목적성으로 구별되는 상징을 통해서 의식에 나타날 수 있는 "영원한 여성상"을 구별한다.[31] 모성 원형은 주체를 기원(origine), 말하자면 그 자신과 비슷하지만 아무것도 얻지 못하는 폐쇄된 시간성 속에 끊임없이 재통합한다. 그러나 아니마의 역할은 그것과 전혀 다르다. 아니마는 남성의 무의식에서 여성성의 원형을 구성한다. 마찬가지로 아니무스는 여성의 무의식에서 남성성의 원형을 구성한다. 한 마디로 해서, 그것들은 타자성의 원형인 것이다. 그래서 융은 "나인 남성이 아닌 것은 완전히 여성적인 것이다"[32]라고 말했다. 이 이중적 형상은 그림자처럼 정신적 콤플렉스 체(體)이며, 꿈이나 그 자체로 자율적인 비전들에서 얻을 수 있는 표상들 전체이다. 의식이 일방성을 띨 때마다 아니무스나 아니마는 정신이 소홀히 한 다른 축(軸)을 강조하면서 보상으로 나타난다. 그것들이 가진 깊은 목적은 자아와 그의 내면에 있는 타자, 같은 것과 다른 것 사이의 통합을 지향하는 것이다.

아니마는 구약성서 아가(雅歌)와 천상의 예루살렘의 약혼녀의 정신적 기반이며, 영지주의자 발렌티누스가 말한 하느님의 딸, 소피아와 이슬람 신비주의에서 볼 수 있는 무함마드의 딸, 파티마와 중세 시대 기사의 연애

담에 나오는 귀부인의 정신적 기반이다. 또한 아니마는 개인적으로는 네르발(Nerval, 19세기 프랑스 낭만주의 시인—역자 주)의 오렐리아(Aurelia)나 융이 그의 밤바다를 건너는 동안 함께 대화를 나누었던 살로메의 정신적 기반이기도 하다. 그와 반면에 아니무스는 "아버지나 대성당에서 회의를 하고, 거역할 수 없는 '합리적인' 판결을 내리는 또 다른 권위의 소지자들의 집합 같은 어떤 것"이다. 그가 알려지지 않은 채 희미한 빛 속에 있으면서 투사되면, 그는 이미 준비된 견해를 주거나 편파적이고, 비판적 논쟁을 하게 하는데, 거기에는 진정한 지성이나 감각이 전혀 들어 있지 않다. "그것은 이상적인 남성의 형상으로 만들어져서 모든 여성적 욕망들을 들어주는 영웅의 환상을 만들어낸다. 아니무스는 '방황하는 홀란드인' 같은 인물이나 바다를 유랑하는 붙잡을 수 없고, 변화무쌍한 모습을 가진 유령으로 나타날 수 있다. 이와 같은 아니무스의 이미지들은 특히 꿈에 나타나는데, 실제적인 삶에서는 매혹적인 가수, 권투 챔피언이나 멀리 떨어진 마을에 사는 위대한 인물들로 의인화되기도 한다."[33]

자신의 내면에 있는 타자의 형상인 아니마와 아니무스가 미분화된 고태적 상태로부터 그것들의 잠재적 가치들을 모두 실현한 상태로 넘어갈 때, 그것들은 정신 안에서 형성 가운데 있는 온전성을 지닌 비-자아(non-moi)를 가리킨다. 그것은 전체성으로 살기에는 의식에 결여되어 있는 것, 즉 자기를 가리키는 것이다. 그것을 얼핏 보기에는 그 의미가 무엇인지 희미하다. "반대성의 상징은 정말 자기를 감추고 있다." 그래서 다른 성을 승화시켜서 자기를 찾을 수 있게 하는 영적 금욕의 방법을 찾아야 한다. "우리는 아니마와 대화하는 기술을 정말 고양시켜야 한다."[34] 이제 우리는 기독교 신비가들(일부 베긴 교단의 수녀들이나 헬프타의 성녀 제르트루다나 아빌라의 테레사, 마리 알라꼬끄 등)이 했으며, 그들을 그들의 영혼의 중심으로 이끌어 간 듯한 내면의 그리스도와의 대화는 이 아니무스 원형을 실현시킨 것이라고 할 수 있다. 융은 이렇게 정신의 내면에 있는 리비도를 종교체험에 역동적으로 활용할 것을 오랫동안 주장하였고, 우리들 역시 그를 따라서 깊이 있게 살펴보려고 한다.

"노현자" 원형

정신적으로 많이 성숙한 노인의 형상들은 꿈이나 비전이나 옛날이야기에 종종 등장한다. 그 형상들이 여성일 경우, 그녀들은 "태모"와 가깝다. 그 형상들이 남성일 경우, 그들은 보통 원래의 윤곽을 취한다. 융이 체험했고, 그의 자서전에서 말한 내적 계시를 보면, 살로메의 옆에 엘리야라는 인물이 두드러져 보인다. 그런데 성서를 보면 엘리야는 물과 불 같은 정반대되는 요소들을 능숙하게 다룰 줄 안다. 그래서 융의 제자인 샤를르 보두앵(Charles Baudouin)은 상징의 대극성에 관한 훌륭한 연구에서 이렇게 말한다. 엘리야는 "언제나 다시 시작되는 대극들과의 오래된 투쟁에서 결정적 승리를 거두고 ... 초월적 통일이 가까이 온 것을 의미한다"[35]고 말하였다.

이 원형은 커다란 권력욕을 가지고 있지만 비판적 자율성이 결여된 사람들에게 자기도 모르게 투사되어 무의식에서 작용하는데, 소규모 종교집단에서는 더 해롭게 작용한다. 우리는 이런 현상을 실제로 수도 없이 보고 있다. 긍정적인 경우 "노현자" 원형은 『카라마조프 형제들』에 나오는 조시마 장로나 특히 힌두교와 수피즘에서 말하는 "영적인 스승"에게도 투사된다.

사위성

4라는 숫자는 현대인들의 꿈에도 의미를 지니고 꾸준히 나타나지만 대부분의 경우 그 사람은 의미를 알지 못한다. 융이 그 주제를 정력적으로 다룬 첫 번째 저서인 『심리학과 종교』는 1937년에 출판되었으며, 그는 거기에서 일련의 꿈들을 다루었다. 그 요소들은 망각이나 억압은 물론 잠재적 기억상실로는 설명될 수 없고, 본질적으로 무의식의 작용에 의한 것이라고 해야만 한다. 다시 말해서 이것은 해석에 개인적 체험에 의한 자료들을 비교하는 것이 아니다. 주체의 개인무의식은 존재하는지 알 수 없고, 그 목적성은 더욱더 알 수 없기 때문이다. 그래서 융은 영혼이 밤 동안 만들어낸 산물들과 신화와 종교를 비교 연구해서 모은 자료들의 유사성에 충격을 받아서 새로운 해석 방법을 고안하였고, 그것들을 모두 규명하려고 하였다. 여기에서 그가 선택했던 예는 어떤 환자의 정신적 발달을 나타내는 400개가 넘는 일련의 긴 꿈들인데, 거기에서는 숫자 4와 관계되는 도식들이 종종 나타났고, 그것을 비교, 분석하자 집단적이며 고태적인 이미지, 융의 용어로 말하자면 이마고(*imago*)가 드러났다. 그것들은 다음과 같은 다양한 형태들로 되어 있었다: 불이 붙여진 네 개의 초, 넷으로 나누어진 원, "꽃, 네모난 장소나 공간, 사각형, 시계, 가운데 분수가 있는 균형 잡힌 정원, 배나 비행기를 타거나 테이블 둘레에 있는 네 사람, 네 가지 색깔, 여덟 개의 살을 가진 바퀴, 여덟 개의 방향으로 빛이 나가는 해나 별들, 여덟 부분으로 나누어진 모자, 네 개의 눈이 있는 곰, 사각형의 감방, 네 계절, 네 개의 호두가 있는 그릇, 4x8=32 부분으로 나누어진 글자판이 있는 우주 시계"[36] 등의 형태를 가진다. 융은 이 신비한 4위성이 다른 사람들에게도 매우 빈번하게 나타나는 것을 보면서 다른 전통들에서도 의미가 있는지 궁금해 하였다. 숫자의 상징주의가 삶의 특별한 사건들을 통해서는 나타나지 않아서 무의식에 대한 일반적인 탐색 방법으로는 그의 환자들에게서 거의 볼 수 없었기 때문이다. 여기에서 비교 자료들의 선택은 일련의 꿈들이, 예를 들면, 중요한 일련의 꿈 가운데 첫 번째 꿈에서 "제단이나 성상(聖像)의 벽을 보여 주는 대신 네 개의 초에 대한 모티프를 설정하고, 그 신성한 가치를 강조하면서 4위성을 보여주기 때문에 종교적 표상들로 제한되었다. 우리는 거기에서 거룩한 이미지들이 나타나는 것을 알 수 있을 것이다. 그 성전은 '명상의 집'으로 불리는데, 우리는 그 성격이 신성의 자리를 대신하여 나타나는 상징이나 이미지에 의해서 드러난다고 가정할 수 있다."[37] 무의식적 원천에서 자발적으로 흘러나오는 이미지들과 종교 체계들에 영원히 현존하는 이미지들 사이에 공통의 기반이 있는 것을 인정하지 않을 수 없을 듯하다. 그것이 없다면, 그것들 사이의 유사성을 설명할 수 없기 때문이다. 융은 이 공통의 기반에서 사위성의 원형의 존재를 깨달았다. 그것은 우리가 4라는 숫자에서 경험되고, 그것을 만드는 모든 상징의 존재 아래 있으며, 서로 다른 문명들에 있는 유사한 도식의 일반성과 영속성을 정당화시킨다.

이제 중요한 것은 사위성(quaternité)의 의미와 역동을 살펴보고, 그것이 자아내는 일반적인 체험 양식을 고찰하는 것이다. 얼핏 보기에 그것을 감각, 직관, 사고, 감정 등 정신의 네 가지 기능과 관련시키는 것은 그렇게 어렵게 보이지 않는다. 그런데 4라는 숫자와 관련돼서 만들어진 이미지가 나오는 꿈과 환상들은 영적 쇄신의 가능성, 즉 무의식에 해체에 대한 상징적 해독제가 있다는 것과 통합을 향한 길을 어렴풋하게 보여 주는 듯하다.

이것을 이해하기 위해서 우리는 정신의 반사적 측면과 심사숙고된 인식 과정에 영향을 받지 않는 측면 사이의 관계를 분석해 보아야 한다. 우리가 앞에서도 말하였듯이, 이 관계는 그 안에서 가장 커다란 것이 가장 작은 것을 포괄하고, 조건 지으며, 영향을 미치지만, 그와 정반대로 의식이 그 작은 것에 의해서 무의식에서 오는 내용들을 정리하고, 분류하며, 실현시키는 상보적 관계이다. 무의식은 의식이 없으면 잠재적 실존일 뿐이다. 인간의 정신 체계에서 의식이 필수불가결하고, 가장 완벽한 정신기관이지만 무의식, 특히 원형의 자리로서 집단적 무의식은 훨씬 더 광범위하게 인간 조건의 양식과 관계를 유지하는 것처럼 보인다.

의식과 무의식 사이의 상호작용에 대한 에너지 발생적 관념은 인간의 모든 삶의 드라마의 기본이 되는 바탕이며, 사위성의 원형이 펼쳐지는 것도 그 위에서이다. 우선 개인적인 수준에서 무의식의 가장 깊은 심층에서 오는 사위성은 중대한 문제, 말하자면 분열이 생겼다고 알려 준다. 따라서 정신 발달이 이렇게 교란되면 환자는 그에게 진행되는 정반대되는 과정에 주의를 집중하면서 반대로 나아가야 한다. 그 자신을 통합시키는 방향으로 나아가야 하는 것이다. 분석 초기에 사위성은 비교적 드물지 않게 나타나는데 그것은 통합을 향한 무의식의 보상 작용의 진정한 상징적 표현이다. 융의 용어로 말하자면, 정신의 근본적인 문제를 해결하려는 소질을 가진 에너지의 중심인 영혼의 잠재성을 보여 주는 것이다. 해리(解離)를 치료하기 위한 심리학적 수단들이 취해지지 않거나 그와 비슷하게 잘못된 수단들이 취해지면, 사위성의 이미지는 꿈꾼 이의 삶의 상황에서 취할 수 있는 모든 다양한 이미지를 빌어서 꿈에 계속해서 나타난다. 그래서 융은 우리가 살펴보았던 것처럼 『심리학과 종교』에서 그 표상들의 끝날 것 같지 않은 긴 목록을 제시하였다. 사위성의 비전은 언제나 유익하다." 사람들이 이와 같은 종류의 체험들에 대해서 말할 수 있었던 것을 요약한다면, 우리는 그것을 이렇게 공식화할 수 있을 것이다: "이 존재들은 선택의 순간, 자신이 그 자신에게 맞춰져 있다는 것을 느꼈고, 자신과 화해할 수 있었다. 그리고 그들은 그 덕분에 그 끔찍한 상황들과 그때까지 그들이 받아들일 수 없을 것 같았던 역경의 중심에 있는 사건들과 화해하였다."[38] 따라서 사위성은 인간의 내면성을 어느 정도 계시해 주고, 의식의 장을 확장시켜서 분해하기 보다는 통합한다. 그것은 거절과 수용, 신경증과 정신적 통합, 불행과 행복이라는 두 축 사이에 있는 길을 고정되었거나 움직이는 도표로 나타내는 것이다.

    그런데 이 형상들은 가장 불가지론적인 사람들에게서도 종종 성스러운 성격을 띤다. 그러므로 우리는 치료 단계를 넘어서 과학적 관찰을 종교 문화가 전달하는 상징과 연결시켜야 한다. 융이 전통의 테두리에서 시도했던 것은 엄청난 작업인데, 그 전통들은 현대인을 만들었고, 그들의 집단적 무의식을 구성하게 하였다. 그리스 철학, 고대 세계 말의 숙명론, 유대-기독교 및 그와 관련된 발달들, 영지주의나 연금술 같은 이단이나 길을 벗어난 것들은 다 여기에서 나온 것들이다. 모든 것들은 집단적 이미지의 일반적인 의미와 일치한다. 그것에 의해서 사람들은 그들 자신이 우주적 요소들의 전체성이나 신적 존재의 통일성이라고 생각하고, 더 나아가서 그의 정신 요소들이 조화롭게 된 통합이라고 생각한다.

3. 영혼의 중심, 자기

현상학

    융의 어떤 환자들은 이상한 꿈들이나 더 나아가서 일련의 이상한 꿈들을 꾸었다. 그것들이 너무 중요하고, 감동적이어서 그들은 그 꿈들 앞에서 마치 신성한 것이 나타났을 때와 똑같은 반응을 하였다. 더 정확하게 말하자면, 그런 종류의 꿈들은 그들에게 원초적 종교체험이 가져오는 것과 비슷한 감정을 불러일으켰다고 할 수 있을 것이다.

    이제 이러한 꿈이나 환상은 하나의 표현, 즉 존재마다 크게 달라지는 상부구조를 가지고 있다. 그것들은 매우 특별한 기억, 정서 또는 욕구를 사용할 것이며, 더욱이 그 "연관성들은" 커다란 어려움 없이 밝혀질 것이다. 그런데 그것들의 기본적인 주제는 언제나 종교 전통에서 발견되는 일반적인 도식으로 표현될 수 있다. 융은 이 도식을 그 문명에서 제일 잘 사용하고 소중히 여겼던 인도에서 부여한 이름을 따라서 만달라(mandala)라고 불렀다. "만달라는 '원', 또한 '마법의 원'을 의미한다. 그 상징에는 동심원적으로 배열된 모든 도형, 말하자면 중심과 방사형이나 구형을 가진 모든 도형—원이나 사각형—이 포함되어 있다."[39] 만달라가 의식에 나타날 때, 그것은 그 개인에게 통합 작업이 필요하다는 사실과 그 욕구는 균형 잡힌 사람은 물론 왜곡된 정신체계에 모두 영향을 미친다는 것을 말해 준다. 융은 수많은 만달라 비전들에 대해서 논평하였고, 각자의 의식적 상황에 비추어서 해석하면서 제안하였다. 예를 들면, 융은 『심리학과 종교』 제2장과 제3장에서 출발점이 되는 두 개의 꿈인 "명상의 집"과 "우주시계"에 대해서 말하였으며, 열세 번째 꿈(보석이 바다 속에 묻혔는데, 그 보석에 가까이 가려면 좁은 입구로 뛰어들어야 한다. 그것은 위험했지만, 친구가 있었다. 꿈꾼 이는 과감하게 어둠 속에서 뛰어들었고, 깊은 곳에서 가운데 분수가 있는 좌우 대칭적인 아름다운 정원을 발견하였다)과 열여섯 번째 및 열여덟 번째 꿈(회전하는 사각형 공간 속에서의 변환 의식), 스물세 번째 꿈(계속해서 사각형의 공간, 여성 한 명과 네 가지 색), 스물다섯 번째 꿈(중심점을 만들고, 그 중심점을 묵상하면서 대칭되는 형상을 만든다), 스물일곱 번째 꿈(그 중심에 푸른 나무가 있는 원. 그 원 안에서 원시인들이 사납게 싸운다. 그들은 그 나무를 보지 못한다), 스물여덟 번째 꿈(하나의 원이 있는데, 그 안에서 분수가 나오는 곳까지 행진이 벌어진다)들이 소개된다. 이 모든 꿈들은 특히 서양 세계의 집단적 과거의 지배적 전통에서 빌린 자료들이나 연상들과 동양 세계의 전통에 의해서 다양하게 확충되었다.[40]

중심과 아니마/아니무스는 매우 자주 연결되고, 그것은 만달라 안에서 신성혼의 주제를 둘러싼 상징적 활동을 만든다. 융은 확충과 비교사(比較史)의 도움을 통하여 그의 환자들의 상상계와 수많은 전통들 사이에 있는 연관성을 살펴보았는데, 그 안에서 원 안에 있는 두 신적 실체의 결합은 사람들이 어떤 완전한 것을 하게 하거나 낙원 같은 상태를 체험하게 한다. 따라서 힌두교에서 시바 신과 그의 배우자 샤크티의 포옹은 종교체험을 통해서 우리가 이원성을 극복하고 초월적 통합에 다가갈 수 있게 하는 것을 나타낸다. 이런 의미에서 그것은 자아와 자아를 능가하는 타자이면서 동시에 보완자의 통합에 대한 힌두교적 표상이며 문화적 모델임이 틀림없다. 그것은 절대타자인 것이다.

우리는 이와 비슷하지만 형이상학적 관점에서 볼 때 아주 다른 이미지들을 기독교가 형성되었던 초기 어떤 영지주의자들에게서 발견할 수 있는데, 그것들은 그리스, 이란, 이집트 신화와 성서적 지혜의 영감을 받은 것이다. 나그함마디(Nag Hammadi)에서 발견된 본문들 가운데 하나인 빌립복음서는 궁극적 목표는 이브(Eve)로 형상되는 영혼이 자신의 천상적이고 초월적 분신인 원초적 아담(Adam)과 재결합하는 것이라고 설명한다. 이 화해는 서로 반대되지만 보완적 요소들인 물과 불이 사용되는 의례들을 통해서 구체화되고, "그것은 이브가 아담 안에 있을 때 죽음이 없었기 때문에 구원을 가져오는 것으로 생각된다. 사실 죽음은 이브가 아담과 분리되었을 때 뒤따라왔다. 이제 다시 이브가 아담 안에 들어가고, 아담이 이브를 다시 안에 품으면 더 이상 죽음은 없게 될 것이다."[41] 영지주의는 본래적인 안드로진(androgyn)으로 돌아가면서 기독교와 분리된다. 기독교에서도 중심에서 신성혼 상징을 똑같이 사용하지만, 그것은 시원(始原)에 대한 향수가 아니라 종말에 대한 기대를 통해서 그 나름대로 자기-실현의 길을 모색하기 때문이다. 우리는 여기에서 중세 기독교 기간 내내 요한계시록에 나오는 마지막 비전을 묵상 자료로 사용했던 훌륭한 예증을 본다. 거기에서는 중앙에 어린양의 혼인과 천상의 예루살렘이 자리 잡으면서 만달라를 만드는데, 이 비전은 세계가 완전히 완성될 때의 종말론을 나타낸다.[42]

융이 그렇게 많이 연구했던 서양연금술은 결국 사분원 안에서의 왕과 왕비의 "화학적 결합"을 환기시킨다. "남성과 여성의 형상으로 나타나는 궁극적 대립은 이제 더 이상 반대되는 것을 담지 않아서 썩을 수 없게 된 통일체 안에서 용해된다." 이와 똑같은 신화는 다른 그림으로 왕이 그의 머리에서 아들과 딸을 낳고, 그들이 결혼하는 것을 보여준다. 미분화된 무의식으로부터 아니마와 아니무스가 구분되고, 그들의 결합은 정신적 온전성을 상징적으로 나타내는 것이다.[43]

이 이미지들은 과연 어떤 것인가? 이것들은 꿈꾼 이의 의식 속에서 즉각적으로 만들어지는 것인가? 아니면 물려받은 전통적 표상들의 문화적 형태를 취하는 것인가? 그것들은 감춰져 있고, 잠재적인 "영혼의 중심"의 존재를 말하는 듯한데, 그 중심은 대극적인 것들과의 직면과 그것들에 대한 완전한 통합이 없는 한 실현 불가능하다. 또한 이 영혼의 중심은 신이 어떤 형상을 취하든지 간에 신적인 것과 만나는 "내면"처럼 보인다. 그것이 이루어지지 않는 한 인간은 불완전 속에서, 아니면 크고 작은 고통 속에서 산다.

이론적 접근

고대 베다인 『우파니샤드』 본문에서 자아는 단지 하나의 외피(外皮)나 부대현상이나 우연한 결정(結晶)이다. 한편 융은 인도에서 문자적으로 "자기" 또는 "자기 자신"을 의미하고, 진정한 개인을 가리키는 단어, '아트만'(atman)이라는 용어를 빌려왔다. 융은 그 용어를 가지고 특히 빌헬름(Richard Wilhelm)이 그에게 소개한 개념들을 이해할 수 있었다. 그는 인도의 관념들이라는 여과를 통하여 내면적인 삶의 본래적 개념에 도달하기 위하여 심리학자의 개념을 통과시키고 다듬었던 것이다. 그 개념은 자연히 어떤 목표를 향해 나아간다. 말하자면, 그가 "자기"라고 부른 이 상위의 실재를 성취하는 것이다. 따라서 정신질환은 자아가 자기를 중심에 자리 잡지 못하도록 하는 것에서 비롯된다. 그때 자아는 그 자신보다 훨씬 더 큰 전체성에 굴복하면서 살지 못하는데, 그런 삶만이 그에게 의미를 줄 수 있다. 자아와 자기 사이의 관계에 대한 이런 이해는 1930년 이후 융의 위대한 저작들 모두에서 나타난 것이다. 왜냐하면 그것이 정신역동과 정신역동의 목적성 및 장애의 근본적인 것들을 설명하기 때문이다.

그러나 자기에 대해서 말하기는 매우 어렵다. 거기에 다가가기 위해서는 담론(談論)이 아니라 상징 언어들을 사용해야 한다. 우리가 이 장에서 이미 살펴보았지만, 여기에서 상상계의 유형에 대한 수많은 예들이 필요하게 된다. 그럼에도 불구하고, 우리가 여기에서 본질적인 것을 이야기하자면, 우리는 자기가 동시에 중심, 전체성, 정신적 삶의 목적으로 나타난다고 말할 수 있다.

앞에서 보았던 도식(43쪽)에서 자기는 D 영역에 있으면서 동시에 그 전체 형상을 둘러싼 것처럼 자리 잡고 있다. 첫 번째 측면에서 자기는 원형이 끊임없이 만드는 정신에너지의 원천이고, 인도인들이 "빈 바퀴통"이라고 말하는 내적인 삶의 궁극적 신비이기도 하다. 두 번째 측면에서 자기는 모든 관념들을 모은다. 자기는 대극들을 연결시키고, 갈등들을 둘러싸며, 의식의 자아와 우리가 무의식이라고 부르는 침전된 모든 것들을 담고 있다. 그러므로 자기에는 "잠재적" 측면과 "전개된" 측면이 있다. "개성화 과정"이 자아로부터 자기에로 넘겨가는 것은 그런 의미에서

이다. 그러나 자아가 아무리 잠재적인 것일지라도, 자기는 중요한 꿈들에서 자신의 존재를 보여 준다. "어두운 중심 둘레에는 빛에 의해서 추적되는 곡선이 있다. 그 다음에 꿈꾼 이는 선과 악 사이에서 싸움이 벌어지는 어두운 동굴 속으로 들어갔다. 그는 거기에서 모든 것을 아는 왕자를 만났다. 그 왕자는 그에게 다이아몬드가 박힌 반지 하나를 주고, 그것을 왼손 네 번째 손가락에 끼워 주었다." 이 꿈은 영혼의 중심에 대한 의식화가 반드시 이루어져야 한다는 것을 가리킨다. 융이 광범위한 자료들을 비교한 것으로부터 도출한 해석에 의하면 왕자는 자기상(自己像)이다. 거기에는 앞으로 이루어질 자아와 자기의 미래의 기대가 있다. 융은 "그 선물은 다른 것이 아니라 꿈꾼 이가 자기(自己)와 약혼하는 것을 표현한다. 약속은 보통 반지를 통하여 이루어지기 때문이다"[44]라고 말하였다. 더 나아가서, 우리는 자기가 완전히 전개된 것은 생각할 수 없다. 샘에서 나오는 간헐온천이나 용암의 폭발처럼 영혼의 중심에서 무엇인가가 끊임없이 흘러나오는 것이다.[45] 그러므로 과장하지 않고는 어느 누구도 자기를 온전히 실현한 영적 스승이나 지혜라고 말할 수 없을 것이다. 그들의 영적 체험은 기껏해야 이 한계 가까이 갈 수 있을 뿐이고, 자기는 끊임없이 그 사람이 될 수 있는 것을 "뛰어넘어서", "그 앞에" 있는 상태로 남아 있을 뿐이다. 그와 반대로, 한 사람의 성숙성은 "자기의 가치를 따라서 살고", 그것들을 그가 발달한 정도에 따라서 행동으로 옮기는 사람으로 생각하는 것이 올바를 것이다. 그리고 그 가치들은 세 가지 커다란 축 사이에서 균형이 이루어지는 듯하다.

　보호적이고, 모성적인 가치는 자기를 회임(懷妊)과 그 자신에 대한 성찰의 장소로 만드는데, 거기에서 새로운 인간이 태어나고, 정신적 균형의 새로운 국면이 준비된다. 그곳은 새로운 삶의 가능성이 끊임없이 싹트는 지점이다. 이렇게 볼 때, 중심과 어머니의 배는 같다. 중심은 그곳으로부터 "신적인 아이"가 태어나는 자궁, 말하자면 이제 막 태어나는 전체성의 상징이다. 그러나 이렇게 자기 자신에게로 돌아가는 것은 결코 퇴행이 아니라 "두 번째 탄생", 즉 자기의 더 높은 수준에서의 현현이라는 사실을 잊지 말아야 한다.[46] 융은 자아와 자기의 문제를 정확하게 제기하는 내적 성찰의 올바른 태도를 주의 깊게 정의하려고 하였다. "그의 꿈들에 대해서 살펴보는 것은 그 자신에게 돌아가는 것이다. 이런 반성을 통하여 자아의식은 자아만 관찰하지 않는다. ... 사람들은 자아에 대해서가 아니라 자기에 대해서 성찰한다. 우리에게 매우 중요하고, 우리의 기반을 형성하며, 자아를 낳는 낯선 자기에 대해서 성찰하는 것이다. 우리가 우리 의식이 방황한 것에 따라서 그것을 소외시켰기 때문에 자기는 우리에게 낯설게 되었다."[47] 그러므로 이런 복귀는 자아에게 되돌아 가는 것이 아니라 개인이 자신의 원형적 원천으로 일종의 전환, 즉 체험의 영원한 기반과 집단적 의미의 기반으로의 전환을 의미한다. 그것은 그 나름대로 독특한 방식을 구현하기 때문이다.

여기에서 자기가 통합하려는 목적은 분명하게 드러난다. 이 전환과 내면으로의 복귀의 목적이 융의 저작들 전반에 투명하게 나타나는 통합된 전체성을 나타내는 것이 아니라면 무엇이라는 말인가? 그것이 특히 그 목적이다. 우리는 여기에서 모든 상징적 실재의 내적 역설을 찾을 수 있다. 사람들이 자신의 개성화를 실현하는 순간, 다시 말해서 그가 가능한 한 가장 분화되는 바로 그 순간 보편성으로 나아가기 때문이다. 사람들은 그 자신의 자기와 결합된 다음, 그가 우주만큼 거대한 유기체의 한 부분이 되었고, 거룩한 것에 완전히 잠기게 되었다는 것을 느끼게 된다. 그래서 우리는 종종 온전한 상태에 다가가는 것을 가리키기 위하여 "우주적 의식"이라고 말한다. 그 표현이 지나치기는 하지만 그 과정의 종착점을 제대로 보여주기는 한다. 그러나 그것은 그 전개의 통합적이고, 점진적이며, 에너지가 많이 드는 성격을 충분히 나타내 주지는 못한다.

자아와 자기의 사이

자아는 그것이 제대로 되어 있든지, 그렇지 않든지 간에 존재한다. 자기는 정신의 중심이며 동시에 전체성으로서 언제나 무엇인가를 "하며", 지상 낙원, 만달라, 감춰진 보물, 다이아몬드, 현자의 돌 등 상징을 통하여 말한다. 우리는 어느 정도 행복하게 우리 자아를 영위한다. 그리고 우리는 어떤 과정, 말하자면 개성화 과정을 통하여 자기에게로 나아간다.

우리 영혼은 이 두 축 사이에서 균형 잡히거나/균형 잡히지 않은 체계로 나타난다. 말하자면, 그것은 자기 조절의 본성으로 프로그램 되어서 어떤 미묘한 역동을 불러일으키고, 자기와 자아의 언어라는 서로 다른 두 언어 사이에서 영원한 진동을 한다. 그 언어들은 꿈, 비전, 창조적 또는 적극적 상상, 그리고 가장 높은 단계에서는 영적 체험들로 표현된 상징적인 것들 전체로 나타나는데, 그것들은 번역되어야 한다. 이 미묘한 유기체가 조절 장애를 일으키면, 정신병이 된다. 그러나 더 일반적으로, 개성화는 사람들의 실존에 의미를 가져다준다. 그것이 "정말 개인적인 존재로 이끌고, 우리가 개인성이라는 말에서 우리의 가장 내밀한 통일성, 즉 우리의 결정적이고, 돌이킬 수 없는 단일성을 기대하기 때문이다. 그것은 그의 자기를 실현하는 것이다."[48]

*

"나는 무의식의 중요성을 강조하지만 의식을 평가절하하려는 생각을 가진 적이 없다. 사람들이 나에게 그런 경향이 있다고 한다면, 그것은 일종의 착시 때문이다. 의식은 알려진 것이고, 그와 반대로 무의식은 거의 알려지지 않은 것이다. 내가 매우 중요하게 하려고 노력한 것은 우리 무의식적 정신을 비추려고 한 것이다. 그 결과 나는 자연적으로 의식보다 무의식에 대해서 더 많이 이야기하였다. 모든 사람들이 의식의 우월성을 믿거나 적어도 믿으려고 하기 때문에 나는 일종의 균형을 잡기 위하여 무의식의 비합리적인 세력의 중요성을 강조하지 않을 수 없었다. … 사실, 강조는 특히 무의식의 내용들을 인식하는데 필수불가결한 조건이고, 무의식의 혼돈의 가능성 앞에서 최고의 심판관인 의식에 두어졌다. 나의 책 『심리학적 유형』은 의식의 경험적 구조를 공들여서 연구한 책이다. 우리 의식의 특성이 잘못되어 있으면, 우리는 모두 미칠 것이다. 자아와 의식은 가장 중요하다. 의식이 무의식과 더불어 보상이라는 흥미 있는 관계를 가지고 있지 않다면, 의식에 대해서 강조해도 소용없을 것이다. …

　무의식은 자연과 같다. 중립적인 것이다. 무의식의 한 측면이 파괴적이라면, 무의식의 다른 측면은 건설적이다. 그것은 가능한 모든 악의 원천이지만 동시에 — 아주 역설적으로 들릴지 모르지만 — 모든 신적 경험의 모태이기도 하다. 의식을 만들었고, 계속해서 만드는 것은 무의식이다"(*La Vie symbolique, Psychologie et vie religieuse*, 158-159).

제3장
개성화 과정, 영적 체험

"무의식은 하나의 과정이다. 그리고 무의식적 내용과 의식의 관계는 정신적 발달을 가져온다. 그것은 정신의 진정한 변환이다"(*Ma Vie*, 243).

정태적이고, 담론적일 수도 있는 정신의 구성요소들을 기술하려면 이제 조금 다른 숙고를 해야 할 듯하다. 그것이 융의 사상의 독창성을 더 잘 보여 준다. 우리가 살펴보려는 것은 똑같은 요소들과 내용들이지만, 그것들은 서로 반응을 일으켜서 변환된 관점을 보일 것이다. 그때 독자들은 태모, 아니마, 중심 … 등을 다시 다룰 때 반복되어 지루한 인상을 받을 수도 있다. 하지만 그것들은 이제 그 자체만으로 고려되지 않고, 직면, 대화, 살아 있는 체험의 역동 속에서 다루어질 것이다.

고전적인 심리학은 일반적으로 변화를 내적 상황에 대한 외부 사건의 영향으로 설명한다. 융 역시 실제로 성공했든지 병리적이었든지 간에 모든 적응의 기본적인 자료들을 구성하는 이러한 가능성을 고려하였다. 그러나 그는 모든 사람들의 삶 속에서 측정할 수 없지만 고집스럽게 작용하는 힘의 흐름을 추적하였다. 스스로 실현되려는 정신 체계의 목적성(finalité)의 힘, 말하자면 스스로를 온전하게 하려는 목적적인 힘에 대해서 파헤쳤던 것이다. 내적인 삶에는 의미가 있다. 그 의미는 그 자신의 특수성 속에 갇혀 있는 자아가 주는 의미가 아니라 여러 가지 단계들과 이행들과 "시련들"을 거치면서 나온 발달에 의하여 얻어진 의미이다. 이

의미는 그 전이나 마지막에 얻어지지 않고, 인격의 확장에 의해서 얻어진다. 의미는 하나의 과정인데, 이 과정은 자기를 하나의 특수한 형태 속에 육화시키는 방향으로 나아간다.

융은 마지막에 개성화 과정이라는 용어를 사용하였다. "나는 정신적 '개체', 말하자면 자율적이고, 나누어지지 않는 단일체인 전체성을 이루는 과정을 가리키기 위하여 '개성화'라는 표현을 사용하였다."[1] 그것은 몇 개의 지표를 보여주는 일련의 변이(mutation)를 통하여 이루어진다. 융의 1930년대 이후의 중요한 저서들은 주로 이 과정을 기술하고 있다. 그는 그의 수많은 환자들의 내적 발달 과정에서 이 단계들을 발견하고, 그것들을 어떤 영적 수행 과정에서 나타난 것들과 비교하였던 것이다. 정신분석가가 개인적 변환의 심층을 상징적으로 고찰하려고 한다면 어떤 의미에서 종교사가가 되어야 한다. 그래서 융의 연구는 주로 세 가지 전통적인 세계에 초점을 맞추게 되었다. 그것들은 티베트 불교, 서양연금술, 기독교인데, 티베트 불교는 자기에게 접근하는데 도움을 주는 만달라의 상징적 의미로 가장 잘 쓰였고, 서양연금술은 물질에 정신에너지를 투사시키면서 밀교적 방식으로 정신발달을 이루려고 했는데, 여기에서 금의 제조는 자기의 완성을 나타내는 적극적 은유로 사용되었다. 마지막으로 기독교, 특히 중세 기독교는 제도화되고 의례적인 형태로 현대인에게 자기를 실현하려는 영혼의 자연스럽고 자발적인 성향에 기초한 도덕적 가치 체계를 물려주었다. 그의 다른 많은 저서들 가운데서 『정신에너지 발생론』은 종교의 이런 본래적 차원을 아주 잘 보여 준다. "계몽주의 시대에 종교의 본질에 대한 견해가 생겼는데, 그것은 그 시대에 전형적으로 불신 받았지만 그 견해가 널리 퍼져 있는 만큼 여기에서 언급할 만하다. 이 견해에 따르면, 종교는 철학 체계처럼 사람들의 머리에서 나온 일종의 철학 체계이다. 어떤 사람이 어느 날 하느님과 도그마에 대해서 상상했었고, 그 '욕망들의 실현자'인 환상 덕분에 그는 인류를 제멋대로 끌고 갔을 것이다. 그런데 이 견해는 우리가 종교적 상징들을 지적으로 파악해야 하는 어려움을 겪는 것과 반대된다. 상징들은 이성에서 나오지 않고, 다른 곳에서 나오는 것이다. 어쩌면 가슴에서 나오는지도 모른다. 그러나 어쨌든 표면적인 의식과 거의 비슷하지 않은 깊은 정신의 층에서 나오는 것이다. 또한 종교적 상징들에는 언제나 뚜렷하게 '계시' 같은 성격이 있다. 다시 말해서, 그것들은 일반적으로 영혼의 무의식적 활동의 즉각적 산물인 것이다. 그것들은 생각에서 나온 것 이외의 모든 사람들이 바라는 것이다. 그래서 그것들은 식물들처럼 수 천 년 동안 조금씩 자랐을 것이다."[2]

1. 과정으로서의 개성화와 삶의 의미

과정(processus)이라는 동사의 라틴어 어원인 *procedere*는 먼저 "앞으로" 나아가는 발걸음을 가리킨다. 이러한 전진이 단지 순간적이거나 환상에 가까운 개방으로 이어지지 않으려면 미지의 것, 자신의 내면에 있는 "타자", 그 자신의 내면, 의식되지 않았기 때문에 다른 것, "자아의 한계 바깥에 있는 것"과 실제로 직면하도록 해야 한다. 그런데 그것은 동일시할 수 있는 배열, 말하자면 원형에서 비롯된 상징적 상들에 의해서 자아에게 알려진다. 개성화 과정은 솔직하게 말하면, 페르조나라는 가면을 벗고, 그림자와 싸우며, 대화를 통하여 아니마/아니무스와 직면하는 것들로 이루어진 문들을 완전히 감당하는 것에 동의하는 것이다. 우리가 앞으로 살펴볼 테지만, 그런 이행은 "둥글게 도는 것"이 아니다. 영혼의 이미지가 중심적이고, 개성화 과정이 확장되는 것이라면 개성화 역시 뒤로 돌아가지 않고, 더 근본적인 변화를 불러일으킨다는 것을 깨달아야 한다. 내적인 삶을 이해하는 데는 이 점이 반드시 필요하다. 우리는 작가 모리스 블랑쇼(M. Blanchot)의 글귀를 인용하고 싶어진다: "여기에서 의미는 다른 방향으로 나아가지 않고, 모든 의미들과 다르게 된다."[3] 융에 관한 책에서 엘리 웜베르(E. Humbert)는 "타자의 상"이라는 제목의 장을 다음과 같은 계시적인 말로 시작한다. "경험이 진행되면서 융이 고안한 범주들은 심리학적 도구의 뼈대와 맞지 않게 되었다. 그것들은 만남의 범주들, 즉 타자의 상들이었다. 정확하게 지켜야 할 것은 일어나도록 허용하고, 무의식이 만든 상들과 만나게 하는 것이다."[4]

"실재적인 것의 문"

우리가 아주 명확하게 구별한다면, 페르조나와 마찬가지로 그림자도 무의식의 개인적 영역의 일부이다. 그러나 "개인무의식의 내용들(더 정확하게 말해서 그림자)은 집단적 무의식의 원형적 내용들과 너무 연계돼서 그 둘 사이를 분간할 수 없고, 그림자가 의식화될 때 개인무의식의 내용들은 집단적 무의식의 내용들을 의식의 표면으로 끌어온다."[5] 이것은 또한 "인격의 어두운 반쪽"에 대한 인식이 전체성을 향한 첫 번째 발걸음을 구성하는 이유이기도 하다. 그것은 결국 그 다음의 모든 직면을 가져오고, 정신체계의 근본적 법칙인 양극성으로 이끈다. 융은 케레니(C. Kerenyi)와 공동 저작한 『신화학의 본질에 대한 입문』(Introduction à l'essence de la mythologie)을 결론지으면서 다음과 같이 말한다. "정신적 상의 특징 가운데 하나는 두 개가 되거나 적어도 이중적으로 되는 것이다. 어쨌든 그것들은 양극적이고, 긍정적인 의미와 부정적인 의미 사이에서 진동한다."[6] 융은 그의 마지막 저작들 가운데 하나에서 사람들이 정신의 양극성이라고 부를 수 있는 인간 정신의 체계를 가장 분명하게 밝힌다. 그는 『융의 생애와 사상』의 "그 뒤의 생각들"에서 그의 사상의 근본적인 경험적 사실을 요약해서 이렇게 말한다. "모든 정신에너지가 서로 반대되는 극(極)에서 비롯되듯이 영혼의 살아 있는 활력과 분리시킬 수 없는 전제로서 내면의 극성이 있다. ... 이 양극성은 이론적으로는 물론 실제적으로도 모든 살아 있는 것들에 내재되어 있다." 여기에서 "에너지", "활력", "전제"라는 용어들이 특히 부각되는데, 심리학은 그런 역동적인 개념들을 취하면서 심리학의 한계를 설정하고, 그 "기술"의 기초를 드러내며, 궁극적으로 정신 과정을 설명해 준다. 융은 계속해서 이렇게 말한다. "의식적인 삶의 정신적 기초인 에너지는 이미 존재하고 있으며, 무엇보다도 무의식적이다." 그러므로 표현되는 모든 것들의 본거지는 원초적 장소로서의 무의식이다. 그런데 무의식은 어떻게 뚜렷하게 정의할 수 없고, 분명하게 드러난 결과를 단지 대극의 쌍을 밝히는 방법으로 밖에는 다가갈 수 없다는 사실이 가장 중요한 어려움이다. 영혼의 본성에 다가갈 수 있는 유일한 방편은 거기 있는 것이다. 정신은 "그 기초에 자리 잡고 있으며, 그 내용들과 반대되는 성격을 이루는 역동적 과정들로 나타나며, 우리는 결국 그것을 그 극들 사이에 있는 긴장된 이미지로 나타낼 수 있다. ... 서로 반대되는 성격들과 정신과 그 내용들의 양극성은 정신적 경험의 본질적 결과로 드러난다."[7] 이것이 상징, 즉 모든 상징이 그 안에서 자신의 작동 기능을 발달시키는 준거의 장(場)이다. "명제에는 반명제가 뒤따르고, 그 둘 사이에서 그 전까지 알지 못했던 해결책이 제3의 것으로 생긴다. ... 모든 것이 제대로 될 때 이 제3의 해결책은 본질적으로 저절로 나타난다. 그때 그것은 믿을 수 있다. 그것은 마치 사람들이 '은혜'라고 부를 수 있는 것처럼 느껴진다. 대극을 직면하고, 대극과의 투쟁에서 생긴 해결책은 흔히 서로 뒤섞일 수 없는 의식과 무의식의 자료들로 이루어져 있다. 그래서 우리는 그것을 '상징'(그 반쪽이 정확하게 반으로 잘린 동전 하나)이라고 부를 수 있다. 이 해결책은 의식과 무의식의 협동 작업의 결과이다."[8]

여기에서 종교사가는 다시 한 번 아주 고대의 그리스 어 *symbolon*이라는 말의 의미를 상기하려고 할 것이다. 그것은 두 사람이 알아볼 수 있도록 도자기 조각이나 동전을 둘로 나누어서 가진 것으로 두 사람은 헤어지면서 그 반쪽을 가진다. 그리고 그것들은 다시 찾거나 간접적인 방식으로 확인할 때 약속의 징표 역할을 한다. 따라서 정신적 상징은 같은 전체의 한 부분이었지만 그런 유사성을 의식하지 못했던 "영혼의 조각들"을 다시 하나로 합쳐 준다. 그러므로 타자와의 이 최초의 만남, 말하자면 그림자인 거꾸로 된 이 자아와의 만남은 탁월하게 "상징적"이다. 그것이 모호한 인격, 즉 그렇지 않았더라면 모든 발달을 거부하고 반대되는 것으로 남았을 대극의 영역을 받아들이고, 인정함으로써 의식적으로 모으게 해 주기 때문이다.

우리는 앞으로 길게 그림자와의 관계에서 자아의 모호성과 거기에서부터 비롯된 병적일 수도 있는 불안은 융의 악에 대한 모든 문제의식의 바탕이 되고, 『욥에의 응답』이라는 책의 실마리를 담당했던 매우 특별한 묵상의 기초를 이룬다는 사실을 살펴볼 것이다.

그러나 그림자를 영원한 원수, 말하자면 어느 정도 자신에 대해서 안다고 하는 모든 사람들도 거의 알지 못하는 것이라고 말하는 것으로는 충분하지 않다. 그때 사람들은 서로를 향하여 있지는 않지만 끊임없이 서로에게 의존적인 자아와 자아의 반대 짝을 이루는 심리의 이 본래성에 대해서 아무것도 알지 못하기 때문이다. 그림자에 대한 더 확장된 이 관점으로부터 그림자에 대한 새로운 비전이 생긴다. 거기에 대해서 윔베르는 다음과 같이 말하였다. "그림자를 의식의 반대일 뿐이라고 결론지어서는 안 된다. 오히려 그림자는 각 인격에 부족한 것을 나타낸다. 그것은 각 사람이 살 수 있었지만 살지 않았던 것을 나타낸다. 그림자는 그 안에서 정체성에 대한 질문을 제기한다: 당신은 당신이 그렇게 될 수 있었던 그 사람 앞에서 어떤 존재인가? 당신은 당신의 형제를 어떻게 할 것인가?"[9] 그때 우리는 그림자와의 투쟁이 분명하게 규정되어 있기 때문에 틀림없이 얻어지는 하나의 단계로 나타나는 것이 아니라 오히려 새로운 가치 체계로의 입문, 즉 내적인 삶의 진정한 기능을 확인하는 것이라고 제안할 수 있다. 그것의 의식적인 첫 번째 작업 모델이 양극성과 상징화이다. 그러므로 티베트 불교에서 만달라 내면으로 침투하는 것은 종종 한계에 대한 위험한 위반의 형태를 취하는데, 그것은 별로 놀라운 것도 아니며, 흔히 종교적 의례를 통해서 매개되고, 중심을 지키는 무시무시한 괴물에 대한 승리로 표현된다. 여기에서 그 경계선은 윔베르가 "실재적인 것의 문"이라고 말한 가치 변화의 근본적인 전복이라는 성격을 매우 잘 보여 준다. 이 표현은 결코 시적 은유가 아니라 모호성, 말하자면 그것을 잡아서 의식적 에너지의 수준으로까지 올리려고 그 자체의 부정성 속으로 침잠하는 체험을 통해서 나온 말이다.

가면을 벗은 자아

그림자가 제기하는 정체성에 대한 질문은 자아가 여태까지의 단계에서 벗어나서 그의 사회적 가면을 "벗으려고" 할 때 또 다른 방식으로 다시 제기된다. 융은 이 사회적 가면을 가리키기 위하여 고대 라틴어에서 온 '페르조나'(persona)라는 말을 사용했는데, 그 말은 우리가 흔히 "개인"이라고 쓰는 잘 알려진 말로 생각해서는 안 된다. 페르조나는 비극에서 확성기(personare)이면서 동시에 배우가 맡은 인물과 동일시하면서 사용하는 가면을 의미한다.

페르조나는 『융의 생애와 사상』에서 "제1의 인격"이라고 부른 것과 깊은 관계가 있다. 이 표면적 인격은 분명한 형태를 취하고 있으며, 한 사람이 그에게 맡겨진 서로 다른 역할을 하면서 다른 사람과 의사소통을 하게 하는 장점이 있다. 하지만 페르조나가 그 사람과 똑같지 않다면, 다시 말해서 하나의 가면에 불과하다면, 그것은 본래 그 사람이 스스로 완성되는 "과정"에 들어가게 하지 못한다. "우리가 페르조나를 분석하기 시작할 때, 우리는 그 가면을 벗게 하고, 그 사람처럼 보였던 것이 근본적으로 집단적이라는 것을 알게 된다. 다시 말해서 페르조나는 일반적으로 집단적 정신의 강제력에 의한 행동에 굴복하게 하는 가면에 불과한 것이다. 게다가 더 깊이 파고 들어가면 페르조나에는 실제적인 것이 하나도 없는 것을 깨닫게 된다. 페르조나는 그 자체로 그 어떤 실재도 누리지 못하는 것이다. 그것은 개인이 사회에 어떻게 나타나면 좋을까 하는 질문에 대한 대답으로 개인과 사회 사이의 타협의 산물인 것이다. 그런 주체들에게는 이름이 있고, 칭호가 있으며, 그가 대표하고, 구현하는 책임을 맡고 있다. 하나는 이름이고, 다른 하나는 칭호인 것이다. 자연히 그것은 어떤 의미에서 어떤 것에 해당되기는 한다. 그러나 그 주체의 개인성과 비교해 볼 때, 페르조나는 단순한 가공(架空)의 것이고, 부차적인 실재로서 흔히 그 사람 자신보다 다른 사람들이 훨씬 더 많이 참여하는 구성의 타협일 뿐이다. 그의 페르소나는 겉모습일 뿐이고, 농담으로 말하자면 두 개의 차원을 가진 실재인 것이다."[10]

그렇다면 페르조나를 해체해야 하는가? 사실 이 단계에서 자아와 사람들이 자아에게 기대하는 역할에서 벗어나는 것이 특히 중요하게 보인다. 사람들 사이의 관계에 참여하는 수준에 따라서 가면을 썼다, 벗었다 할 수 있는 것이다. 그런데 그것은 일반적으로 페르조나와의 동일시를 떨어뜨리게 하는 것은 그림자의 작업이다. "의식은 인도하는 힘의 지배적 위치를 잃어버린다. 의식은 자신도 모르게 인도하는 위치에서 인도받는 위치가 되는 것이다."[11] 여기에서 자아와 외부세계 사이 및 집단적 이상에 대한 매력의 경계를 정하게 되지만 그것은 내면세계와 원형적인 힘의 조절을 받아들이는 것과 함께 이루어진다.

아니마/아니무스: 무의식의 매개자

어머니와의 관계

여기에서 하나의 질문이 제기된다. 어머니와의 관계에 대한 이해가 개성화 과정에서 근본적으로 하나의 단계가 되는가? 우리는 이 질문에 우선 긍정적으로 대답하기가 쉽다. 모든 정신분석은 언제나 한 사람의 본래적인 정신적 바탕으로 이끌 수 있는 이 상징적 맥락을 따르고 있지 않은가? 더구나 융에게서 모성 원형은 특히 중요하고, 매우 독특한 방식으로 중요한 역할을 한다. 사람들은 일반적으로 프로이드는 법과 질서와 연결된 부성상에 관심을 가지고 있으며, 융은 재탄생의 은유인 모성 이마고(imago)에 관심을 가지고 있다고 말한다. 하지만 우리는 완전히 정당화되지 않은 이 구별을 강조할 것이 아니라 취리히의 이 의사의 저서들에서 개인적 측면이나 집단적 측면에서 어머니의 역할에 대해서 언급한 빈도에 대해서 생각해 보아야 한다. 우리는 집단적 무의식의 원형에 대한 유형을 제시하면서 이렇게 살펴본 적이 있다. 그러나 여기에서 그것이 융이 정신체계의 본래적 목적으로 생각하는 자기의 실현과 관계된 것인 한 그 관점은 다시 한 번 다르게 나타난다. 이 정신 역동에 따르면, 모성 이마고는 정신의 발달에서 아마 가장 오래되었고, 가장 강력한 아니마의 다른 말이다. 우리는 이미 여성성의 두 가지 측면 사이의 이런 인

접성에 대해서 살펴보았다. 무의식적 콤플렉스들을 이렇게 반대되는 성에 초점을 맞추는 방식으로 보는 것은 탁월한 독창성을 보여 준다. 사실 우리는 일반적으로 부모의 이미지나 그 이미지와 관련된 경험은 여성적인 것과 남성적인 것에 대한 미래의 인식 전체를 향하고 있다고 믿는다. 그러나 융은 그 가설을 뒤엎는다. 그에게서 부모의 이미지는 본래 집단적이고 원초적인 어떤 것을 개인적으로 정형화시킨 최초의 것이다. 그것은 그 자체로 타자성의 원형인 것이다. 다시 말해서 그것은 우리가 어머니나 아버지에게 경험했던 것이 아니라는 말이다. 오히려 무의식에 있는 아니마와 아니무스가 우리가 부모들과 맺는 최초의 관계에 투사된다는 것이다.

이 점에서 『아이온』(*Aion*)은 매우 중요한 저서이다. 이 책은 온전히 개성화 과정에 초점을 맞춰서 기술하고, 모성 이마고는 아니마에 의존되어 있다고 매우 강조하기 때문이다. 이 책의 목차는 그것을 보여 준다. 처음 네 장은 각각 "자아", "그림자", "신의 쌍 : 아니마와 아니무스" 및 "자기"에 대해서 다루는데, 그 어떤 곳에서도 특히 어머니나 태모(太母)에 대해서는 말하지 않는다. 그러나 우리는 아니마와 아니무스에 관해서 쓴 페이지들에서 이렇게 선택한 이유에 대해서 잘 알게 된다. "투사를 만드는 요소는 아니마이다. ... 아니마는 의식의 고안이 아니라 무의식의 자발적 산물이다. 그것은 어머니를 대체하는 상이 아니다. 모든 것은 마치 모성 이마고를 그렇게 영향력 있고, 위험하게 만드는 신성한 성격은 아니마의 집단적 원형에서 비롯되는 것처럼 이루어진다. 아들에게 투사의 최초의 요인이 어머니인 것처럼 딸에게서 그것은 아버지이다."[12]

관점의 이런 전환은 단순히 지적 토론을 이끌지 않고, 중대한 결과를 초래한다. 먼저 그것은 영혼의 적극적인 역동 속에서 어머니에 대한 매혹을 대체하는데, 이런 태도는 "똑같은 것으로의 귀환"인 퇴행을 가져오는 것이 아니라 다른 것을 드러내는 장소가 될 수 있어서 그 다른 것을 통합함으로써 온전성에 다가가는 기회를 제공한다. 그 다음에, 사람들이 부모의 이미지를 해결하였다고 해서 영혼의 치료가 다 끝난 것은 아니다. 치료는 아니마/아니무스와의 만남을 통하여 통합의 과정을 열면서 개인들에게 새로운 과제를 부과하는데, 그것은 진정한 영적 체험으로 이끄는 그 자신의 더 깊은 심층과 만나는 과제이다.

대가의 저서

영적 체험? 우리가 융의 『의식의 뿌리들』(Les Racines de la conscience)에서 제시된 입문의 비유를 문자 그대로 받아들여야 한다면 그것은 어떤 의미에서 다음과 같이 될 것이다: "그림자와의 작업이 도제(徒弟)와 그의 친구 사이의 작업이라면, 아니마와의 작업은 장인(匠人)과의 작업이라고 할 수 있다. 아니마와의 관계는 인간의 영적, 도덕적 힘에 대한 용기의 시험이자 불의 시련인 것이다."[13]

사실 그 과정에서 자아는 아직 그렇게 알려지지 않았지만 자아처럼 더 큰 전체를 구성하고 있는 진정한 "정신적 실체"를 만나게 된다. 처음에는 이런저런 부모의 이미지에 투사되었다가 나중에 사랑하는 삶의 과정에서 이 또는 저 대상에게 투사되었던 매우 강력한 힘을 가진 이 요소는 종교적이고, 미학적인 정동에서 커다란 자리를 차지하고 있다. 그것은 내면 작업이나 그에 이어지는 병의 치료 과정에서나 소위 "신성한" 체험의 영향으로 그 투사에서 분리될 때, 의식의 구조를 완전히 뒤집어엎는다. 여태까지 우리가 "자아"라고 부른 것은 우리가 그림자와 페르조나를 어느 정도 받아들였을지라도 중심적인 위치를 차지하기 때문이다. 그와 반대로 여기에서 자아에게 요구되는 것은 자아가 그의 전체적인 정신 구조의 내면에서 "타자"를 인정하고, 그것을 인정하면서 그것이 자기의 한 파편에 불과하다는 것을 깨달아야 하는 것이다. 거기에서 중요한 것은 지적 체계를 단순히 관찰하는 것이 아니라 자신의 불완전성을 보는 개인의 고통에 적극적으로 대답하는 것이다. 그래서 그는 그가 앞으로 나아가려면 "자아의 주권을 포기"하는 것밖에 없다는 것을 깨달아야 한다. 앞에서 말했던 자아가 "인도하는 존재로부터 인도 받는 존재가 되어야 한다"는 구절은 이 단계에서도 여전히 진리이다.

그 과정이 조화롭게 발달하고, 극도로 고통스러운 이행이 이루어질지라도 자아는 어김없이 아니마/아니무스 원형과의 관계 속으로 들어간다. 그런데 의사소통은 단순하거나 즉각적인 방식으로 이루어지지 않고, 학습을 필요로 한다. 의식과 무의식이 같은 언어로 말하지 않기 때문이다. 무의식은 일반적으로 비합리적이거나 조리가 없는 것이다. 이미지들과 환상들 및 상징들에 대한 번역은 의미를 말해줄 수 있는 점진적인 연습의 열매일 것이다.

융은 개인적으로 사용하기 위하여 아니마와의 대화 효과를 오랫동안 실험하였다. 우리는 그 대화가 그가 1913년부터 1916년 커다란 위기에 봉착했을 때 일종의 자기-치료를 위한 경험의 기반이 되었던 것을 안다. 그가 설명한 페이지들을 다시 읽으면, 우리가 하려는 것을 분명히 알 수 있다. "여성의 목소리"는 그의 우울증의 바탕에 대해서 말한다. 그는 먼저 그것을 알 수 없는 지혜에서 온 그의 타자성 안에 있는 신성한 것으로 느꼈고, 그 목소리와 대화를 시작하였다. "나는 그것에 대해서 마치 눈에 보이지 않는 현존을 대하는 것처럼 불안감과 공손한 수줍음을 느꼈다. 그 다음에 나는 그것과 다른 관계 방식을 찾으려고 하였고, 나의 상상력에 어떤 주석을 붙이고, 그 목소리에 어떤 편지를 보낼 것인지 생각해 보았다. ... 그리고 나는 아주 놀랍게도, 매우 특별한 답장을 받았다." 물론 그것은 환상이나 영매 같은 체험은 아니었고 분석 작업, 말하자면 "의식과 무의식의 내용 사이의 분화"였다. 거기에서 아니마는 매개의 역할을 하였다. "의식에 무의식의 이미지를 가져다 준 것은 아니마이며, 그것은 나에게 가장 중요하게 느껴졌다."[14]

융은 이 주관적 경험을 조금씩 "활용하였다." 그는 1925년에 있었던 어떤 세미나에서 다음과 같이 제안하였다. "아니마와 아니무스는 집단적 무의식의 이미지로 나아가는 다리나 현관 같은 작용을 한다. 그것은 페르조나가 세계를 향한 일종의 다리 역할을 하는 것과 마찬가지이다."[15] 한참 후에 그는 그의 환자에 대해서 연구하면서 신화들과 종교들에서 중심이 있는 상징들을 보았는데, 중심이 있는 상징의 내면에 남성이나 여성의 이미지나 특히 보완적인 대극들의 결합이 있음을 밝혀냈다. 그 그림들을 해석하면서 그는 그것들은 개성화 과정의 본래적인 목적성을 예시하지 않을까 하는 생각을 하게 되었다. 결코 완전히 이루어지지 않는 온전성에의 도달, 그래서 언제나 다시 시작되는 작업을 생각한 것이다.

"중심에서의 대극의 결합"은 현대의 환자들은 물론 전통적인 관념 속에서 언제나 신성한 의미를 지니고 있었다. 이 주제가 꿈이나 비전에서 활성화될 때 그것은 사람들을 매혹하고 이끌며, 우리가 계시에 의해서 지배되는 느낌을 준다. 이런 계시는 언제나 정신의 내부에서 나오는 것처럼 느껴지지 않고, 종종 거저 주어지는 자비로운 초월적 현존의 지표로 해석될 수도 있다. 그것은 투사일까? 다시 말해서 요한계시록의 저자가 천상의 예루살렘과 어린양의 혼인의 비전을 보았을 때, 그것은 실제로 그의 내면에서 진행되는 개성화 과정의 상징이었을까? 그렇지 않으면, 탄트라 불교의 수행자가 만달라 안에 결합되어 있는 매우 거룩한 신의 쌍에 대해서 명상할 때, 그것은 그의 수행을 통하여 이루어지고 있는 그 자신의 온전한 실현을 보여주는 것일까? 지금은 단순하게 이렇게 말하자. 융은 연금술과 탄트라 불교와 어떤 기독교 영성의 흐름에서 여러 가지 이미지의 연쇄와 연속된 상징적 경험들을 보았는데, 그것들은 그에게 전체성을 향한 영혼의 보편적 과정의 표현들로 생각되었다. 융은 그것들이 단지 그런 것인지, 아니면 아니마와 아니무스의 원형들이 자신의 바깥에 있는 신성, 즉 그 자체로 초월적인 것의 영향에 의하여 변형된 정신의 움직임을 나타내는지에 대해서 알기 위하여 오랫동안 자문(自問)하였다. 그러나 그것은 그것과 비교되는 엄청난 자료들을 수집한 다음에야 가능한 것이었다. 우리가 여기에서 먼저 그의 방법론적 모험에 대하여 살펴보아야 하는 것은 영적 전승의 비교사인데, 융은 1920년대 말부터 거기에 뛰어들었다.

2. 현자의 금(Aurum Philosophicum)

서양연금술은 세계에 대한 일반적 비전을 제시하는데, 우리는 그 추종자들이 모두 스스로를 "현자"라고 주장하는 것을 안다. 근본적으로 매우 다양한 그 체계들에는 미르세아 엘리아데가 다음과 같이 잘 요약한 우주에 대한 공통적인 개념이 있다: "이 세상에 그렇게 널리 퍼진 다양한 전통들은 자연의 목적성에 대한 믿음을 확인하고 있다. 그 이행 과정을 아무것도 방해하지 않는다면 모든 광물들은 시간이 지나면 금으로 된다." 현상의 진화 안에 담긴 이 의미의 발견에 대하여 우리는 연금술 철학의 종합적 관점을 강조하기 위하여 그와 비슷한 수많은 상징들을 보여 주는 원초적 이미지인 대지모(Terre-Mère)가 끊임없이 되살아난다는 사실을 언급해야 한다. 광산은 자궁이고, 금속은 배아(胚芽)이며, 광물의 추출은 산파술이다. 자연적 과정의 점진적 발달에 대한 이런 인식으로부터 발달 과정에 있는 인간의 책임감이 도출될 수 있다. "광부와 야금업자들은 땅속에 있는 배아 과정에 개입한다. 그들은 광물의 성장 리듬을 촉진하는 것이다. 그들은 협력하면서 "더 빨리 출산하도록" 자연의 작업을 돕는다. 간단하게 말해서, 인간은 기술을 가지고 조금씩 시간을 대체하는 것이다. 인간의 작업은 시간의 일을 대신한다." 왜냐하면 "우리가 광물들에게 발달할 시간(다시 말해서 광물들의 발달 리듬)을 주었더라면, 광물들은 성숙한 금속, 즉 "완전한 금속"으로 되었을 것이다."[16] 이 설명은 본성적으로 이루어지는 인간의 의식화의 활동, 즉 극소수의 사람들만 다가갈 수 있는 순간적인 작업을 암시한다. 엘리아데가 14세기경에 쓰인 『완성의 절정』(Summa Perfectionis)을 언급하면서 "자연이 아주 오랫동안밖에 완성시키지 못하는 것을 우리는 잠깐 동안 완수할 수 있다"고 하였고, 연금술사가 "자연이 그의 목적을 완수하고, 그의 '이상'에 도달하도록, ... 그의 '자손'이 최고의 성숙, 말하자면 불멸성과 절대적인 자유(금은 주권과 자율성의 상징)에 도달하도록 돕는"[17] "자연의 형제 같은 구원자"라고 했을 때, 우리는 이런 설명이 고도로 분화된 반성의 수준, 말하자면 형이상학의 진정한 체계에 속한다는 사실을 덧붙여야 한다. 사람들은 융이 많은 점에서 역사에 대해서 무지하다고 비난했지만, 그는 위대한 작업을 수행했던 대부분의 연금술사들은 그들이 하는 많은 작업들에 대해서 무의식 상태에 머물렀다고 지적하면서 서양연금술의 일반적 방향을 더 설명한 것이 아닌가 생각한다. 그는 "한편으로는 실험실에서 하는 실제적인 화학 작업, 다른 한편에서는 물질의 변환 과정에 투사되고, 지각되는 의식적인 부분과 ... 무의식적인 부분으로 이루어진 정신적 과정"을 구분하였다. 따라서 우리는 먼저 연금술사들이 "물질에 속하는 것이 아니라 정신에 속하는 형태와 법칙으로 인식한다고 믿었으며, 그가 물질 속에서 보고, 거기에서 인식하는 것이 무엇보다도 그가 거기에 투사한 그 자신의 무의식의 산물이라는"[18] 의식적 기제의 성격에 대해서 인정해야 한다.

연금술사들은 어떤 점까지 이 투사들에 대해서 의식하였을까? 융이 조사한 바에 따르면 어떤 특별한 경우 연금술사들은 그 작업에서 정신적 변환이라는 상징적 의미를 기대했다는 분명한 증거들을 제시하였다. 그가 언급했던 많은 본문들 가운데서, 간단한 예들만 인용하는데 그치려고 한다. 『현자의 장미원』(Rosarium philosophorum)에 나오는 구절들에는 많은 연금술서에도 나오는 문구들이 반복해서 나타나는데, 그것은 그들이 찾으려는 금은 "세속적인 금" (aurum vulgum)이 아니라 눈에 보이지 않는 돌(lapis invisibilitatis)이라는 것이다. 이 물질의 진정한 기능은 일반인들에게 감춰진 의미에 있다는 것이다. 그 작업이 "물리적으로 뿐만 아니라 도덕적으로도 행해져야 한다"는 매우 널리 알려진 공식도 같은 것을 가리킨다.[19] 또한 화학에서 사용되는 어휘이지만 순전히 심리학 사전에서 빌려온 것들도 있다. 그래서 "우리는 그것은 물질로부터 끌어낸 것을 가리킨다고 생각하였다. 이런 이상한 생각은 고대 철학자들이 정신적 내용은 물질에 투사되었을 것이라고 생각했다는 가설로 밖에 설명될 수 없다."[20]

사람들은 물질에 투사된 영혼의 구성 요소들의 본성에 대해서 질문할 것이다. 융은 그 점에 관해서 다음과 같이 매우 명료하게 말하였다. "연금술사가 화학 실험을 할 때, 그는 그에게 화학 과정의 전개처럼 보이는 정신적 실험을 하였다. 연금술에 투사가 작용하기 때문에 연금술사는 그 실험이 물질 자체(그렇지 않으면 오늘날 우리가 알고 있는 물질)와 아무 관련이 없다는 것을 자연히 알지 못하였다. 그는 그의 투사를 물질의 속성으로 알았던 것이다. 그러나 그가 실제로 실험했던 것은 그 자신의 무의식이었다."[21] 융의 관점을 따르자면 연금술에서 금은 적어도 연금술사들 가운데서 가장 지적인 사람들에게 개성화 과정의 목적의 가장 아름다운 상징 가운데 하나로 나타난다. 그것으로부터 『심리학과 종교』, 『심리학과 연금술』, 『의식의 뿌리들』, 『융합의 비의』 등을 낳게 한 연구가 행해졌고, 우리는 그것을 다음과 같은 세 가지 말로 요약할 수 있을 것이다. 금은 종착점이고, 전체성이며, 만병통치약이다.

그것은 제라드 도르네우스(Gérad Dorneus)가 "당신을 살아 있는 현자의 돌로 변환시키시오"[22]라고 외치듯이 종착점이다. 또한 그것은 융이 『의식의 뿌리들』의 제4권에서 살펴보았던 3세기 영지주의적 경향의 연금술사 파노폴리스의 초시모스(Zosime de Panopolis)의 마지막 비전에 나타나듯이 종착점이다. 그 비전에서 현자는 그가 그 전에 꾸었던 꿈들 때문에 이미 알고 있는 일종의 입문자와 같은 담론을 말한다: "프로콘네소스의 대리석 같이 ... 하얀 돌 하나로 처음도 없고 끝도 없는 (다시 말해서 둥근) 사원을 세우시오. 그 안에는 매우 순수한 물의 샘과 번개처럼 밝은 햇빛이 있을 것이오. 어느 쪽에 사원의 입구가 있는지 조심스럽게 살펴보시오. 손에 칼을 들고 입구를 찾으시오. 좁은 곳은 사실 터진 곳이오. 입구에는 사원을 지키는 용이 숨어 있소. 그를 제압한 다음 그를 죽이고 ... 팔다리를 자르고 ... 올라가고 안으로 들어가시오. 그러면 거기에서 당신은 당신이 찾던 것, 즉 사제를 발견할 것이오. 그는 건장한 사람으로 샘에 앉아 있고, 물건들을 모을 것이오. 그러나 곧 당신은 그가 더 이상 건장하게 보이지 않을 것이오. 그는 그의 본성을 변화시켜서 '은 인간'이 되고, 당신이 원한다면, 얼마 지나지 않아서 당신은 그를 '금 인간'으로 보게 될 것이오."[23] 샘에 중심을 둔 둥글고, 희며, 해 같은 사원은 자기의 상징이며, "세우는 것"은 오직 반성적 의식에만 복종하지 않는 영혼의 중심을 인식함으로써 정신적 균형을 세우는 것을 말한다.

그러나 여기에서 금은 사원과 연결되지 않고, 중심을 차지하며 "찾던 것"(자기의 다른 은유, 다시 말해서 무의식에 대한 무지 때문에 흩어진 정신의 통일성을 재구성하는 것)을 모으는 사람과 연결되어 있다. 이 "존재"는 연금술사가 그것을 바라고, 적절한 수단들을 취하면 "금 인간"으로 될 수 있다. 이 기묘한 신조어를 통해서 금속 인간의 신화가 표현되는데, 그것은 "내적 인간이 … 구리로부터 단계를 기어 올라가서 은을 거쳐서 금에 도달한다. 이 단계들은 가치의 점진적 증가에 해당한다."[24] 다시 말해서, 완전한 실체로 나아가는 금속의 분류는 그 중심인 자기를 향해서 나아가는 정신의 구조에 대한 직관을 상징적으로 뒷받침하는 것이다. 그것으로부터 연금술에 대한 융의 모든 해석은 연금술 작업이 어떤 의미에서는 문자 이전의 비반성적이고, 비합리적인 정신분석에 해당된다는 가설의 기초가 된다. 연금술은 투사가 하나의 심리학적인 방법이라는 것을 알게 해 주는 전통적 연구 방법인 것이다. 상징으로서의 금과 실재로서의 자기는 그것들이 접근할 수 없다는 성격에서 똑같이 종착점이다. 현자의 금은 최종적 물질, 즉 "궁극적 물질"이며 "감춰진 본성"으로 위대한 작업의 신비이다. 그런데 분석심리학에서 자기 역시 한계가 있는 개념이다. "내가 자기를 정의한 것처럼 자기라는 개념은 의식적이고 경험적인 인격이라는 개념과 동일하지 않다는 사실을 기회가 있을 때마다 강조했지만, 나는 끊임없이 자아와 자기를 동일시하려는 오해에 부딪힌다. 사람의 인격이 근본적으로 그 무엇과도 동일시할 수 없는 성격을 가지고 있기 때문에 자기는 한계가 없는 실재를 나타내는 제한된 개념으로 머물러야 한다."[25] 자기는 그의 발달이 마지막에 도달했을 때 발달의 모든 가능성들을 사용하고 "자아와 무의식의 대화"로 끝나게 될 정신의 상태를 가리킨다. 결코 완전히 도달할 수 없는 모든 "개성화 과정"이 지향하는 정신적 발달의 이 원형적 모델은 융이 이끈 정신치료법 안에서 언제나 다시 시작되는 상징적 작업, 즉 정신적 사건의 궁극적 의미를 끊임없이 추구하는 작업으로 제시된다.

　이와 같은 관점에서 볼 때, 우리는 즉시 연금술에서 금의 주제가 가진 두 가지 측면인 전체성으로 이끄는 능력과 구원적 가치를 생각하게 된다. 현자의 금은 4위성과 관계되는 온전함인 것이다. "금 안에는 네 가지 요소들이 같은 비율로 재통합되어 있다." 더 좋은 것은 그 이미지가 원과 사각형의 결합으로 되어 있다는 점이다. 그것은 "4로 변환되는 원의 요소이다."[26] 그 원의 형상은 초시모스가 거기에 햇빛이 들어오고, 가운데 잠재적인 "금 인간"이 사는 둥그런 사원을 건설하려는 비전과 관계되는 것이 틀림없다. 융은 그 사례를 정신적 내용들을 모으려는 시도로 보았다. "4는 사고, 감정, 감각, 직관 등 네 가지 기능들을 암시한다." 사람들이 기하학적으로 그런 이미지를 만들면, 그들은 여러 문화 집단에서 전통적으로 말하는 만달라 상에 도달할 것이 틀림없다. 다시 말해서, 현자의 금은 사람들이 그의 영혼의 궁극적 본성으로 이해하는 상징이고, 탄트라 불교 수련자가 만달라를 그릴 때 했던 것으로 초시모스가 하려고 했던 것과 정확히 일치한다. 이렇게 서양연금술 전통에서 금은 만달라와 같은 역할을 하였다. 정신을 중심에 모으는 묵상에 도움을 주고, 자기를 발견하게 하는 것이었다.

　"세속적이지 않은 금"이 만병통치약, "만능약"인 것은 여전히 남아 있다. 그것은 "마실 수 있는" 금의 형태로 신체적인 병을 고치고, 때때로 사람들에게 불멸을 가져다주는 생명의 영약(靈藥)인 것이다.[27] 가장 잘 알려진 중국의 연금술사는 다음과 같이 말하였다. "당신이 화학적으로 만든 이 금으로 접시와 그릇을 만들고, 그 그릇으로 먹고 마시면, 오래 살 것이다."[28] 인도에도 젊어지게 하고, 수명을 늘이는 것이 있다. 그 원리들은 "치료할 수 없는 환자들의 건강을 회복시키고, 노인들에게 젊음을 가져다준다. 사람들은 사춘기 직후의 나이로 돌아가고, 흰머리는 다시 검어지며, 예민한 감각과 젊음의 민첩함, 심지어 성적 활력까지 되찾게 되고, 사람들의 땅에서의 삶은 아주 노년까지 연장된다."[29] 현대인들의 꿈에서도 이와 똑같은 것을 말하는 원형적인 마술적 금이 다시 출현하는 것은 놀라운 일이 아닐 수 없다. 특히 나에게는 로베르 데쏘유(Robert Desoille)가 『마리-크로틸드』에서 그의 환자가 세 단계를 거치면서 발달한 것을 말하면서 그의 치료에 대해서 언급한 것이 인상적이었다. 거기에는 "처벌 받을 것에 대한 불안과 관계된 권력욕"에서 불러일으켜진 "모호한 이미지들", 즉 "금의 이미지들"과 "유아적 표상과 관계된" "하얀 이미지들"이 있었다. 따라서 "밤의 항해"의 마지막은 마리-크로틸드가 귀중한 물질(황금의 동상, 황금의 달, 황금의 연인)의 상징을 의식하는 것으로 표현되고, 그것이 계속해서 나타나는 것은 진정한 상상계를 구성하고 있다. "우리는 여기에서 금의 우주 ... 파괴된 우주와 맞서는 재건된 우주 안에 있는데, 거기에서는 '파괴될 수 없는 것'이 죽음과 싸운다." 금은 위로를 주는 환상이다. 이 꿈들은 연금술사들이 "먹을 수 있는 물"이라고 한 것들의 귀중함을 정확하게 보여 준다. 마리-클로틸드는 그녀가 또 다른 모습을 한 그녀에게 이렇게 말하는 것을 본다. "레오노르, 너는 이 금으로 무엇을 하느냐? 너는 그것을 먹을 수 없어. 너는 화로불로 그것을 액체로 만들 수 있는 대장장이를 찾아야 해. 그러면 너는 그것을 마실 수 있고, 네 몸에 그것을 다시 통합할 수 있어. 그것은 네 몸을 돌아다니고, 네 피에 섞이며, 네 생명에 도움을 주게 돼."[30]

   이것은 금이 정신체계의 다른 가능성의 해방의 상징이라는 것을 말한다. 어떤 연금술사들, 특히 제라드 도르네우스는 이런 변환의 밀교적 성격에 대해서 잘 말하고 있다. "인간의 몸속에는 사람들이 거의 알지 못하는 어떤 형이상학적 실체가 감춰져 있다. 그것은 본질적으로 그 어떤 약도 필요로 하지 않는다. 그것 자체가 변하지 않는 약이기 때문이다."

이 만병통치약에는 세 가지 본성이 있다: 그것은 "형이상학적이고, 물리적이며, 도덕적이다."[31] 그래서 현자의 금 또는 현자의 돌은 종종 "팅크제"(색 염료)라고도 불린다. 팅크제는 다른 금속을 적시는데, 이런 환상적인 화학 작용은 무의식에 있는 변환, 즉 혁신의 가능성의 상징이다. 융은 거기에 그의 사상의 본질적 용어인 변환(Wandlung)이라는 의미를 덧붙였고, 그 용어는 그를 유명하게 만든 그의 책『변환과 리비도의 상징』의 일부가 되었다. 그것은 모든 정신적 변환을 가리키지만, 신학에서 실체 변환의 신비와 같은 형이상학적 변환을 가리키기도 한다. 이런 잠재성의 해방은 금 자체의 해방의 능력을 구성하고 있다. 많은 연금술 신화는 여기에 대해서 말하고, 융도 그것을 분석했는데, 여기에서 그것들을 요약하기에는 너무 길다. 그 요점은 그가 "현자의 아들"(fils des philosophes) 형상을 중심으로 도는 서로 다른 영웅 신화를 통하여 서양연금술의 근본적 진리에 다가갔다는 것이다. 그런데 그 작업의 목표는 "물질에 묶인 '세계의 영혼'을 구속하는 것"이다. 다시 말해서, 투사를 거둬서 무의식에 미분화된 상태에 있는 정신적 잠재성을 활용하는 것이다.[32]

그러므로 연금술은 사람들이 "영혼의 치료"(cure d'âme)를 통하여 그 자신을 구원하게 하는 영적 방법이다. "이것은 본질적으로 정신적 작용, 말하자면 자기 원형을 받아들이고, 그것을 드러내는 내적 기능을 실현시키는 것이다."[33] 그런데 내면의 자발적이고 주관적인 계시를 통하여 성(聖)을 경험하려는 이 방식은 "영지"라는 용어로 설명되는 종교적 사고로 가장 잘 정의될 수 있다. 우리는 이에 대한 증거를 개인주의적인 "현자들"에게서 많이 찾아볼 수 있다. "사실 연금술사들은 독립적인 사람들이다. 각자는 그 자신의 방식대로 말하는 사람들이다. 그들은 거의 다른 사람들의 제자가 되지 않고, 전통을 직접 전달하지도 않는 것 같다. ...

그들 각자는 비슷한 것들을 담은 것 같은 장인(匠人)들의 주장을 인용하면서 그의 특별한 경험을 나타내려는 듯한 인상이다."[34] 이런 사회심리학적 고찰은 융의 해석학처럼 연금술에 대해서 훨씬 더 깊은 방향을 알게 해 준다. 연금술은 모든 교리들을 우선적으로 개인적 체험을 하게 하는 것이다. "연금술사는 본문들과 그것들의 상징이 보여 주듯이 내가 '개성화 과정'이라고 부른 것을 화학적 변환 현상에 투사시킨다. '개성화'와 같은 과학 용어는 그 어떤 경우에도 이미 알려져 있고, 특별히 분명하게 드러난 사실의 형태와 관계된 것을 의미하지 않는다. 그것은 단지 여태까지 매우 모호하고, 잘 살펴볼 필요가 있는 탐구 분야를 가리킬 뿐이다. 무의식에서 인격을 형성하는 중앙 집중화 과정을 찾아볼 수 있는 것이다. 결국 우리는 이성이 그런 탐구에 알맞은 도구가 아닐까 하고 의심해 볼 수 있다. 연금술이 지성으로 묘사할 수 있지만 살아 있는 체험에 의해서만 파악할 수 있는 창조적 과정이라고 주장하면서 하나의 '예술'이라고 생각하는 것은 쓸데없는 짓이 아니다. 연금술사들도 이렇게 말하였다. '당신의 가슴이 찢어지지 않으려면, 당신의 책을 찢으시오.'"[114] 이 본문은 『심리학과 연금술』의 결론에서 언급되고, 연금술의 근본적인 측면인 내적 계시에 대한 체험을 말하고 있는 만큼 더 중요한 본문이다. 거기에서 사람들은 그 자신을 무의식의 "감춰진" 본성으로 드러내고, 그곳으로부터 원형 위에 기반을 둔 우주적 진리를 이끌어낸다. 우리는 이제 "운명"이라는 매우 재미있는 주제와 함께 똑같은 생각을 다시 볼 수 있을 것이다. "원형들은 우리가 살고, 우리의 가장 개인적인 삶 속에 있는 운명처럼 나타나는 콤플렉스들이다."[36]

융은 연금술에 대한 연구의 마지막 무렵 현자의 만달라 중심에서 "화학적 결합", "왕과 왕비의 결혼"과 관계되는 놀랄 만한 이미지들을 발견하였다.[37] 여기에서 왕의 부부는 연금술사 남매와 사각형 속에서 연계되는데, 융은 거기에서 개성화 과정에서 가장 어려운 부분을 구성하는 것을 직관적 예지를 통해서 본다. 그것은 상대방의 무의식에 있는 아니마와 아니무스 사이의 관계를 이해함을 통해서 분명해진 타자와의 결합이다. 그러므로 언제나 인간관계를 통해서 자아, 타자, 한 사람의 아니마, 다른 사람의 아니무스 등 네 실체가 작업한다. 이 "게임"의 복합성이 조금씩 의식화되면 자기의 원형인 "정수"(즉 다섯 번째 본질)가 이 "상"의 중심에서 어떤 방식으로든 나타난다. 서양연금술의 마지막 신비는 여기에 있다. 『전이의 심리학』의 결론에서 저자는 이 상징들이 나타내는 도구적 역할에 대해서 이야기한다. "전이 현상을 표현하는 것은 섬세한 만큼 어려운 작업이며, 나는 연금술 작업의 상징성에 의지하지 않고서는 거기 접근할 수 없었다."[38] 우리는 다음 장에서 전이의 문제에 대해서 다시 다룰 텐데, 그것은 순전히 정신분석 이론의 기술적인 측면만이 아니라 무의식으로부터 의식으로의 전환에 대한 이해가 이루어지는 "정신적 장소"이기도 하다. 다시 말해서 자기에 대한 인식이 이루어지는 진정한 공간인 것이다.

3. 개성화 과정, 종교체험의 기반

융은 어떤 형태의 종교적 감정에서 정신의 본래적 차원을 인식하였다. 영적 체험이 외부의 초월적 신성으로부터 받은 은혜의 분출 때문이라고 여겨질 때, 그 체험은 동시에 자기의 상징에 의한 변화에 대한 의식이라고 생각한 것이다. 모든 것들은 마치 "하느님"과의 만남이 중심의 상징을 자극하고, 그것의 온전성을 실현시키거나 그렇지 않으면 적어도 그것을 향해서 나아가려는 정신체계의 본래적 목적을 활성화시키는 것이다.

어떤 신학자들은 이런 추구 속에서 영적인 삶의 정도와 정신적 발달 단계 사이가 일치하는 것을 보았다. 그것을 의도했든지 의도하지 않았든지 간에 종교를 본래적인 상태와 자족적 상태로 나아가려는 추구로 본 것이다. 여기에는 미묘한 질문들을 할 수 있다. ... 그러나 우리는 당분간 융이 제시한 설명들, 한편으로는 만달라의 궁극적 의미, 다른 한편으로는 기독교의 위대한 원형들에 대한 해석에 대해서 명확하게 따라가 보는 것으로 만족하려고 한다.

전통적인 만달라들은 어떤 역할을 했는가?

우리는 융이 1927년부터 1928년 사이에 동양학자 리하르트 빌헬름과 만나서 같이 작업하였고, 그것으로부터 그가 『티베트 사자의 서』 번역본에 심리학적 해설을 쓴 것을 기억한다. 그것은 매우 중요한 사건이었다. 그것이 융으로 하여금 그것들을 깨닫고, 정리했을 때 그가 그 당시 치료하는 사람들에게 빈번하게 나타나는 도식들을 제공했을 뿐만 아니라 효과를 보게 해 주었던 다른 문화들과도 접촉하게 해 주었기 때문이다. 따라서 그는 만달라로부터 의사로서의 그의 경험과 일치하는, 특히 티베트 불교에서의 발달과 일치하는 상징적 차원과 이름을 얻었다. "자신의 교육을 끝낸 라마승의 상상에 의해서만 만들어질 수 있는 정신적 이미지. ... 균형이 깨졌거나 거룩한 교리에 들어 있지 않기 때문에 생각을 찾을 수 없고, 찾아졌어야만 했던 순간 (적극적) 상상에 의해서 점차적으로 구성되는 내면의 이미지이다."[39] 심리학이 만달라에 관심을 가지는 것은 만달라가 미궁 같은 구조로 정신의 근본적 역동성인 자기를 향한 발걸음이나 개성화 과정을 은유적으로 나타내기 때문이다. 따라서 탄트라교의 성화[40]에서 네 마리의 괴물이 지키는 네 개의 문은 그림자와 싸우는 것으로 나타나는 개성화 과정의 첫 번째 절차들을 신화적으로 표현한다. 그렇지 않으면 의식에 있는 네 개의 구조를 발견하여 심층으로 들어가는 입문식을 나타낸다.

미궁을 나타내는 그림은 잃어버린 완전성으로 돌아가는 것이 아니라 모든 진정한 인간성의 특별하고 자연스러운 과제처럼 주어진 미래의 정신적 전체성의 성취를 향한 정신적 여정을 암시한다. 더구나 이 그림은 수직적으로 보일 뿐만 아니라 수평적으로도 보인다. 그래서 그 그림은 계단이나 나선형으로도 된다.[41] 거기에서 본질적인 것은 그것이 중심을 향한 분화의 등급을 표시한다는 점이다. 따라서 미궁은 심리학에서 개성화 과정의 통시성을 나타낸다. 그것은 자기를 드러내거나 그것의 점진적 실현을 방해하는 일련의 내적 사건들을 기술하는 것이다.

더 나아가서, 융의 환자들이 그렸던 수많은 만달라들은 샘이나 분수의 모양으로 여성적 표시, 나무, 물과의 관계를 나타내고, 서로 반대되는 색깔들이나 남성과 여성의 형태 등 더 세련된 모습을 보여주기도 한다. 중심에서 보이는 상보성(相補性)의 지표는 무의식에 있는 잠재성, 즉 아니마(또는 남성적인 아니무스)의 존재에 대한 경험적인 증거이다. 그 요소와의 만남은 그것이 모든 대극들과의 대척이나 갈등의 해결에 하나의 모델을 제공해 줄 정도로 매우 구조화되어 있다. 중심에 시바와 샤크티 또는 크리슈나와 라다가 얽혀 있는 수많은 만달라의 모습들은 융에게 아니마와 아니무스에 대해서 깨닫게 하였고, 그것이 자기로 가는 기능이 있다는 사실을 알게 하였다.

만달라에 대한 심리학적 해석은 융으로 하여금 개성화 과정은 인간 정신의 "조절적, 또는 지시적 경향"에서 나온 정상적인 현상으로 보게 하였고, 수많은 비교 분석을 통하여 확장된 그의 치료적 경험은 그에게 "모든 사람에게는 이 발달과 성숙의 과정이 존재한다"[42]는 사실을 확인시켜 주었다.

무의식이 만든 종교적 예배

고대 문명이나 현대의 개인들이 만든 중심에 대한 비전들은 신성의 현존을 말해 준다. 융이 400개나 되는 그의 환자의 꿈 가운데서 『심리학과 종교』와 『심리학과 연금술』의 앞부분에 소개한 꿈의 예를 들어보자. "나는 특별히 장엄한 집에 들어간다. 그 집은 '명상의 집'이다. 뒷면에는 위로 쳐들어 올린 네 개의 점을 피라미드 비슷하게 만들면서 특별한 방식으로 놓인 수많은 촛불들이 있다. 그 집의 문 앞에는 어떤 노인이 서 있다. 사람들이 들어온다. 그들은 침묵을 하고, 명상하려고 움직이지 않는다. 그 노인은 방문객들에게 이렇게 말한다. '그들이 나갈 때, 그들은 깨끗해진다.' 나 역시, 그때 그 집에 들어가서 완전히 집중할 수 있게 된다. 그때 꿈꾼 이는 그에게 올바른 종교적 태도를 지시하고, 그가 종교를 대용품처럼 이용한다는 소리를 듣는다. 집에서 나왔을 때, 나는 불타는 산의 비전을 보았고, 꺼질 수 없는 불은 신성한 불이라는 느낌을 받는다."[43] 이 꿈은 매우 교훈적이고, 이 꿈에 대한 융의 해석은 계시는 외부에서 오지 않고 무의식으로부터 온다는 예를 보여 주며, 특히 종교적인 문제를 다루고 있다는 매우 의미 있는 해석이다. 그 집은 꿈꾼 이에게서 버려진 교회이고, 그 건축물의 상징은 무의식과의 잠재적 접촉을 통해서 명상이라는 내적 의례의 지원들인 명상과 집중을 다시 하게 한다. 그것들이 나름대로 효과적이었다는 것은 정화의 체험과 불타는 산으로 시각화된 성의 현존, 특히 청각 현상으로 나타난다: "신성한 집에서의 체험에서 들었던 목소리는 더 완전한 인격이 나타난 것인데, 꿈꾼 이의 의식적 자아는 한 부분만 표현할 수 있었다." 더 완전한 이 인격은 만달라-도식, 즉 피라미드 모양의 네 개의 초, 다시 말해서 중심으로 올라가는 사위성(quaternité)으로 된 밤의 의식에 출현하였다. 이 꿈은 "무의식이 만든 종교적 예배"를 생각하게 한다. 만달라 속의 구조는 어떤 결핍, 즉 인간과 신성한 것 사이의 단절된 관계를 드러낸다. "현대의 만달라 안에 만들어진 경험은 더 이상 하느님의 이미지를 계속해서 투사할 수 없는 사람들에게서 나타나는 전형적인 모습이다."[44] 융은 꿈의 올바른 해석을 통해서 신성한 것에 대한 언급의 부재나 거부가 정신의 자연스러운 상징화 과정을 방해한다는 것을 보여주려고 했다. 영혼의 중심의 이미지와 신적 이미지는 종교체험에서 너무 밀접하게 연계되어 있어서 신적 이미지의 파괴는 개성화에서 치명적인 방해를 가져온다. 그래서 정신치료에서 중심의 꿈을 올바르게 해석하는 것은 자기로의 정상적 발달을 회복시킨다. 모든 문제는 그 해석이 동시에 초월적인 것과의 관계를 재설정하고, 확립하며, 정당화하느냐를 아는 것이다. 꼭 그런 것은 아니지만, "현대의 만달라는 특별히 영적이고 정신적인 상태에 대한 고백이다. 만달라에는 신성이 없고, 신성에 대한 복종은 물론 신성과의 화해도 찾을 수 없는 것이다. 신성이 차지했던 자리에는 인간의 전체성이 차지하고 있다." 그렇지 않으면, "현대의 만달라가 우리가 그 가운데서 흔히 신성을 볼 수 있는 고대 마법의 원과 놀랄 만큼 가까운 평행을 보이는 것처럼 현대의 만달라 속에는 어떤 의미에서 인간, 즉 자기(Soi)의 심층이 있는 것이 분명하다. 그것은 신성을 대체하는 것이 아니라 신성을 상징적으로 드러낸다."[45]

따라서 만달라는 신성의 내적 현존으로 드러날 수 있다. 그러나 그것은 신성에 대한 합리적이거나 신학적 증거로서가 아니라 그것이 존재하는 즉각적인 증거로서이다. 그럴 경우 그것은 전통과의 단절을 말하지 않고, 전통에 순응한 것을 말한다. 무의식에서 이루어진 상징의 작용들은 도그마의 객관적 자료들을 내면화시키고, 좋은 기회가 되면 신앙인들이 그의 종교의 근본적인 주제를 어렵지 않게 인식할 수 있는 이미지의 형태로 의식에 복원시켜 준다. 그 결과 개성화 과정이 이루어지는데, 그것은 신적 계시의 진리로부터 흘러나오고, 그것을 확인해 준다.

기독교 문화에서 중심의 상징주의: 자기에로의 접근?

중심은 그것을 통하여 사람들이 앞으로 도래할 신적인 삶의 신비를 이해할 수 있게 해 주는 상징적 구조들 가운데 하나이다. 따라서 "하느님의 나라"는 식물이나 곡식이 싹트는 씨앗으로 표현된다. "하느님의 나라는 마치 사람이 자기 밭에 심은 겨자씨 한 알과 같다. 그것은 모든 씨보다 작지만, 자란 다음에는 나물보다 커서 나무가 되어 공중의 새들이 와서 그 가지에 깃들인다"(마태 13:31-32). 여기에서 그리스도의 담론은 성장이나 확장의 길을 따라서 연결되어 있는 "가장 작은 것"과 "가장 큰 것"으로 표현된 두 대극을 결합시키는데, 그것은 '반대되는 것의 일치'이며 동시에 발전의 모델인 중심 자체의 역동이다. 똑같은 비유가 마가복음 4장(30절부터 32절)에도 나오는데, 그 앞에는 혼자서 자라는 씨앗 이야기가 있다. 씨 뿌리는 이가 "자고, 일어나는데 밤이고 낮이고 씨앗이 싹트고 자라지만, 그가 어떻게 되는지 알지 못한다"(4:27). 여기에서 중심으로서의 하느님의 나라의 의미는 더 이상 작고/큰 반대 명제에 있지 않고, 오히려 자연적 과정의 쉬지 않고 자라는 성장 속에 은유된 에너지 발생의 측면으로 정의된다.

또 다른 예는 울타리를 친 포도원에서 볼 수 있다. "어떤 사람이 포도원의 주인이었고, 그는 포도나무를 심었다. 그는 울타리를 쳤고, 포도 압착기를 만들고, 망대를 세웠다. 그 다음 그는 그 포도원을 농부들에게 맡기고, 외국에 갔다. 그는 포도 열매가 맺을 무렵 그의 하인들을 보내서 그 열매들이 얼마나 열었는지 보게 하였다. 그러나 농부들은 하인들을 보고, 한 하인은 때리고, 두 번째 하인은 죽이고, 세 번째 하인에게는 돌을 던졌다. ... 마침내 그는 '그들이 내 아들은 존중하겠지'라고 말하면서 그의 아들을 보냈다. 그러나 농부들은 그 아들을 보고 서로 쳐다보면서 '이 사람이 상속자다. 가자. 그를 죽이면 우리가 상속을 받을 것이다'라고 말하였다. 그리고 그 아들을 잡아서 포도원 바깥에 데려가서 죽였다. 그 주인이 포도원에 왔을 때 농부들에게 어떤 일이 벌어졌을까? 그들은 예수에게 이렇게 말하였다. '주인은 그 농부들을 가차 없이 처분하고, 포도원을 제 때 열매를 바칠 다른 농부들에게 넘길 것입니다.' 예수가 그들에게 말하였다. '건축자들이 버린 돌이 주춧돌이 될 것이다. 그것이 주님의 행사다. 나의 눈에 놀라운 일이 아닐 수 없다. 또한 나는 그대들에게 말한다. 하느님의 나라를 그대들에게 회수하여 열매를 맺을 백성들에게 주어질 것이다'"(마태 21:33-42). 이 본문은 길지만 중요한데, 일관된 이야기 속에서 중심적 도식을 나타내는 상징적 모티프를 전체적으로 보여준다. 여기에서 이사야서 5장 1절부터 7절까지의 말씀이 이스라엘 민족의 상(像)이라고 정의한 울타리가 있는 포도원은 망대(예루살렘 성전을 의미하는 듯하다—역자 주)의 존재 때문에 그 의미가 더 강조된다. 왜냐하면 예수가 그 자신을 지칭한 "주춧돌"은 이 이야기 속에서 건축자들에게 가장 중요하지만 동시에 그들이 버린 것이라는 역설을 담고 있기 때문이다(반대의 일치). 이 이미지를 예루살렘에 적용시키든지, 아니면 메시아적 예언에 적용시키든지 간에 구약성서에서 매우 중요한 문화적 층에 속한다. 우리는 이 이미지가 서양연금술에서 정신적 실현을 나타내는 가장 중요한 원형적 상징으로 사용되는 것을 볼 수 있다. 특히 12세기의 위대한 예언을 담은 본문인 『감미로운 정원』(Jardin des Délices)은 살해가 자행된 이 포도원을 만달라의 중요한 모습으로 그려내고, 그것이 그 저서의 가장 의미심장한 구성이다.[46]

"하느님의 나라"를 상징적으로 나타내는 다른 일련의 이미지들은 현세적인 부와 반대편에 있는 것으로 규정되는 보물이다. "땅에 재물을 모아 두지 말라. 거기에서는 좀이 슬거나 벌레가 파먹거나 도둑이 구멍을 뚫고 훔쳐간다. 하늘에 보물을 쌓아 두라. 거기에서는 좀이나 벌레가 해하지 못하고, 도둑이 구멍을 뚫거나 훔쳐가지 못한다. 너희의 보물이 있는 곳에 너희의 마음이 있기 때문이다"(마태 6:21. 누가 12:33-34). 금이라는 주제의 심리학적 차원을 명확하게 말하는 것은 인간의 영혼이 내면의 부(富)라고 은유되는 대목에서이다. "선한 사람은 그의 선한 보물에서 좋은 것들을 내놓고, 악한 사람은 그의 악한 보물에서 악한 것들을 내 놓는다"(마태 12:35). 따라서 선한 목자의 주제에 의하면 잃어버린 양이고, 부성(父性)의 주제에 의하면 탕자에 해당하는 죄인은 하느님의 나라의 주제에 의하면 잃어버린 보물이다. "어떤 여성에게 10드라크마가 있었는데 그것을 잃어버린다면, 그 여성은 등불을 밝히고, 그것을 되찾을 때까지 열심히 그것을 찾지 않겠느냐? 그리고 그녀가 그것을 되찾았을 때, 그녀는 그녀의 친구들과 이웃들을 불러 모아서 '나와 같이 기뻐합시다. 내가 그것, 내가 잃어버렸던 드라크마를 찾았기 때문입니다'라고 말할 것이다. 그래서 나는 죄인 하나라도 회개하면 하느님의 천사들 사이에서는 기쁨이 넘친다고 말한다"(누가 15:8-10). 비유들이 언급될 수 있는 것은 이런 심리학적 차원들로부터이다. "하느님의 나라는 밭에 감춰져 있다가 어떤 사람이 그것을 발견한 것과 같다. 그는 그것을 다시 감추고, 기쁨에 넘쳐서 돌아갔다가, 그가 가진 모든 것을 팔아서, 그 밭을 산다. 또한 하느님의 나라는 값비싼 진주를 사려고 흥정하는 상인과 같다. 그가 아주 귀한 진주를 발견하면, 그는 가서 그가 가진 모든 것을 팔아서 그 진주를 산다"(마태 13:44-45). 첫 번째 경우, 그 발견은 우연 같지만, 두 번째 경우는 그와 반대로 탐구의 결과이다. 그러나 그것은 언제나 세속적인 것으로부터 감춰진 귀중한 대상 안에서의 영적 변환의 이미지를 선택하는 영적 비전의 표시로 남아 있다. 그러므로 "세속적이지 않고", "평범하지 않은" 연금술의 금처럼 세상의 종말에 대한 암시이면서 동시에 신적인 삶으로의 진입을 말하는 기독교 전승에서의 "보물"은 그의 중심이면서 전체성으로의 기독교적인 영혼의 회심을 말한다.

따라서 융이 그의 연구를 진행하면서 만달라가 중세 서구 사회에서뿐만 아니라 탄트라교(또는 라마교)에서도—그 의미는 서로 달랐을지라도—강력한 힘을 가진 도형임을 발견한 것은 전혀 놀라운 일이 아니다.

그리스도를 둘러싼 네 명의 복음서 기자들로부터 천상의 예루살렘까지 그것들은 하나의 "도시"이며, 동시에 "여성", 즉 만달라이면서 아니마 상이다. 또한 정신분석가들은 빙엔의 힐데가르드의 우주적 비전으로부터 본문의 채색 삽화에서까지 어디에서나 중심의 원형을 다시 발견한다. 융은 매우 자주 그의 환자들의 경험을 밝혀 주는 비슷한 역사적 층을 찾았던 것이다. 예를 들면, 그는 찰리스의 씨토수도회 수도원장이며, 1330년부터 1355년까지 『인간의 삶의 순례』, 『영혼의 순례』, 『예수 그리스도의 순례』 등 삼부작을 쓴 노르망디어의 시인 기욤 드 디굴빌(Guillaume de Digullevill)의 환상을 놀라울 정도로 아름답게 해석하였다. 두 번째 시의 마지막 노래는 서로 교차하는 두 가지 다른 체계로 구성된 "낙원의 환상"을 다음과 같이 묘사한다: 사파이어로 된 원과 금으로 된 원의 중앙에 왕(그리스도)과 왕비(마리아)가 앉아 있다. 융은 이 환상을 그가 『심리학과 종교』와 『심리학과 연금술』에서 개성화 과정의 예로 다루었던 젊은이에게 매우 강한 누미노제 체험을 하게 했던 "우주시계에 관한 꿈"을 확충하는데 사용하였다.[47]

그런데 현대의 만달라들이 비어 있거나 자기의 이미지들로 채워져 있다면, 중세 기독교 종교는 그리스도를 중심에 두었다. "기독교 만달라의 중심을 차지하고 있는 것은 그의 왕관의 네 기둥 같은 네 명의 복음서 기자의 상징인 테트라모프의 주(主)였다. 그는 우리 안에 있고, 우리는 그의 안에 있다. 그의 나라는 값비싼 진주, 밭에 감춰진 보물, 커다란 나무가 되는 작은 겨자씨, 천상의 도시 등이다. … 이렇게 잘 알려진 것들은 그리스도의 심리학적 위치를 잘 설명해 준다: 그리스도는 자기의 원형을 보여 준다."[48] 기독교 신학자들은 『아이온』에서 인용한 이런 언급에 우려를 표한다. 이 말이 기독교를 심리학적 체험으로 제한하는 것을 의미하는가? 그것은 분명히 그렇지 않다. 비록 섣부른 형식화에 의한 오해일지라도 그렇지 않다. 인간을 만달라의 중심에 둔 하느님은 그 자체로 초월적인 그의 존재를 의심하지 않으면서도 신도의 변환 과정을 상징적으로 잘 나타낼 수 있다. 모든 종교는 하느님에 대해서 말하면서 동시에 사람들 속에 감춰진 어떤 것에 대해서 말하고, 그의 궁극적 토대를 드러내려고 한다.

*

"개성화의 길은 참으로 개인적인 존재가 되는 것을 지향한다. 우리가 개인성이라는 말에서 우리의 가장 내적인 단일성의 형태를 기대하는 한 우리의 궁극적이고, 돌이킬 수 없는 단일성은 가장 개인적이고, 그 어떤 비교도 할 수 없는 그의 자기(自己)를 실현하는 것에 있다. 따라서 우리는 '개성화'라는 말을 '그 자신을 실현시키는 것', 즉 '자기를 실현시키는 것'으로 번역할 수 있다. …

자기의 실현은 그 자신의 개성을 상실하는 것이 아니다. 개성화와 자기의 실현을 이기주의로 취급하는 것은 아주 흔한 오해이다. 많은 사람들이 일반적으로 개인주의와 개성화의 차이를 거의 두지 않기 때문이다. … 개성화는 한 사람이 집단적 과제들을 더 잘 완수하고, 더 완전하게 수행하는 것과 동의어이다. 그의 독특성이 무시당하거나 억압될지라도 그가 사회적 구조물에 가장 적합하고, 가장 잘 들어맞는 돌이 되게 하면서도 그의 독특성을 완전히 고려하는 것이라는 말이다.

개성화에는 한편으로 자기를 페르조나의 거짓된 껍질로부터 자유롭게 하고, 다른 한편으로 무의식적 이미지의 암시력으로부터 자유롭게 하려는 것 이외에 다른 목적이 없다"(『자아와 무의식의 대화』, 111-113).

제4장
의미의 시험

"무의식적 정신을 인정하고, 인식의 원천으로 삼을만큼 가치 있게 여기시오"(『영혼을 찾는 인간』, 60).

"나는 가능한 한 이미지들을 잘 이해해야 했기 때문에 아니 마를 이미지와 견주어서 이야기 하였다(『나의 생애와 사상』, 218).

초기의 모든 정신분석가들처럼 융은 심리학의 경험적 성격을 특히 강조하였다. 정신분석학에 "과학적" 성격을 보장해 준 것은 이 경험주의이다. 그것이 개념에 기초를 두지 않고 사실에서 추론되었기 때문이다. 그러나 정신적 삶의 의미에 대답하려는 이해의 발걸음은 융이 수년 동안 연구하면서 초점을 맞춘 '참조 체계'의 고안으로 이어졌다.

1. 중요한 열쇠들

마리-루이제 폰 프란츠, 욜란드 야코비, 샤를르 보두앵, 엘리 윔베르, 피에르 쏠리에 등은 그들의 치료 경험으로부터 취리히의 대가의 중요한 개념 분야를 다루었다. 나로 말하면, 오히려 융 사상의 그 후의 운명과 확산 및 1980년대 인문주의 운동에서의 활용을 이해하는데 없어서는 안 될 것들에 대해서 살펴볼 것이다.[1]

중요한 개념들

리비도

"나의 저서 『영혼의 변환과 리비도의 상징들』를 쓸 때 내 마음에 이미 들어찼던 주제는 리비도에 대한 이론이었다. 나는 리비도를 물리적 에너지의 심리적 비유로 보아서 대체로 양적인 개념으로 생각하였다. 따라서 리비도의 모든 질적 결정을 거부한다. 나에게는 여태까지 리비도 이론에 결부시켰던 구체성을 벗기는 것이 중요한 듯이 보인다. 다시 말해서 그것을 더 이상 허기의 충동, 공격의 충동, 성충동으로 말하지 말고, 그것들을 모두 정신에너지의 다양한 표현으로 보아야 하는 것이다."[2] 『영혼의 변환과 리비도의 상징들』(융전집 제5권)이 출판된 1911년-1912년부터 융의 과학적 태도는 인간의 정신을 명확하게 정의하는 것을 거부하고, 정신 과정을 한계가 있는 것으로 주장하는 것에 굳게 확립되었다. 그러면서 그는 프로이드의 리비도론에 맞서서 다른 모든 표현들을 이차적 특수화로 절하시키는 정신의 일차적 실재가 있다는 가설을 제기하였다. 그때 에너지를 발생시키는 원천인 성욕이나 권력의지는 다른 것들과 더불어서 단지 리비도가 나아가는 가능한 결과의 하나로 된다. 그 사실은 그것들이 꿈과 신경증의 보편적 설명 도구로서의 지위를 상실하는 것을 의미한다. 융의 가설은 리비도의 무한성을 거부하면서 그의 이론적 기초를 뒤흔들었던 것이다. 그는 특히 리비도 자체에는 접근할 수 없고, 단지 적당한 방법을 통해서 의식적으로나 무의식적으로 드러난 그 표현들에 다가갈 수 있다고 주장하였다. 융은 종종 흐름을 파고들어서 강이 되는 형체가 없는 수역(水域)의 은유를 사용한다. 그는 다음과 같이 설명한다: 우리는 리비도가 의미의 층 위를 흐를 때부터만 접근할 수 있다. 우리는 리비도 자체는 어떤 것인지 알 수 없고, 다만 그것이 거기 있는 것을 확인할 수 있을 뿐이다. 그것의 분출과 내용을 관찰할 수 있으며, 마지막에는 그 리듬에 개입할 수 있는 것이다. 그러나 우리가 그것을 파악하는 곳에서 리비도는 하나의 형체, 즉 상징의 옷을 입고 있으며, 에너지, 의미, 생명, 표상을 드러낸다.

상징

『심리학적 유형론』(융전집 제6권)의 맨 마지막 부분에는 융의 중요한 개념들에 대한 일련의 정의들이 수록되어 있는데, 상징에 대한 정의는 10쪽 정도 된다.[3] 그 설명은 대조로부터 시작된다: "내가 생각하기에 상징(symbole)이라는 개념은 단순한 기호(signe)와 아무 공통점이 없다. 상징의 의미와 기호학에서 말하는 기호는 전혀 다른 것이다." 이런 전통적인 구별은 정신분석학에서 융이 기호학적 측면에서 프로이드의 해석을 거부하는 점에서 특별한 차원을 차지한다. "나의 견해로는 프로이드는 그의 관점에서 상징적 행동이 아니라 증상적 행동에 대해서 말했다고 하는 편이 옳다고 생각한다. 그에게 있어서 그 행동들은 우리가 기대하는 의미에서 상징적인 것들이 아니라 이미 잘 알려져 있고, 해명된 특정한 기반을 가진 과정의 증상적 기호들이기 때문이다." 마지막 문장 속에 있는 짜증 뒤에는 융이 상징에는 리비도에 성적인 성격이 있다는 가설을 완전히 분쇄하는 듯이 보이는 미지의 본질적 요소를 찾으려는 시도가 들어있다는 사실을 이해해야 한다. 왜냐하면 그때 상징적 표현은 단지 문화의 옷을 입은 자아의 명령과 무의식 과정 사이에서 나온 왜곡의 산물인 가장(假裝)에 불과한 것이 되기 때문이다. 이 잘못된 의식(意識)을 벗기는 것은 상징을 진리로 대체하는 일이 될 것이다. 거기에서 우리는 다음과 같이 말할 수 있게 된다: "상징에는 그 어떤 것도 포함되어 있지 않고, 상징은 아무것도 설명하지 않는다. 상징은 그 자체 너머에 있는 의미, 파악하기 어렵고 모호하게 직관되는 의미, 즉 우리가 말하는 언어의 어떤 말로도 만족스럽게 표현할 수 없는 의미를 가리킨다."[4]

상징에 대한 정의는 그 다음에 비로소 심리학적인 것으로 된다. 알지 못하는 준거점을 찾을 때, 융은 다음과 같이 말하였다: "나는 상징에서 결코 어떤 비유나 단순한 기호를 기대하지 않는다. 오히려 나는 정신이 어렴풋하게 추측하는 본성을 가장 잘 가리키는데 적합한 이미지를 기대한다."[5]

따라서 상징의 준거 영역은 정신 자체로 구성되고, 정신의 구조는 모든 정신 현상의 의식적이고 무의식적인 이중적 소속을 반영하는 복합적인 이미지들 속에서 진술된다. 그것으로부터 다음과 같은 두 번째 주장이 나온다: "이 산물들이 그 기원을 의식으로부터만 또는 무의식으로부터만 두는 법은 없다. 그것들은 똑같이 합쳐져서 나온다."[6] 따라서 상징이 출현하는 곳에서는 하나의 일치, 말하자면 영혼의 실존의 두 방식 사이의 통일성의 요소가 드러난다. 상징화는 전체화, 통일, 즉 정신적 구조에 가장 잘 적응하는 자연적인 활동을 하는 것이다. 따라서 상징은 하나의 정신적 실재(réalité)이다. 이것은 특별히 그의 개인적 차원을 강조하는 것이 아니다. 그와 반대로, 융은 상징을 통해서 집단적 성격을 가진 무의식의 활력을 나타내는 초개인적 지배력에 더 커다란 관심을 가지고 있었다. "살아 있는 상징은 무의식의 본질적인 부분을 드러내고, 이 부분은 널리 퍼져 있다. 또한 싱징이 각 사람들에게 똑같은 마음의 줄을 진동하게 하기 때문에 상징의 효과는 더 일반적이다."[7]

시간이 지나면서, 상징의 역할은 점차 두 가지 측면에서 명확해졌: 하나는 집단적 무의식과 원형의 계시자로서의 기능이고, 다른 하나는 정신의 특징인 대극을 초월하면서 통합하는 기능이다. 이와 같은 접근은 두 가지 요청을 응답하는 것이 된다. 해석의 모든 방식 가운데 특히 알맞은 이 도구의 도움으로 이해하는 것이 하나이고, 상징의 통합하는 에너지를 통하여 가능한 정신치료로 나아가면서 진정한 "영혼의 치료"가 되도록 처치하고, 교란된 균형을 회복시키는 것이 다른 하나이다.

상징은 의식과 무의식의 협동이 어느 한 극으로 움직일 때 죽는다. 반성적 의식이 우세하면 그것은 완전히 설명할 수 있는 합리적 실재로 되고, 무의식이 지배적이면 그것은 정신증적 증상으로 된다.[8] 그러나 모든 상징에는 반드시 이 극성들의 씨앗이 들어 있다. 한편으로 그것은 의식에 이미지를 만들고, 다른 한편으로는 원형으로 돌려보낸다.

이미지 또는 이마고

"이미지는 포괄적인 정신적 상황의 집중적인 표현이거나, 아니면 커다란 부분에서 무의식 내용들의 집중적인 표현이다. 이미지가 이 두 가지를 표현하는 것은 틀림없다. 그러나 그것만이 아니다. 이미지는 그것들의 일부도 표현하는데, 그것은 순간적으로 배열된 것까지 표현한다. 이런 배열은 한편으로는 무의식의 독자적인 창조성, 다른 한편으로는 의식의 일시적인 영향의 반응이다. ... 따라서 우리는 그것들 가운데 어느 하나를 따로 떼어 놓고 해석할 수 없고, 오직 그것들 사이의 상호관계를 감안해서 해석해야 한다."[9] 그러므로 우리는 이미지에서 상징의 특징인 똑같은 이원성이 모인 것을 볼 수 있다. 그 차이점은 다음과 같다. 상징은 그 자연적 경사면이 통일을 지향하는 영혼의 자발적 활동의 산물이고, 이미지는 정신의 전반적 상황을 나타내지만 그것을 명료하게 하고, 촉매제 역할을 하는 대상과 관계된다. 이미지는 개인과 관계될 뿐만 아니라 공동체의 실제적인 상태와 관계되면서 어떤 주어진 순간의 일반적 상황에도 집단의식을 구성하고, 예술적이거나 종교적인 모든 지적 체계의 형성에 영감을 주면서 영향을 준다. 융은 내밀하고, 공유되는 이 복합적 실재를 지칭하기 위하여 이미지라는 모호한 용어를 그의 기술적 어휘인 이마고(imago)라는 말로 바꾸어 사용하였다. 예를 들면, 요한계시록에 나오는 중요한 상징 가운데 하나로 옥좌를 지탱하는 네 마리의 동물들은 중세 사람들이 하느님의 작품으로서의 우주를 나타내는 정형화된 심리학적 진리를 위한 매우 중요한 이마고가 된다. 따라서 우리는 어떤 대상에 의해서 배열된 이마고는 상징의 외적 극(極)을 형성한다고 말할 수 있다.

원형과 집단적 무의식

내적인 극은 전적으로 무의식적 과정이라는 본성 때문에 직접적으로 해석할 수 없다. 레이몽 호스티(Raymond Hostie)가 말했듯이, 원형들을 "가정할 수는 있지만, 이해되지는 않는다."[10] 사실, 원형은 같은 주제를 둘러싸고 그와 비슷한 표상들이 수도 없이 많이 출현하는 것을 통하여 관찰될 수 있다. 융은 그것을 통하여 개인무의식을 벗어나면서 이런 원초적 이미지 범주, 즉 이 "원형들"의 모태가 되는 집단적 무의식이 존재하는 것을 추론하였다. 이 잠재적인 정신적 영역에 그는 그 말의 정상적인 의미보다 조금 더 발전시켜서 "객관적"이거나 "객관적 정신"이라는 흥미 있는 용어를 붙였다. 실제로 철학에서 "객관적"이라는 말은 "인식 주체와 독립적으로 존재하는"이라는 의미를 가지고 있다. 그래서 융은 다음과 같이 분명하게 말하였다: 반성적 의식과 별개로 무의식의 영역을 정의하는 것이다. 그러면 어떤 무의식인가? 그것은 잊어버렸거나 억압된 기억의 개인적 층이 아닌 것은 틀림없다. "객관적인" 것은 오직 그 잠재성이 모든 사람들에게 나누어져 있는 집단적 무의식과 원형들이다. 따라서 객관적/주관적이라는 쌍은 개인적이거나 보편적인 것을 따라서 정신체계의 두 가지 존재 양태를 가리킨다.

1930년대까지 원형의 정의는 먼저 표현적 성격 위에 세워졌고 거기에서부터 유전적 표현이라는 가설이 생겼으며, 그것들이 어떻게 유전되는가 하는 질문이 제기되었다. 융은 그 질문에 답변하는 데서 표현 능력의 생리학적 기반의 문제로 이어지는 획득형질의 전달 또는 "머리 속에 남은 기억의 흔적"(engramme)이라는 문제에 부딪혔다. 그런데 그는 이 연구에 대해서 전혀 무장되어 있지 않았고, 두뇌의 기능에 대한 당시의 가설은 그에게 오류를 범하게 하였다. 1930년대에 그는 원형의 표현 가능성을 활성화시키는 집단적 무의식에 있는 에너지의 발생적 중심을 정의하면서 원형의 모든 표현적 성격을 거두어들였다. 그렇게 될 때, 그것들은 사실 미분화된 리비도의 힘의 선(線)들로 되고, 그에 따라서 유전적인 문제는 더 이상 제기되지 않는다. 왜냐하면 본능이 아무리 동물의 종을 특징지을지라도 원형은 획득된 형질이 아니라 인류라는 종을 정의하는 자연스러운 성향으로 되기 때문이다.[11] 따라서 모성 원형과 중심 원형은 그 상징들이 빈번하게 출현하는 것과 모성의 이미지나 중심의 이미지들의 역동성과 영향력을 살펴볼 때 정신체계에 있는 선험적 형태들이다. 그러나 "원형의 무한한 것을 나타낼 수 있는 어떤 특정한 상이 존재한다는 생각은 결코 있을 수 없다."[12]

원형 개념의 이런 발달은 꿈 해석 방법의 재조정을 통해서 명확해진다. 융은 1930년경까지 그 일관성을 조명하기 위하여 일련의 꿈들을 분석하였다. 그는 『심리학과 종교』에서 꿈의 비슷한 이야기들을 찾을 수 있는 기법을 고안하였고, 집단적 무의식의 원형의 힘에 거슬러 올라갈 수 있도록 원형의 인도를 받으려고 하였다. 그때 그는 두 가지 결정적인 사실을 발견하였다. 첫째, 원형이 가장 활발하고, 가장 지속적이고, 가장 풍부한 상징적 작용을 낳게 하는 것은 종교 감정의 영역이다. 둘째, 오직 역사적 연구만이 원형을 인간을 구성하는 현상의 진정한 차원에서 복원시킬 수 있다. 그리고 그것은 수많은 세대들의 협동 속에서 끊임없이 다시 나타나고, 다시 구체화된다. 또한 그것은 너무 광대해서 그 어떤 개인적 의식도 그 모든 잠재성을 이해할 수 없다. 이 두 가지 경험적 관찰의 종합으로부터 이 취리히의 의사가 했던 모든 본질적인 연구를 영롱하게 드러나게 했던 장(場)이 바로 종교적 전통 자체의 관념이라는 사실이 분명하게 드러난다. 그의 연구는 거기에서 탄생하였고, 발달했던 것이다. 그가 "종교"라는 단어에서 기대했던 것으로 나아가기 전에 나는 상징이 구성하는 방법론적 교차점에 대해서 강조하려고 한다.

상징의 기능

이 용어들을 선택하면서 우리는 순수하고, 표현할 수 없는 에너지에서 출발하여 상징 속에서 형태나 의미를 취하는 움직임이 어떤 특정한 경우 그것이 널리 공유되면 집단적 무의식의 존재를 입증하는 이미지로 표현된다고 생각할 수 있다. 이 움직임이 형태를 갖추지 않았다가 의식에 의해서 알 수 있고, 해독할 수 있는 의미로 되는 것은 정말 상징을 중심으로 이루어진다. 상징은 에너지와 의미를 진술하는 것이다. 상징은 두 가지 경향이 있는데, 하나는 그것을 근원, 즉 수천 가지 방향으로 나아갈 수 있는 원형(예를 들면, 아니마 원형)과 결부시키는 것이고, 다른 하나는 그것을 하나의 특별한 상 안에 제한하는 것(예를 들면, 이슬람 신비주의에서 예언자의 딸인 파티마)이다. 집단적 무의식은 상징을 통해서 의식에 "말한다." 이 언어를 해독하는 것은 의식에 달려 있고, 그것이 영혼의 치료의 모든 절차이고, 종교체험이 가르치는 것이다.

따라서 융은 그 나름대로 언제나 상황에 따라서 매우 다를 수 있는 두 극 사이의 매개를 가리키는 고대 언어 *symbolon*의 의미에 대해서 살펴보았다. 거기에서 *symbolon*은 고대 그리스의 환대(歡待) 전통에서 낯선 사람과의 확고한 관계를 나타냈다. 그와 반대로 신비주의 예배에서 상징들은 신들이 그 의례들에 나타날 때 신들의 에너지를 모으면서 거룩한 가치를 지닌 대상들을 지칭한다. 그 다음에 그 말은 기독교에 넘겨졌고, 거기에서 그것은 인간의 삶에 의미를 주며 이 실존을 벗어나는 초월적 실재를 증언하면서 "보이는 것으로부터 보이지 않는 것으로 넘어가는"[13] 복합적인 이미지를 인식하는 것으로 되었다. 중세의 위대한 저자도 똑같이 가르쳤는데, 토마스 아퀴나스가 "상징은 동물의 흔적이 우리에게 그 짐승이 지나간 것을 알려 주듯이 우리 감각에 보이는 외관을 넘어서 우리 생각에 그것과 다른 어떤 것을 가져오는 어떤 것이다"라고 했을 때, 그것은 어거스틴의 영향을 받은 말이다.[14] 이 "다른 어떤 것", 즉 지각되지 않는 이 출현은 지각되는 출현과 반대되지 않고 그것을 연장시키는 어떤 것을 보여 준다. 그래서 그것은 사람들에게 의미를 확장시켜 준다. 기독교 교리에서는 그것을 가리켜서 삶 속에 있지만 "감춰져 있는" 의미, "성례전적" 의미라고 말할 수 있을 것이다.

  그밖에도 융이 종종 언급했던 예를 들어보자: 그러므로 미사의 봉헌 예식에서 빵과 포도주는 상징이다. 눈에 보이는 물질적 요소들을 통하여 그것과 전혀 다른 어떤 것, 즉 "그리스도의 몸과 피"에 의한 구원에의 참여가 선포되기 때문이다. 우리는 "빵"과 "몸", "포도주"와 "피" 사이에서 아주 미묘한 의존 관계, 말하자면 인간의 경험의 무게와 눈에 보이지 않는 것의 가벼움 사이의 의존 관계를 본다. 그러나 그것은 언어의 자의성을 벗어나서 일관성을 드러내 준다. 또한 우리는 이 의례를 통해서 예시되는 것은 그것들을 통해서 밖에는 접근할 수 없다는 것을 느낀다. 우리는 언제나 이 "봉헌", 아는 것 속에 담겨진 신비의 이 조각이 무엇인지 말하려고 하는데, 그 어느 것도 빵과 포도주의 증거를 대체할 수 없다. 마찬가지로 기독교인들에게는 세례도 "두 번째로 태어나는 것"이다. 부모에 의해서 첫 번째 생명으로 태어나고, 의례의 그릇이며, 나중에 어머니-

교회의 모태로 된 상징적 물에 잠기고, 그것으로부터 하느님으로부터 아들로 입양된 새 사람, 새 아담이며 강력한 그리스도가 태어나는 것이다. 이 모든 것을 좀 더 잘 그리려면 물의 상징주의와 어머니의 상징주의, 입양의 상징주의를 발달시켜야 하는 것은 분명하다. ... 상징이 혼자서 오는 법은 없다. 그것은 반향 속에 들어오고, 복합적인 배열 속에서 생명을 얻는다. 그것을 배제하는 것은 언제나 작위적이고 지적인 작업으로 된다.

융은 상징의 두 가지 근본적인 성격에 대해서 지적하였다. 하나는 상징이 외적으로 직접 지각할 수 있는 것을 통하여 "감춰지고", "그 너머에 있는" 의미를 드러낼 수 있는 능력이고, 다른 하나는 의미 "연계"를 만드는 경향, 따라서 역사 전반에서 새로운 가치를 받아들이는 능력이다. 융은 그의 저서 전체를 통하여 때로는 분석적이고, 때로는 더 묵상을 하면서 지속적으로 고찰하면서 상징의 세 가지 중요한 노선을 구별하였다.

표현

상징을 통하여 그 자신을 표현하고, 자아의 한계를 벗어나서 그것이 무엇인지 드러내는 것은 영혼이다. 『심리학과 종교』, 『심리학과 연금술』에서 "400개의 꿈을 꾸었던 환자"가 보고한 시각적 인상에 대해서 살펴보자. "바닷가다. 모든 것을 물속에 담그면서 바다가 땅을 침식한다. 꿈꾼 이는 외로운 섬에 앉아 있다."[15] 이러한 유형의 몽상적 환상은 분열에 노출된 위험한 정신 상태를 매우 정확하게 보여 준다. 집단적 무의식(바다)은 불안 때문에 다른 인식의 가능성들을 거부한 채 현실을 합리적으로만 파악하려는 좁은 정신 체계를 침식하려고 한다. 융은 바다가 집단적 무의식의 상징이고, 바닷가가 "저 너머로부터" 오는 것처럼 느껴지는 환상이 나타나는데 아주 적합한 장소라는 사실을 수많은 이야기들 속에서 찾아냈다. 그는 성경에서 다니엘이 바다로부터 네 마리의 무시무시한 괴물들이 나오는 것과 요한이 묵시(默示) 속에서 적그리스도, 그 다음에 "거대한 창녀"인 바빌론이 출현하는 것을 보았으며, 에스드라4서는 예언자가 바다를 관조하는데 커다란 독수리가 솟아오르는 것을 기록하고 있다. 더구나 "바다의 한복판에서 출현하는 것"[16]은 승리한 메시아이다. 괴물은 물론 구속자(救贖者)가 나오는 액체적 요소의 모호성은 거기에서도 아주 잘 표현된다. 악하지도 않고, 선하지도 않은 원형의 모호성은 미분화되었거나 대극들을 그 안에 담고 있기 때문인데, 의식적 태도가 분화시켜야 한다. 어떤 사람들은 거의 몽상적인 삶 속에서 끊임없이 액체적 요소로 표현되는 무의식의 이런 출현에 시달리면서 산다. 그것은 매우 재미있는 사건들을 만들어낼 수도 있다.『의식의 뿌리들』(Les racines de la conscience)은 어떤 환자의 확신을 다음과 같이 말한다: "내가 꾸는 꿈은 거의 언제나 물과 관계가 된다. 내가 목욕을 하거나 화장실의 물이 넘치거나, 그렇지 않으면 수도관이 터지거나 나의 집이 거의 물가까지 미끄러져 내려간다. 또 나는 내가 아는 사람이 물에 빠지거나 내가 물에서 나오려고 애쓰거나 목욕하는데 물이 욕조에서 넘치기도 한다."[17] 여기에서도 역시 무의식의 내용들이 의식에까지 명료하게 올라와서 고려해야 할 것을 요청하는 정신 상태를 매우 정확하게 말해 준다. 그러나 이 예에서 정신분석가는 꿈의 깊은 내용을 선험적으로 설명할 수는 없다. 그가 꿈의 진정한 의미를 추론할 수 있는 것은 다른 내용들과 비교해야만 가능하다. 그래서 그는 다음과 같은 절차를 밟았다. 환자가 그의 성격을 더 폭넓게 받아들이도록 이끌기 위해서는 꿈이 지시하는 종류의 조언을 따라야 한다. 따라서 꿈이나 환상의 이미지는 어떤 것도 위장하거나 숨기지 않는다. 그와 반대로 그것들이 내면의 삶을 매우 충실하게 보여주는 광경으로 보면, 그것들은 먼저 융의 작업에서 매우 특별한, 일종의 신뢰의 태도를 요청하는데, 그것은 고대 라틴어의 *religio*

의 의미 가운데 하나인 '주의 깊거나 신중한 관찰의 태도'(그러나 이것은 내가 곧 다루게 될 또 다른 문제이다)이다. 물론 그런 선택은 이미 하나의 해석이다. "액체적 요소 = 집단적 무의식"이라는 동일시가 그 자체로서 방법론적으로 충분하다고 믿는 순진한 태도는 갖지 않아야 한다. 그것은 이미 하나의 선택으로서 꿈을 어떤 "진리"의 표현이라고 생각하는 것이다. "꿈들은 착각하게 하거나 거짓말 하지 않고, 왜곡하거나 덧칠하지도 않는다. 그것들은 우리가 이해하지 못하기 때문에 짜증나게 하고, 기만할 뿐이다. ... 사실, 그것들이 언제나 자아가 알지 못하고, 이해하지 못하는 어떤 것을 표현하려고 애쓰는 것을 경험을 통해서 알 수 있다."[18] 나는 전에도 이 구절을 인용한 적이 있으며, 꿈의 "첫 번째 의미"와 "두 번째 의미", 말하자면 명시적 의미와 잠재적 의미가 운위될 때 이 구절로 돌아올 필요가 있다. 의미의 이 두 층 사이에는 프로이드가 특히 말했듯이 왜곡이 있을 수 있다. 그러나 융에게 거기에는 일반적 법칙이 있는 것이 아니다. 상징은 우선적으로 영혼의 상태와 그 발달에 믿을 수 있는 계시자로 작용하는 것이다.

중개

의식과 무의식은 두 개의 다른 체제이다. 하나는 더 합리적이고 다른 하나는 비합리적이며, 하나는 집중하고 다른 하나는 분산시키며, 하나는 한정적이고 다른 하나는 무한하다. 따라서 하나에서 다른 하나로 넘어가려면 그것을 통해서 무의식 과정의 미분화성을 분화된 형태로 변경시키는 번역적인 내면의-정신적 매커니즘이 있어야 한다. 그 매커니즘은 상징일 수밖에 없다. 왜 그런가? 오직 그것만이 무한한 의미를 분명한 이미지 속에서 환기시키기 때문이다. 예를 들면, 나무는 처음에는 어떤 상징적 의미를 전하려는 성격을 가진 자연의 하나의 종(種)이다. 나무의

수직성은 나무를 세계의 기둥으로 만들고, 우주의 서로 다른 계단들을 질주하면서 지하세계로 내려가거나 천상의 영역으로 올라가는 축으로도 만든다. 또한 낳고, 살며, 죽는 것을 나타낸다. 그리고 나무는 지혜의 등급과 관계되기도 한다.[19] 이런 수직성은 나무를 사람과 동일시하고, 수많은 풍습에서는 아이가 태어날 때 나무를 심으면서 사람의 생존 기간과 나무의 수명을 견주기도 한다. 그래서 그 나무에 어떤 일—벼락이 치거나 병드는 등—이 생기면 사람들은 거기에서 그 사람에게 어떤 중요한 위협의 신호라고 본다. 매년 봄, 잎이 떨어졌던 나무는 다시 태어나고, 새로운 푸르름이 겨울의 나목(裸木) 위를 덮는다. 이렇게 개인은 끊임없이 죽고 다시 태어나며, 헐벗었다가 풍요해진다. 인간의 삶에서의 행복과 불행의 연속은 정기적인 순환의 양상을 보이지 않고, 예측할 수도 없다. 그리고 인간의 재생은 결코 보장되지 않는다. 그래서 그는 그의 자연 환경 속에서 그 자신과 충분히 비슷하면서 동시에 그에게 피할 수 없는 쇄신의 이미지를 제공할 요소를 찾는다. 이런 관점에서 볼 때, 나무는 문명이 전통적으로 발견했던 가장 좋은 상징적 지지대 가운데 하나이다. 그러나 그가 찾았던 의미는 형식보다 우선하며, 그 형식을 완전히 뒤집어 엎을 수 있다. 그래서 어느 누구도 거꾸로 선 나무를 본 적이 없다. 그러나 뿌리가 하늘을 향한 "뒤집어진 나무"(arbor inversa)가 인도의 성전(聖典)인 우파니샤드와 바가바드 기타와 서양연금술 본문에 나온다. 인도의 성전에서 그것은 베다의 계시("잎사귀들"은 찬송가이다)가 땅으로 내려오는 상이고, 서양연금술에서 그것은 아마 어떤 역전(逆轉), 즉 사람이 자신의 심층을 찾는 과정에서 그 자신에게로 "되돌아오는 것"을 나타낼 것이다. 따라서 우리는 상징으로서의 그 나무는 사람들에게 어떤 의미에서 그의 운명, 말하자면 우주나 그 자신과의 관계를 보라는 것을 의미할 것이다. 이 비전은 일종의 신비로 이끄는데, 그것은 명료한 의식이 상징의 일부분만 받아들이고, 다른 부분은 발견해야 할 미지의 요소를 말하면서 동시에 그 요소를 향해서 나아가는 길을 여는 것을 보여준다. 새로운 정신적 통합이 조금씩 이루어지는 것은 묵상을 하고, 상징의 의미를 되찾아야 하기 때문이다. 이런 통합은 융에게 언제나 궁극적으로 의식과 무의식이 제대로 접합되는 영적 전체성을 말한다. 우리의 예로 되돌아가면, 나무를 통해서 창조의 다른 차원들에 대한 인식과 자연과의 조화에 대한 욕망이 선포된다. 그러나 나무가 먼저 그 자신의 내면에 있는 알지 못하는 배아로부터의 성장을 상징적으로 나타내지 않았다면 이 모든 것들을 의미하지 못했을 것이다. 융에게서 다른 모든 방향들은 사람들이 변환되고 "자라도록" 하기 위하여 무의식의 내용들이 의식의 수준까지 올라오는 순전히 내면적인 이 성장 안에서 만난다. 따라서 상징은 이런 만남을 주선하면서 "의식의 뿌리들"을 이해하고, 받아들이도록 해준다.[20] 상징은 정말 매개자인 것이다.

통합

통합은 상징의 매개자로서의 특성에서 직접적으로 나온다. 상징은 영혼의 두 가지 존재 방식 사이에 다리를 놓으면서 거기에 접점을 만드는 것이다. 상징은 분열시키기 위해서가 아니라 통합하기 위해서 역설을 사용한다. 강렬한 분열에 사로잡힌 정신은 꿈들과 환상들에서 통합의 상징들을 내보낸다. 이것 역시 꿈 분석의 하나의 규칙이다. 융은 정신적 해리의 위험이 있는 그의 환자들에게서 대부분의 꿈들이 전체성의 상징들을 활성화시키면서 보상하는 것을 주목하였다. 그 상징들은 빙빙 도는 표상들이나 대극적 요소들(남성과 여성, 하얀색과 검정색, 물과 불 등)의 만남 등이다. 여기에서 『심리학적 유형들』에 있는 상징에 대한 긴 정의를 마치는 구절이 끝난다: "그것은 정신의 최고의 획득에서 비롯되고, 존재의 심층에 있는 내용들을 포함하면서 가장 잘 분화된 영적 기능으로부터만 유일하게 나올 수 없다. 가장 밑바닥에 있는 경향들과 가장 원시적인 것들이 거기에서 자신들의 역할을 해야 하는 것이다. 그런데 서로 적대적인 이 상태들의 창조적 협력은 완전히 다른 것들이 의식에 하나하나 드러날 때에만 실현된다. 명제와 반명제가 서로를 부정하고, 자아가 그 각각에 대해 무조건적으로 참여하는 것을 강요받는 것을 보면, 그것은 그 자신과의 격렬한 분열 상태에 있는 것이 틀림없다. ... 내가 그 전체를 초월적 기능이라고 부른 이 과정 ... 여기에서 "초월적"이라는 말은 형이상학적인 것이 전혀 아니다. 이 용어는 단순히 이 기능에 의해서 하나의 태도에서 다른 태도로 전환되는 것을 나타내려는 것이다." 사실, 상징은 두 개의 대극(對極)을 이어준다. 그것은 다른 것들 사이에서 동시적인 것을 설 수 있게 하는 "제3의 요소"인 것이다. 상징은 그렇게 하면서 그 전보다 더 잘 적응하는 새로운 상태를 조성하는데, 그것은 "반대되는 것의 일치", 말하자면 조화로운 전체성 속에서 이원적인 것의 역설적 만남이라는 성격을 가지고 있다. 이 새로운 상태는 그것이 갈등들에서 벗어나 있다는 점에서 그 전 상태를 초월한다. 예를 들면, 융의 환자 가운데 한 사람은 언젠가 뿌리들이 지구의 중심까지 뻗어 있고, 잎들이 하늘에까지 닿은 일종의 우주목(宇宙木)에 관한 꿈을 꾸었다. 그가 아주 깊이 분열되어 있는 상황을 감안할 때 이 꿈은 "지상적인 것"과 "천상적인 것", 아래와 위, 무의식과 의식 사이의 통일을 상징적으로 추구하는 꿈이라고 해석해야 한다.[21] 여기에서 융은 당연히 "초월적 기능"이라고 말하지만, 철학자와 신학자에게 "초월적"이라는 말은 다른 의미를 가진다. 초월적이라는 말은 신적인 존재나 인간과 전적으로 다른 존재, 인간을 벗어나는 존재를 말하는 것이다. 우리는 이와 같이 다른 방식으로 해석되는 용어들이 정신분석가에 대한 비판에서 커다란 비중을 차지하게 되는 것을 볼 것이다.

이렇게 정신은 만달라 상징을 통해서, 또는 그림자, 여성, 노현자 등 어떤 구성요소들을 통해서 스스로를 전체적으로 표현한다. 이 상들은 실제 상태를 나타내는 것 이외에도 종종 어떤 행동을 선택하도록 제안하고, 전망적인 차원을 제시하면서 어떤 방향을 보여 주기도 한다. 다른 한편 상징은 의식과 무의식, 삶과 죽음, 과거와 미래를 중재해 준다. 상징은 관계를 맺게 하면서 실제적인 의미에서 번역자, 교류회로, 미분화된 리비도의 변환기 역할을 하는 것이다. 의식의 이미지와 그 아래 있는 원형 사이의 결합의 열매로서 상징의 모호한 표현은 불신을 불러오는 것이 아니라 영혼의 심층에 있는 베일을 벗긴다. 상징은 감춰져 있는 어떤 아주 "신성한 것"을 "계시"하는 것이다.

더 나아가서 상징은 매개하면서 계시할 뿐만 아니라 어떤 작용을 하기도 한다. 상징은 통합하고, 내적 갈등에 대답도 하는 것이다. 여기에서 우리는 그리스어 *symbolon*이 "분열시키거나", "하느님과 분리시키는" 것과 관계되는 프랑스어의 "악마"(diable)의 어원인 *diabolon*과 반대된다는 것을 상기해야 한다. 상징의 가르침을 자신이나 다른 사람 안에서 듣는 것은 비합리적인 지식을 향해 나아가는 모험이 틀림없지만, 동시에 자신 내면이나 주체(sujet), 또는 자신의 바깥에 있는 대상들과 관계를 맺으려는 수단을 스스로에게 제공하는 것이기도 하다.

2. "종교"라는 단어의 두 가지 의미

교파 또는 체험

『영혼의 변환과 그 상징들』의 저자는 프로이드보다 더 프로이드학파 사람처럼 먼저 사람들이 그의 신들에게 그렇게 강렬하고 지속적으로 집착하는 이유를 부모의 이미지에 대한 의존에서 찾았다. 그러나 그는 곧 좀 더 미묘한 방향으로 나아가기 위하여 이 설명을 포기하였다. 그는 결국 "종교"라는 용어가 서로 화해할 수 없이 근본적으로 다른 두 가지 의미로 나누어지는 것을 알았다. 한편으로, 종교는 그 기원을 가톨릭교회나 개신교회 등 특정한 신앙고백에 둔 교파를 말하고, 다른 한편으로 그것은 사람이 그의 안에서 "신성한" 느낌을 불러일으키는 성스러운 것과의 관계 속으로 들어가는 체험이나 일련의 체험들을 말하는 것이다.[22] 첫 번째 경우, 종교는 고정된 표현들의 체계, 다시 말해서 문화적 의미들이 자연적인 정신적 대응물들과 겹쳐져 있으면서 동시에 그것들을 숨기는 일련의 상징들로 나타난다. 그래서 종교는 믿음 현상을 전제로 하고, 도그마 체계를 통하여 그것을 확장시킨다. 또한 종교는 신도와 그의 하느님과의 직접적 관계의 가능성을 배제하지 않지만, 그것을 고취시키지는 않고, 인간이 신적인 것과 만나는데 필수적인 매개체인 의례와 전례들을 스스로 제시한다.

    융의 증언에 의하면, 종교의 두 번째 정의는 모든 특별한 교파들보다 앞서는 종교체험의 의미로서 심리학에서 선택의 영역을 구성한다. 1930년-1935년부터 그런 측면 가운데 하나를 다루지 않은 저서는 하나도 없다. 그 가운데『심리학과 종교』(1937)에서 그는 "종교"를 다음과 같이 분명하게 정의한다: 종교는 먼저 "인간 정신의 특별한 태도"로서 "사람들이 강력하다고 판단하는 어떤 역동적인 요인을 주의 깊게 관찰하고, 신중하게 고려하는 태도이다." 종교는 "어떤 특정한 신앙고백"과 무관하게 "누미노줌 체험에 의해서 변화된 의식의 특별한 태도를 가리키는 것"이다. 그렇지 않으면, "종교는 그것이 긍정적이든지 부정적이든지 간에 가장 고상하거나 가장 강한 가치와 관계를 맺는 것이다." 종교에 대한 융의 관념 속에는 두 가지 수준이 중첩되고 교차한다. 종교는 한 가지 수준에서 "다양한 교파들은 종교적 근원에 대한 체험을 성문화하고, 교의화한 형태들"이라는 점이 있고, 또 다른 수준에서 "그 교파들이 그것을 어떻게 만들었는지 하는 것과 관계없이 원초적 종교체험"이라는 것이 있다. 융이 관심을 기울였던 것은 종교의 두 번째 수준이었다. 그가 거기에서 상징들에 의해서 확충된 원형의 살아있는 반향(反響)들을 들었기 때문이다. 그에게 먼저 다가왔던 것은 다음과 같이 종교의 환원불가성이었다. "종교체험은 절대적이다. 종교에는 말 그대로 논란의 여지가 없다."[23] 그에 따라서 그것이 어떤 것이든지 간에 그 어떤 환원적인 방법으로도 그 특별한 체험을 다 파악할 수 없다. 관찰이 올바르게 되려면, 종교체험 자체는 인간 정신의 일반적이고, 자연스러운 내용이라는 것을 알아야 한다. 융은 1932년에 이렇게 말하였다: "나이가 서른다섯 살이 넘은 나의 모든 환자들 가운데 그들의 근본적인 삶의 문제가 종교적인 태도가 아니었던 사람은 하나도 없었다. 결과적으로, 모든 사람들은 정말 살아있는 종교가 언제나 그 신도들에게 주었던 것을 잃어버렸기 때문에 환자가 되었다. 종교적인 태도를 다시 찾지 못했던 사람들 가운데서 그 어떤 사람도 정말 치료된 사람은 한 사람도 없다."[24] 그의 제자 샤를르 보두앵(Charles Baudouin)은 이렇게 말하였다: "사람들은 어떤 식으로든지 간에 자신 안에 종교적 기능이 있다는 사실을 인식해야 한다. 그래서 사람들에게 좋은 음식물이 제공되지 않았을 때, 그들은 아무것이나 먹는다."[25]

융의 인생 후반기의 모든 고민은 이 '종교적 기능'이 어떻게 영혼의 구조적 성향인지를 보여주려는 것에 있었다. 그는 그 기능이 계속해서 상징화 과정, 즉 통일된 정신 속에서 의식과 무의식의 협력을 요구한다는 것을 입증하였다. 따라서 그 기능은 원형에 감춰진 강력한 힘 속에 뿌리박고 있는 것이다. 종교체험은 무엇보다도 먼저 "자연의 계시"[26]인 집단적 무의식의 체험인 것이다. 그것은 종교적 인간에게 초개인적인 잠재의식의 현존을 예감하게 한다. 한 개인을 그의 정신적 기반에 다시 자리 잡게 하면서 자신의 정신적 소속감을 회복하게 하고, 그로 하여금 그 표상들의 깊은 원천을 재발견하게 해주는 것이다.

그런데 융은 종교적 사실의 환원불가능성을 설명하기 위하여 초월로 경험되는 신적 본체에 대한 믿음에 호소할 필요성을 전혀 느끼지는 않았다. 종교체험은 그것이 어떤 신에 대해서 말하기 때문이 아니라 영혼 전체와 관계되고, 개별적인 존재가 단지 하나의 파편에 불과한 원형적 시간성을 다루기 때문에 절대적인 것처럼 보였다. 그는 1934년에 다음과 같이 말하였다: "우리가 내면의 경험을 신이라고 부를 때, 그것은 우리가 내면에서 반향을 느꼈던 무한하게 깊고, 보편적인 의미를 강조하려는 것이다."[27] 『심리학과 종교』는 위대한 신학자 루돌프 오토(Rudolf Otto)가 "성스러운 것"이라고 불렀던 것에 대한 경험적 증거로 볼 수 있다. 그와 동시에 융은 그 책에서 어떤 종교적 고백에 속하는 것이 필요한 절차이고, 진정한 종교체험이 정신적 발달의 최고봉이라고 하면서 결정적인 발걸음을 디뎠다. 그러나 그의 관점은 순전히 내재적 영역에 머물러 있었다. "나는 어쩌면 그런 확인을 통해서 우리가 형이상학적 진리를 수립했다고 말하는 것은 아니라는 사실을 주장해야 할 것이다. 그것은 단지 인간의 정신이 그런 방식으로 작용한다는 것을 확인해줄 뿐이다." 그러므로 그의 관점은 언제나 처음과 끝이 일관된다. 종교체험에서 사람들은 그들에게 에너지를 제공하는 원형을 가장 쉽게 이해하게 하는 것이 상징이라는 사실을 알게 되는 것이다. 이 체험은 정신의 구조에 대해서도 말해준다. 다시 말해서, 궁극적으로 볼 때 집단적 무의식에 원형을 만드는 자연스러운 기능이 있다는 것을 말하는 것이다. "내가 관찰한 것들을 일종의 신의 존재 증명으로 받아들이는 것은 유감스러운 오해이다.

그것들은 단지 신성의 원형적 이미지가 존재한다는 것을 말할 뿐이다. 내가 말하려는 것 전부는 내 생각으로는 우리가 심리학적으로 신에 대해서 말할 수 있다는 것이다."[28] 사람들은 이미 정신분석적 인류학과 기독교 같이 초월적인 종교를 연구하는 신학 사이의 만남이 그렇게 쉽게 전개되지는 못할 것이라는 예감을 느낄 것이다.

요컨대, 융은 무엇보다도 먼저 경험적인 층, 즉 사람들이 신적인 영역과 직접 대화하려고 하는 모든 형태의 영성에 관심을 기울였다. 그리고 그런 욕망이 그가 대부분의 사람들과 의견을 나누게 해주었던 것 같다. 따라서 정신치료자의 임무는 그의 환자에게 진정한 "종교"를 재건하는 것을 돕는 데 있다. ... 다시 말해서 내면에 있는 "성스러운" 요소에 대해서 신중하고, 주의 깊은 태도를 재건하는 데 도움을 주어야 하는 것이다. 그런데 그 요소는 자기이다.

종교의 대상: 자기, 또는 "신의 원형"

"나는 역사 속에서 얼어붙은 생각의 형태들을 다시 만들어서 그것으로부터 어떤 실체가 직접적인 체험의 개념의 그릇들 속을 흐르게 하려고 하였다." 우리가 이 첫 번째 수준에 도달하면, 우리는 어떤 매우 특별한 종류의 지식, 일종의 영지의 ... 계시에 속한 표현들이기 때문에 '그 자체로 결코 논박할 수 없는 의미'를 듣게 되기 시작한다. 무엇보다도 계시는 하나의 개방, 말하자면 인간 영혼의 심층의 발견인 "드러남"이다. 따라서 우선 심리학의 한 형태이다." 우리는 이런 종류의 반성이 종교를 하나의 순전히 주관적인 과정으로 만든다는 주장을 섣불리 하지 않을 것이다. 오히려 융은 이 심층에서 인간의 정신을 정의할 수 있었고, 그 내적 자율성을 말해주는 보편적인 구성요소들을 발견하였다. "영혼에 종교적 기능을 부여했던 것은 내가 아니다. 나는 단지 '영혼이 가진 종교적 본성', 말하자면 영혼에 종교적 기능이 있다는 사실을 증명하는 사실들을 지적했을 뿐이다. 내가 창안해서 말한 것이 아닌 이 기능은 해석이라는 작위에 의해서 영혼에 들어오지 않는다. 그 기능은 그것이 어떤 것이든지 간에 어떤 견해나 암시에 의해서 떠밀려오는 것이 아니라 저절로 생겨난다." 다시 말해서, 사람은 종교를 통해서 집단적 무의식을 경험하고, 원형적 본성을 가진 주관적이지 않은 어떤 내면의 신비 속으로 들어가는 것이다. 융이 말한 종교적 대상인 원형은 바로 그런 것이다. 그것은 그 안에서 정신의 다른 지배적인 요소들이 모이고 뚜렷해지며, 전체성인 자기를 실현시키는 "핵심적 원형"인 것이다.

자기라는 제한적인 개념은 입증되지는 않았지만 가정되었는데, 융의 해석학에서 신자들이 자신이 속한 특정한 교파에서 하느님이라고 부르는 신비를 나타낸다. 다시 말해서, "자기" 또는 "신 원형"은 거의 동일하다. 원형으로서의 신은 종교심리학의 연구 대상인 것이다. 왜냐하면 "사람들이 '신'이라고 부르는 것은 언제나 주권적인 정신적 요소이기 때문이다. 신이 주권적인 정신적 요소이기를 그치자마자 그것은 단지 단순한 이름에 불과하게 된다."[29] 그러므로 융에게 있어서 "신의 죽음"은 정신적 전체성의 살아있는 분출과 절단돼서 생긴 결과일 것이다. 정말 종교적인 삶을 사는 것은 자기에 대해서 직관하게 하는 하나나 몇 가지 직접적인 체험을 통해서 "무의식적 실재(réalité)에 의식적으로 복종하는 충만(充滿)에 다가가는 것이다."[30] 상징의 기능 안에서 종교적 상징 가운데 가장 완성된 상징 유형인 만달라 표상들을 선택한다면, 우리는 "신성을 나타내는 상징들이 자기의 상징들과 일치되는 것을 확인하게 될 것이다. 다시 말해서 정신의 전체성을 살아있는 방식으로 드러내는 정신적 체험들은 신에 대한 생각과 동시에 현존을 표현하는 것이다."[31] 여기에서 융이 "동시에"라고 말한 것은 심리학적 관점과 믿음의 비전 사이에 그 어떤 모순되는 것이 없고, 과학이 형이상학이나 신학에 그 어떤 위해도 가하지 않을 것이라는 말이다. 그래서 신앙의 영역에 속한 신에 대한 믿음은 심리학적으로 의식의 초월적 심급(審級)에 대한 체험으로 느껴질 수 있을 것이다. 이 두 번째 해석은 종교적 실천의 의미 가운데 하나인 상징적 타협에 의한 통합을 보여준다. "대극에 대한 살아있는 체험이 없다면, 전체성에 대한 체험도 있을 수 없고, 그에 따라서 성스러운 상들에 대한 내적 접근도 불가능할 것"[32]이기 때문이다. 그 체험이 점점 더 깊어지면, 정신의 자율적 조절을 통해서 이루어지는 개성화 과정을 알 수 있다. 영혼의 자율성인 본성의 경향은 전체성을 향해서 나아가는 충동이기 때문이다. 그것은 어떤 계시들은 꿈과 비전들 역시 무의식으로부터 직접 오는 체험의 산물이기 때문에 비합리적 인식의 형태로 이루어진다는 사실을 정당화시켜준다. 따라서 거룩함은 무의식에 대한 의식의 통제의 모델로서 정신적 극성(極性)을 가장 잘 화해시키면서 자아와 자기가 점진적으로 하나가 되는 것이며, 동시에 무의식에 의한 의식의 확장이라고 정의할 수 있을 것이다. 그래서 융은 개성화 과정이 "서양 사회에서 그리스도의 삶에 대한 종교적이고, 교의적인 공식화를 통해서 끊임없이 제안되었다"[33]고 주장하면서, 그것과 다른 어떤 것도 말하지 않았다. 종교적 감정에 대한 융의 이와 같은 열정적 요청과 정직한 열정은 나에게 현대 사회에서 단절되어 있는 성인들의 삶과 개인들의 영적인 삶 사이의 관계를 원형의 중개를 통해서 복원시키는 것처럼 보인다. 이렇게 개성화 원형의 패러다임을 개인적으로 완수했던 성인들을 통해서 보여주었던 예들은 계속해서 있어왔다.

종교체험이 원초적 수준에서 정신을 구성하는 자기-조절의 체계는 정신 안에서 완전한 전체성을 발견할 수 있다. 성스러운 것(numinosum)

이 아무리 외부의 신성에 의해서 불러일으켜질지라도, 그것은 인간의 내면에 있으며, 본래적인 기반과의 친교 및 자기의 무한한 광대함을 통해서 순전히 내적인 과정을 불러일으킨다. 융에게 공동체 내에서 형성되는 종교적 태도를 배양하는 모든 것은 상부 구조, 즉 의식의 수준이나 개인 무의식 수준에서만 형성된다. 다시 말해서, 그것들은 영혼 전체와는 아무 상관도 없이 영혼 전체에 관심을 두지 않고 영혼 전체를 실현하게 하지도 않는 것이다. 그와 반대로, 성스러운 것을 분석해 보면, "모든 종교들은 하나의 사회나 주어진 문화 속에서 심리학적 기능을 가지고 있으며, 그에 따라서 본능에 속하는 것으로 보인다. 종교적 상징주의는 그 사회나 문화 속에서 새로운 차원을 가지고 있는 것이다. 그것들은 우주적 사건들이 아니라 심리적 사건들을 해석한다. 신적인 것은 우주에 내재해 있으며, 인간의 정신에 내재해 있는 것이다."[34]

3. 주요 방법들

 이런 간략한 고찰은 정신분석학 훈련의 어려움을 결코 다 밝혀줄 수 없을 것이다. 이 분야에 대한 전반적인 기술이나 경험이 없기 때문에 나는 다른 측면을 살펴볼 텐데, 그것은 융이 정신치료의 틀을 넘어서 정신치료가 "영성"과 만나는 데 대한 전반적인 관심, 즉 "인간의 영혼에 내재한 신적인 것"에 대해서 표명했을 때 그가 취했던 입장을 살펴보는 것으로 된다. 모든 것을 다 살펴볼 필요는 없고, 다만 융이 종교적인 것과 심리학적인 것과의 결합이라는 어려운 문제를 이해하기 위하여 사용한 방법만 지적해도 충분할 것이다. 이 문제에 대해서는 그에게 수많은 비판들이 행해졌다. 수많은 그의 동료들은 그가 "모호한 영역", 즉 신비주의의 영역으로 나아갔다고 생각했던 것이다. 그러나 앞으로 살펴볼 테지만, 그것은 철학자와 신학자들에게도 더 잘 받아들여지지 않았다. 전반적으로 볼 때, 그의 방법론이 정통적이지 않았기 때문이다. 그의 독창성은 그들에게 불편하였고, 그는 경험적인 자료들을 많이 사용하였으며, 인간의 영혼에 대한 기존의 모든 이론들을 거부했던 것이다.

꿈에 대한 견해

그의 이런 태도에 대한 훌륭한 예는 꿈에 대한 그의 입장에 잘 나타난다. 우리는 그 본질적인 것들을 그가 1928년과 1931년, 1932년 강연했던 것들을 편집한 『영혼을 찾는 인간』(*L'Homme à la découverte de son âme*)의 마지막 세 장에서 찾아볼 수 있다. 꿈에 대한 그의 관점은 그가 보기에 순전히 설명적이고, "원인론적"인 프로이드의 방법과 명백하게 반대되는 "목적론적"인 것이었다. 거기에 대해서 융은 다음과 같이 말한다: "그런 각도에서 보면, 상징은 거의 비유 같아진다. 그것은 감추는 것이 아니라 가르치는 것이다."[35] 그러므로 환자와 의사는 꿈 이미지들이 진행되는 것 앞에서 열린 마음으로 주의 깊게 들어야 하며, "이것의 목적은 무엇인가? 이 꿈의 의미는 무엇인가? 이 꿈이 말하려는 것은 무엇인가?"[36] 하고 생각해야 한다. 그러면 그들은 동시에 무의식의 "균형유지의 기능"이 어떻게 이루어지고, 꿈이 어떻게 해서 "한 사람의 정신의 자기-조절의 표현"이 되는지 알게 된다. 그 존재를 부정할 수는 없겠지만 융은 검열보다는 상징적 심상(心象)을 통하여 정신의 의식적인 부분과 무의식적인 부분이 대결하고 대화하며 통일하는 상대 짝으로 보게 해주는 "보상 이론"에 더 관심을 가지고 있었다.

따라서 꿈이 말하는 것을 듣는 것이 더 중요하다. 그런데 그 어떤 사전의 체계, 말하자면 정신을 읽는 그 어떤 해석도 "우리 꿈의 영혼"을 자유롭게 받아들이는 이런 태도를 대체할 수 없다: "꿈의 의미를 미리 교리적으로 제한하지 않는 것이 필수적이다."[37] 그런 태도는 모든 비판적 정신이나 체계도 없이 꿈에만 관심을 기울이는 것이기 때문에 매우 용감한 태도이다. 그렇기 때문에 무의식의 내용들이 서로 다른 깊은 층들에 속해 있을지라도 그것들이 드러나게 할 수 있다. 환상 아래 상징이 드러나게 하고, 내밀한 기억 뒤에 원형이 비치게 하는 것이다. 그리고 개인적인 세계를 통해서 집단적 무의식이 걸러지기도 하며, … 꿈을 만드는 "식역(識閾) 하의 요소들의 혼합" 속에서 때때로 예언적 상들이 만들어지기도 한다.

엘리 웜베르는 그의 저서 『융』의 첫 번째 장에서 융의 중요한 방법론을 세 가지 동사로 말하였다: "일어나게 하라", "살펴보라", "마주하라." "일어나게 하라"에 대해서 그는 다음과 같이 말하였다. "그 동사가 정말 의미하는 것은 아무것이나 그냥 솟아나오는 포기한 상태나 '되는대로 되라' 같은 종류의 격언같은 수동적 적용을 가리키는 것이 아니다. … 그것은 오히려 무의식을 회임시키는 것, '생기게 하라'는 것이다."[38]

확충과 연상

"톨레도(Tollede) 대성당 아래는 타구스(Tagus)와 지하로 연결된 물이 가득 찬 웅덩이가 있다. 이 웅덩이는 작고, 어두웠다. 물속에 아주 큰 뱀이 있었는데, 두 눈이 보석처럼 이글거렸다. 그 옆에는 단도가 담긴 금컵이 있었는데, 그 단도는 톨레도의 열쇠였고, 그 소유자에게 톨레도의 종주권(宗主權)을 부여한다."[39] 이것은 융이 자주 언급했던 꿈 이야기의 작은 부분이다. 해석을 하려면 그 이미지들을 심층적으로, 확충해야 한다. 그렇지 않고서는 그 의미와 목적성을 알 도리가 없다.

실제로 개인적인 암시들은 그 꿈의 외적인 측면을 설명만 할 수 있을 뿐이다: 심각한 정신병에 걸린 청년은 스페인 여행을 갔다가 방금 돌아왔는데, 여행하는 도중 병에 걸렸다. 환자와의 대화를 통해서 톨레도 대성당 아래에는 실제로 지하실이 있지만 웅덩이는 없다는 사실이 밝혀졌다. 다른 한편, 그 도시 자체는 안으로 닫혀 있고, 요새화된 성격으로 꿈꾼 이에게 충격을 주었으며, 가톨릭 문화와 이슬람 문화가 혼합되어 조화롭고 동질적인 도시 풍을 자아냈다. 톨레도는 내면적이고 치밀하게 건축되어 방어진을 친 의식을 상징적으로 나타냈던 것이다. 그러나 이런 외관 아래 "웅덩이" 비슷한 잠재의식이 있는데, 거기에는 정신적 문제를 푸는 열쇠가 들어있다. 눈이 보석 같은 뱀은 그 심연에 뛰어들어서 쟁취해야 하는 내면의 보석을 구현하였는데, 그것은 역동적이면서 동시에 위험한 작업이었다.

연상들을 연결시키면서 잊어버렸거나 억압됐던 생각이나 기억들이 드러났는데, 그것들은 특히 집단적 무의식이나 집단의식과 관계되는 더 넓은 주제들과 연계되었다. 이와 같은 확충 작업은 시간이 지나면서 융의 방법론의 기둥이 되었다. 특히 그가 오랫동안 어떤 환자들과 함께 일련의 길고, 내용이 풍부한 꿈들을 살펴볼 때 더 그렇게 되었다.

또 다른 예가 있는데, 그것은 『심리학과 종교』와 『심리학과 연금술』집필의 출발점이 되었던 400여개의 일련의 꿈 가운데 열다섯 번째 꿈이다: "어머니는 한 대야에서 다른 대야로 물을 붓는다."[40] 치료자와 환자가 그 장면의 의미에 대해서 말할 수 있었던 것은 물의 요소와 모성적 가치가 옛날에는 결합되어 있었다는 것을 알게 된 다음이었다. 그래서 무의식에서는 정신 에너지가 다른 문제들, 즉 진정한 문제들로 옮겨지면서 커다란 변화가 생겨났다. 어머니라는 상징은 리비도를 활력의 원천으로 나타내면서 그런 전이(轉移)를 시행한다. 더 나아가서 물의 요소는 매우 자주 치료의 초기나 중요한 변화의 문턱에 나타난다. 왜냐하면, "물이라는 거울을 보는 사람은 무엇보다도 먼저 자신의 이미지를 보기 때문이다. 그 자신을 향해서 가는 사람은 자신을 만날 위험이 있다. 거울은 가면(페르조나) 뒤에 있어서 진짜 얼굴을 보여준다. 이것은 내면으로 가는 길에서 용기를 시험하는 최초의 시도이다."[41] 그러나 특별한 개인의 정신 역동에서 진정한 의미는 다시 한 번 상상적인 것들의 사슬에 대한 탐구로밖에는 드러나지 않는 것을 볼 수 있는데, 여기에서 그것은 나르시시즘에 대한 탐구이다. 그러므로 우리는 낮 동안의 의식적이고 문화적인 형상들 속에서 무의식의 세력의 선들을 매개하고, 통합하며, 표현하는 상징의 근본적인 기능을 다시 보게 된다.

연상방법은 그것이 지시하고 이용하는 의미의 기층에 대한 확충을 통해서 언제나 보편적인 것을 나타낸다. 모든 것들은 마치 하부-의식의 잠재력이 경험, 말, 정동에 의해서 활성화되고, 상징의 연쇄를 만들기 위하여 개인적인 사건과 함께 저절로 공명(共鳴) 속에 들어가는 것이다. 그러나 이 상징들이 말하는 언어는 집단적이다. 그것은 그 전 세대의 사람들과 현대인들이 나눠 갖는 것이다. (꿈에서 보듯이) 그 의미는 단 한 사람에게만 전달된다. 하지만 그것을 해독하면 그 개인은 그 자신보다 더 낫게 된다. 더 나아가서 이 언어의 요소들은 보편적이고, 그와 비슷한 방향을 따라서 에너지를 변화시킨다. 그것은 다른 문화에서도 마찬가지다.

비교종교사

융은 종교 전통들은 세월이 흐르면서 집단의식이 서로 다르게 변환된 것들을 담은 저장고라고 생각하였다. 그것들은 사람들의 리비도의 절대적인 것과의 관계를 이끌어 왔다. 따라서 거기에는 원형적 역동성이 표현되어 있고, 특히 "민중의 종교"라고 부르는 수준에서 신화와 의례들에 나타나 있다. 신도들은 거기에서 지고자(至高者)와의 만남을 어느 정도 체험할 수 있고, 성문서들과 예식들을 통해서 그의 정신의 심층을 체험할 수도 있다.

하지만 현대 사회에서 상징적인 것들은 전체적으로 상실된 듯한데, 특히 기술적이고 세속적인 사회 내면에서 그 어떤 명시적인 신앙 체계를 갖지 않은 사람에게는 더욱더 그런 듯하다. 이 전체적인 것들을 육화시킨 가치체계는 여전히 작동하는 듯하지만, 어떤 명료한 대상을 만들어주지는 못하는 듯하다. 그것들은 이제 더 이상 그런 것으로 인정받지 못하고 무의식 속에 "잠겨 있는" 것이다. 거기에서부터 그것들은 어떤 내면의 위기가 발생하면 모든 종류의 이유 때문에 튀어나올 여지가 생긴다. 따라서 그것들을 이해하기 위해서는 역사적이고, 정신분석적인 해독의 필요성이 생긴다.

융은 위대한 종교들의 상징주의에 잠기면서 연상 작업을 확충시켜야 한다고 강조하였다. 그는 그의 환자들의 무의식의 자료들과 위대한 종교들의 상징을 비교하였다. 그러나 복잡한 작업에서는 그 두 가지 체계들을 병치시켰다. 그는 그의 환자들에게서 자발적으로 생기는 정신적 산물들과 그들이 알고 있거나 그들을 형성시켰고, 그들이 상속자임이 틀림없지만 알지 못하는 문화 자료들을 비교하였다. 또한 그는 원형의 보편성을 증명하기 위하여 그 전통들의 내용도 비교하였다. 첫 번째 단계는 치료의 직접적인 부분을 구성한다. 그것은 자신 안에 있는 타자성을 받아들이고 현대적인 삶의 방식에서 조상의 에너지를 단호하게 받아들이며, 인간과 세계에 대한 매우 세속적인 개념에서 내적 경험의 신성함을 받아들이는 것을 의미한다. 그런데 두 번째 단계는 치료의 틀을 벗어나는 것이 틀림없다. 그것은 세상의 모든 지역과 서로 다른 시기의 종교적 사실들에 흥미를 느끼는 정신분석가의 개인적 선택처럼 보이는 것이다. 그것은 어쩌면 불필요한 사치가 아닌가? 융에 대한 비판자들은 융을 그렇게 생각하였다. 그러면서 그가 이런 추구를 하면서 치료 관계의 "지금-여기"에서 도망가는 것이 아닌가 하고 의심하였다. 그러나 이런 확장은 융의 세계관에서 본질적인 부분을 구성한다. 그것이 집단적 무의식이라는 가설을 확인해 주고, 입증하며, 다른 상징적 배열들에서 나타나는 이상한 것들까지 동화시키게 하기 때문이다. 그때야 말로 기독교인은 물론 무신론자들도 자신의 심층을 탐색하면서 그가 왜 만달라에 관한 꿈이나 연금술에서 볼 수 있는 결합의 꿈을 꾸는지 이해할 수 있게 된다.

이런 비교학적 방법이 매우 특별한 것임은 틀림없다. 그것은 신화들과 의례들을 그것들의 기원이나 기능에 따라서 분류하는 비교종교학자들의 방법과도 다르다. 예를 들면, 미르세아 엘리아데는 그의 『종교사연구』 (Traité d'histoire des religions)에서 한 장을 물과 물의 상징주의에 할애하였다. 그러면서 기독교의 세례식과 다른 입문식에서의 침수 또는 여러 가지 "생명수"[42]에 대한 문화적 표현들을 살펴보면서 비교 분석을 한다. 엘리아데가 공통적인 분류 원칙을 찾아냈고, "태양과 태양숭배", "달과 달의 신비"에 대한 풍성한 연구를 완수했을 때 그의 목표는 실현되었다. 그러나 그는 원형에 대해서 많이 언급하였지만, 그것은 그가 수집하고 분류했던 모든 현상들을 유연하고 광범위하게 읽을 수 있도록 하기 위한 것에 불과한 것이었다. 융의 관점은 그와 달랐다. 융은 오히려 물의 상징주의의 틀에 머무르기 위하여 그의 독창성을 훌륭하게 보여준 신학자 루이 베르네르(Louis Beirnaert)의 글을 인용한다. 베르네르는 그를 세례식에 관한 융의 해석으로 이끌어간 논문 속에서 다음과 같이 말하였다: "원형의 관점에서 볼 때, 물과의 연합은 신성혼을 상징적으로 나타내고, 신성혼은 융이 '아니마'라고 부른 정신의 여성적 심층과의 연합으로 이어진다."[43]

그러므로 인류의 위대한 영적 전통들 사이의 비교는 그 자신의 참조 체계와 즉각적으로 동일시할 수 있는 공간을 열어준다. 그러나 이 공간은 다른 문화적 좌표들에 대한 인식의 산물만은 아니다. 이 공간은 다른 인식들과의 관계뿐만 아니라 특히 종교적 상상의 원천이 되는 공통된 이 지하수 층의 발견에 의해서 중심의 이동이 이루어진다. 융의 분석이 언제나 영혼의 치료로부터 어느 정도 긴 시간 동안의 자기의 실현으로 옮겨가는 것은 그 때문이다. 그때 어느 정도 나이가 들었던 융은 인도 주재 칠레 대사였던 위대한 작가 미구엘 세라노와 대화하면서 인도가 그에게 서양의 어려움들을 이해하게 해주었던 것을 토로하였다. "서양은 어떤 면에서 의식적 인격과 무의식적 인격 사이가 나누어져 있습니다. ... 그런데 사람에게 의식적 인식을 발달시키는 것이 그를 문명화하는 유일한 방법은 아닙니다. 그것은 어쨌든 이상적인 것이 아님이 틀림없습니다. ... 의식적 존재를 원시적 인간과 통합해야 합니다. ... 인도는 우리에게 본질적인 모든 것들을 원시적 사고에 통합하여 인간 존재가 하나의 전체로 인식되게 하는 문명의 예를 보여주고 있습니다. 인도의 문화와 심리학은 그들의 사원(寺院)에 잘 드러나 있습니다."[44] 1920년대부터 깨달음과 종교체험을 통한 인간의 기초에 대한 신성화의 관심은 융의 개인적인 삶의 모든 중요한 단계들과 치료자로서의 그의 방법론과 현대 사상가들과의 그의 만남에서 그를 이끌어갔다.

*

"나의 체험에 의하면, 의사들이 전체성을 향해서 나아가는 상징을 잘 이해해야 하는 것이 실제적으로 매우 중요하다. 그것들은 실제로 신경증적 해리를 제거하는 수단이 된다. 그것들이 언제나 사람들에게 구원과 해방의 수단으로 느껴지는 정신과 태도를 의식에 다시 가져다주기 때문이다. 그것들은 지극히 먼 시절부터 의식과 무의식의 필수불가결한 결합을 가능하게 했던 '집단적 관념'들이다. 이런 결합은 지성이나 단순한 실행만으로는 이루어지지 않는다. 지성으로만 결합시키려고 할 경우 본능이 반항하고, 단순한 실행만으로 할 경우 이성과 도덕이 반기를 들기 때문이다. 정신신경증의 영역에서 모든 해리(解離)는 이런 종류의 대치가 원인인데, 그때는 상징만이 통합을 가져올 수 있다. 이런 목적에서 꿈들은 역사를 통해서 전달되어 온 상징적인 것들과 합치되는 상징을 만들어낸다. 이 꿈의 이미지들은 의식이 그런 범주의 오성적인 것들을 가지고 있을 뿐만 아니라 거기에 필요한 도덕적 감정을 가지고 있어야만 오성적으로는 물론 감정적으로도 받아들일 수 있을 것이다. 그런 점에서 정신치료자는 종종 그의 인내심을 시험하는 작업을 수행해야 한다. 의식과 무의식의 통합은 의식과 무의식이 이해할 수 있는 설명을 통해서만 이루어지며, 그 설명은 우리가 무의식이 하는 말을 이해해야만 가능한 것이다"("삼위일체 도그마에 대한 심리학적 해석 시론", 『정신의 상징적 고찰』, 231-232).

제5장
악, 신적인 것, 성스러운 것

"내가 종교적인 주제를 너무 자주 다루었기 때문에 사람들은 나를 번갈아 가면서 영지주의자, 무신론자, 물질주의나 신비주의자라고 비난합니다"(*Lettres*, vol. III, 1960년 6월11일).

1. 『욥에의 응답』: 하느님 안에 있는 악

『욥에의 응답』은 일반적으로 기독교 신학자들이 그 서문에 있는 경고를 무시하고 용납할 수 없는 책이라고 하는 등 수많은 논쟁을 불러일으킨 책이다. "나는 내가 이미지의 세계로 진입하고 있으며, 나의 생각 가운데 그 어떤 것도 그 알 수 없는 것에 닿으리라는 것을 잘 알고 있었다."[1] 여기에서 나의 목적은 그 저서를 직접적으로 찬성하는 가설이나 아니면 반대하는 가설의 편에 서려는 것이 아니다. 다른 사람들은 거기에 필요한 언급들을 하면서 그렇게 했다.[2]

오히려 나는 융이 영혼의 탐색자로서의 관점을 가지고 어떻게 방법론적으로 신학자들에게만 맡겨진 영역에 질문을 하게 되었는가 하는 것을 보여주려고 한다. 그렇게 하기 위해서는 그가 사위성(四位性)의 원형이 보편적이라고 주장했던 것에 다시 돌아와야 한다. 우리는 인간의 정신에 네 가지 기능이 있으며, 이 기능들은 세상을 알고, 행동하는 조직화된 측면 아래서 정신의 전체성을 나타낸다는 사실을 기억하고 있다. 이 사실은 처음부터 사위성의 상징들을 끊이지 않고 참된 것으로 여겼던 기독교 전승과 전체적으로 완전히 일치한다. 그러나 신적인 존재에 대한 주된 표현은 삼위적이다. 여기에 중요한 차이가 있지 않은가? 하고 정신분석가는 스스로에게 묻는다. 그러면 이 차이를 어떻게 극복할 것인가? 이 질문은 매우 방대한 문제들로 물꼬를 트는데, 나는 여기에서 재빠르게 그 전개 과정에 대해서 살펴보려고 한다.

기독교 신앙체험에서 사위성의 원형

인간의 근본적 상황에 대해서 말하는 모든 것들은 사위적 이미지로 말해진다. 먼저 이름을 살펴보자. 아우구스티누스에 의하면 네 글자로 된 아담(Adam)의 이름은 인간이라는 종의 씨앗을 담은 전체성의 표시이다.[3] 그 다음에 신체를 공간적으로 확장해 보아도 마찬가지다. 이런 관점에서 가장 놀라운 통합이 있는데, 12세기 힐데가르드 드 빙엔(Hildegarde de Bingen)은 인간의 신체구조를 두 개의 사위성, 즉 십자가와 정사각형으로 보았다.[4] 인간의 숫자는 5이다: 키가 같은 치수 5로 나누어지고(머리, 가슴, 배, 골반부터 무릎, 무릎부터 발까지), 폭도 5로 나누어진다(팔을 두 개로 뻗은 것과 가슴). 이상적인 인간은 제곱으로 되어 있는데, 그 다섯 번째 지점은 중심, "황금 그릇"인 심장의 아치, 앞가슴이다. 또한 원소의 힘과 인체의 부분 사이에도 유사성이 있다: 머리는 불에 해당하고, 가슴은 공기에 해당하며, 배는 부드럽고 비옥한 땅, 발은 물에 해당한다. 더 나아가서 각각의 팔다리에는 3개의 관절이 있고, 12개의 바람에 관련하여 12개의 관절이 있다.[5]

또한 사위성은 영적 발달에도 강력한 영향을 미친다. 수도사들이 수세기에 걸쳐서 묵상한 진리, 자비, 정의, 평화 등의 네 가지 덕목을 교부들은 지혜의 원천으로 상징되는 낙원의 네 가지 강으로 생각했던 것이다. 중세 시대 전체는 중세 초기 창세기에 대한 위대한 해설서 미드라쉬 베레쉬트 랍바라는 유대교 서적이 시편 84편 11절에 있는 네 가지 덕목을 주석한 것에서 영감을 받았다. 따라서 우리는 그레고리 교황이 왜 의인의 영혼을 "반듯한 의식"[6]이라고 정의했는지 깨달아야 한다. 그런데 우리가 살펴보았던 12세기 수도원의 성숙한 문화적 종합은 모든 피조물을 통해서 드러난 하느님의 신비에 대한 묵상에 바탕을 두고 있다. 여기에서 성서적 전승과 피타고라스학파 사이의 고대적 융합이 꽃을 피우게 되는데, 거기에 대해서 아우구스티누스는 숫자를 "위대한 성례전"이라고 말하였다. 숫자는 신체적이거나 정신적인 구도와 "하느님의 사원"으로서의 대성당인 예배 처소, 몸의 건축학적 평면 사이의 상징적 유사성을 이어주는 것이다. 특히 시토 수도회의 교회는 힐데가르드 드 빙엔의 소우주와 똑같은 사각형 속에 네 개의 똑같은 가지를 가진 십자가로서 본래 "중세의 기하학적 건축의 교본"(*ad quadratum*)이다. 그 기초들과 그것을 지탱하는 네 모서리들은 그리스도의 신비인 성육식, 수난, 부활, 승천을 나타낸다. 그러나 신학적 건축의 바탕이 된 이러한 상징주의의 문화적 내용은 더 넓은 맥락에서 나온 것이고, 여기에서 교회는 우주의 기반인 "반듯한 질서"를 말하면서 우주의 이미지를 나타낸다.[7] 여기에서 연구는 유대-알렉산드리아의 문학적 전승으로 올라가야 한다. 필론에게 우주는 하느님의 성전이었고, 하늘은 지성소에 해당했으며, 예배의 대상들과 의례들은 우주론적 해석을 따른 것이었다. 요세푸스 역시 장막을 치는 것을 "세계를 본 뜨는 것"으로 생각하였다. 우주와 교회와 인간의 유사성은 전체적으로 드 페토(Victorin de Pettau)가 4가 "물질적 창조의 완전성"을 의미하는 상징적 체계 속에서의 "반듯한 질서"[8]라고 정의한 것과 같다.

그러나 사위성의 원형은 세계와 인간이 창조한 구조를 설명하는 데서

만 발견되지 않는다. 그것은 또한 영적 인식의 미묘한 건축을 이해하게도 해준다. 우리는 그것을 우선 바울의 설명에서도 찾아볼 수 있다. 그는 에배소서 3장 18-19절에서 이렇게 말하였다: "너희는 모든 성도들과 함께 넓이와 길이와 높이와 깊이를 아는 힘을 받을 것이다." 기독교에서 수 세기 동안 묵상을 통하여 오랫동안 가치를 인정 받은 이 "이해력"은 로마시대에 "성서의 네 가지 의미"라는 교리로 꽃을 피웠다. 앙리 드 뤼박은 교부들로부터 그 기원을 들춰내면서 성서 본문에 대한 이 네 가지 접근방법―역사적, 우화적, 풍자적, 유비적―은 조화롭게 접합되면서 계시록을 전반적으로 내면화하게 하며, 동시에 사람들에게 영적 발달의 길을 밟게 해준다고 주장하였다. 다시 말해서 기독교 인문학의 충만한 실현은 똑같은 보편적인 이미지를 받침대로 삼으면서 하느님에 대한 인식이 점차 이루어졌던 것이다. 그리하여 사위성은 "올바른 길"이라는 의미에서 정통성의 조정자와 유지자로 작용하였다. 우리는 이에 대한 훌륭한 예를 5세기부터 일련의 이단적 경향에 맞서서 일관성을 유지하기 위하여 일곱 개의 공의회 가운데서 니케아, 에배소, 콘스탄티노플, 칼케도니아 등 "주요한" 공의회를 선택한 것에서도 찾아볼 수 있다.[9] 여기에서도 숫자는 끊임없이 똑같은 근본적인 의미로 이끌어가는데, 교황 레오 9세는 1053년 안티오크의 베드로를 위한 신앙의 공식을 세웠다: "나는 네 복음서를 숭경하는 것과 똑같이 네 공의회를 완전히 인정한다. 교회는 그 받침이 되는 네모난 돌 위에 서 있는 것처럼 세계의 네 부분을 통해서 보편적이기 때문이다."[10] 사위성 상징이 부합되는 것은 대 그레고리 교황이 사위성은 교의적으로나 인간학적으로 이중적 기능이 있다고 강조하면서 이 공식을 직접 도출하였을 때 매우 매혹적으로 보였다. "거룩한 신앙과 활동적인 삶의 모든 구조는 네모난 돌 같은 그 공의회들 위에 세워진다."[11] 우리는 거기에 교리적 관심보다 더 깊이 파묻혀 있었고, 그리스-로마 문화권에서 이미 이용했던 모델인 "네 개의 권위"를 생각할 수 있는데, 그것은 교회로 하여금 네 명의 주된 예언자, 즉 교회와 네 명의 박사들의 도래를 전했던 영감 있는 무녀들을 인정하게 하였다.[12] 요한계시록에 나오는 네 동물들은 모두 비슷한 가치를 가지고 있고, 그것들을 확충할 때 그 상징들을 진전시키면 독특한 현상을 볼 수 있다. 네 "동물들"은 네 복음서의 상들과 네 복음서 기자의 표징들이 된다. 황소는 마태, 사자는 마가, 누가는 사람, 요한은 독수리와 연관되는데, 그것은 각각의 복음서가 그 동물에 의하여 배열된 요소들을 연상시키는 특징을 따라서 이야기를 시작했기 때문이다. 마태는 먼저 인류의 대속을 위하여 구약성서에서 종종 그 역할을 맡았던 황소에 해당하는 희생양으로서의 그리스도의 탄생을 선포하였고, 마가는 먼저 "광야에서 외치는 자의 소리"와 함께 세례 요한에 대해서 말했는데, 여기에서 그는 사자에 해당된다. 누가는 스가랴 제사장의 이야기로 시작하는데, 그는 성직자 계급에 있는 인간이고, 요한은 말씀의 예언자로서 태양을 똑바로 쳐다보는 독수리에 해당된다. 다른 한편, 동물의 우화에 대한 사변은 사위성과 그리스도의 삶의 신비 사이의 유사성을 인정하도록 자극한다. 성육신과 인간, 수난과 송아지(구약성서에서의 희생제), 부활과 사자(눈을 뜨고 태어나는 것으로 유명하다), 승천과 독수리 등이 그것이다. 똑같이 나아가면 여기에 네 개의 중심적인 덕목을 결합시킬 수 있다. 인간은 이성, 송아지는 자기희생, 사자는 경계, 독수리는 명상과 결합되는 것이다. 이 특성들은 그리스도라는 모델을 모방하려는 기독교인들에게 필요하고, 그에 따라서 그 완전한 원초형에 부합되는 도덕적 전체성을 나타낸다. 11세기에 라울 글라버(Raul Glaber)는 '네 개의 형상'(Tetramorphe)와 관련해서 사위성에 대하여 다시 언급하였다. 그것들은 중심적 덕목인 우주적 원소들, 성서의 의미, 낙원의 강들, 그리스도의 삶의 시기 등이다. 이렇게 성서의 창조 신화(네 개의 강), 동물의 우화에 의해서 전승되는 민중의 지식(네 마리의 동물), 요한계시록 같은 말씀의 기능(사복음서와 성서의 네 가지 의미), 구속자로서의 그리스도의 인격(네 가지 "신비"), 기독교의 이상(네 가지 덕목), 도그마의 전체성(네 개의 공의회, 네 명의 박사) 등은 점점 세계의 차원의 상징으로 확장되는 일종의 내적 연결 고리에 의해서 네 개의 형상으로 모인다. 따라서 이 모든 해석이나 그에 따르는 재해석은 그 가치들이 전통에 의하여 보존된 집단의식에 일종의 틀이 된다. 그러다가 이 상징들로 표현된 사고 체계는 복합적인 역사적 이유 때문에 더 이상 사용되지 않는다. 그리고 거기 붙어 있던 이 이미지들과 의미들은 그것들이 비록 잠재적이기는 하지만 여전히 그 의미를 간직하고 있으며, 그의 종교적이거나 영적 체험에 의해서 실제로 어떤 개인에게 때때로 재활성화 돼서 나타나는 집단적 무의식에 침전되었다. 집단적 무의식의 내용은 "신성한 것"을 일깨우고 진동하게 하는 "숲속에 잠자는 공주"와 비슷하다.

잃어버린 "네 번째의 것"을 찾아서

한편으로 융은 사위성은 구조화된 전체성을 나타내는 숫자이고, 다른 한편으로 현대인의 꿈에 삼원적 상징주의가 나타날 때 그것은 어떤 부족, 즉 어떤 결핍과 온전성의 거부를 드러낸다는 것을 보았다. 그래서 그는 중세의 상상계를 고찰하면서 다음과 같은 질문을 던졌다. 세계와 인간의 모든 본질적인 가치들이 4라는 숫자로 나타나는데, 신적 존재는 왜 3이라는 숫자로 나타나는가? 이 질문 자체는 엉뚱하고, 일부러 하는 질문 같이 들린다. 그러나 이 질문을 다른 질문과 곁들이면 다른 의미를 지니게 된다. 기독교의 삼위일체 안에 나타난 하느님은 "온전한" 분인가?

융은 그 질문에 대하여 삼위일체 이미지에 악의 이미지와 여성적 이미지, 두 가지 "결핍"이 발견된다는 의미에서 이중적으로 부정적이라고 대답한다. 이 두 가지 주제는 『욥에의 응답』의 초반부터 개진되는데, 야훼가 여성적 지혜가 아니라 사탄의 조언을 들어서 욥을 망치려고 했기 때문이다. 『욥기』에 나오는 이야기는 "하느님 안에 있는 악"이라는 믿지 못할 실존이 극적으로 전개된 이야기이거나, 더 정확하게 말해서 구약성서에 나오는 신의 무시무시한 이미지를 그린 이야기이다. 욥은 많은 대가를 치르면서 "하느님을 대극(對極)의 통합으로 경험한다. 따라서 제일 대극적인 태도, 즉 하나님에 대한 공포와 하나님에 대한 사랑은 당연한 일이다."[13] 그것은 사람들에게 끔찍하고, 파괴적으로 느껴진다. 그러나 그것을 우주적인 차원에서 확충해보면, 그것은 자신의 그림자와의 만남의 반향이고, 자신의 정신적 이원성과의 만남이다.

융은 유대-기독교 전승을 읽어가면서 비로소 이중적인 "배상" 작업에 대해서 인식하였다. 먼저, 후기 유대교에서는 지혜의 상, 즉 소피아의 신비가 고안되는데, 그것은 무시무시한 하느님의 바닥 모를 심연을 보상하는 것이었다. 이 지혜는 인간과 야훼 사이를 중재하면서 인간의 내면과 그것이 그 보좌를 마련하는 절대 타자와의 만남을 가능하게 한다. 그때 그것은 에스겔이나 다른 이들에 의해서 만달라로 형상화되었다. 이 지혜(Sagesse)는 원죄가 없는 여성적 존재의 중재를 통해서 나온 구속자인 성자보다 앞서고, 성자의 역사적 성육신을 준비한다. 그러므로 하느님의 온전성을 나타내기 위하여 회복되어야 하는 네 번째 요소는 야훼의 조언자인 지혜이며, 그 다음에는 성자의 어머니인 마리아이다. 그러나 기독교에서는 중세의 만달라에서 동정녀를 삼위일체와 결합시키려고 했음에도 불구하고 여성적 요소를 완전히 인정하기에는 저항이 있었다.[14] 사위성이 뒤늦게 삼위일체에 "복수"를 한 것은 겨우 20세기 성모몽소승

천 교의를 통해서였다. "1950년 천상의 약혼녀가 약혼자와 결합한 것은 우리 시대에 심리학적으로 의미 깊은 일이다. ... 이 새 교의는 우리에게 위협적인 유혹을 자아내는 대극 사이의 평화와 균형의 열망을 실현시킬 수 있는 새로운 희망을 의미한다."[15] 어떤 의미에서 『욥에의 응답』은 융이 1936년에 발표했던 그의 환상에 대해서 쓴 논문 "보탄"(Wotan)의 대응 짝이다. 거기에서 융은 무의식에서 이루어지는 이교신에 대한 숭배의 시작과 히틀러의 반유대주의 사이의 관계에 대해서 보여주었다. "보탄은 비합리적인 본성에서 나온 정신 '요소', 말하자면 문화를 지배하는 고요한 영역을 멀리서 쓸어버리고, 무화시키려는 태풍이다."[16]

욥의 추문(야훼가 죄가 없는 욥에게 시련을 안겨준 것)이 배상하려고 했던 두 번째 것은 성육신이다. 두 개의 본성, 즉 신적인 것과 인간적인 것을 통합시키려고 중재하는 성자는 융에게 기독교인들의 신에 대한 체험이 두 번째로 성숙한 단계에 들어섰음을 보여 주었던 것이다. 그리스도는 심리학적으로 자기와 서양사회에서 거의 이천년 동안 이루어진 개성화 과정의 모형을 제일 잘 나타내는 가설이다. 우리는 이런 해석이 결코 신학적 차원의 것이라고 생각하지 않는다. 따라서 우리는 앞에서 이미 언급했던 융의 경계를 떠올려야 한다. "나는 내 생각의 그 어떤 것도 알 수 없는 것을 포착하려고 하지 않는 것을 명확하게 의식하고 있다." 따라서 그 다음에 수난의 희생이 뒤따르는 성육신은 개인 안에서의 '신적인 아이'의 탄생, 즉 자아가 자신의 제국을 포기하면서 원형을 의식화하려는 노력을 통하여 그 자신에게 새로운 삶의 차원이 꽃피울 수 있다는 것을 환기시킨다.

그러나 신앙인의 여정과 개성화의 과정은 서로 겹치지 않는다. 그것들을 구별하는 것은 악의 문제에 대한 서로 다른 입장이고, 그것은 다시 사위성의 형상과 기독교 교의의 삼위일체적 표현과 관계된다. 복음서 기자 요한은 『계시록』에서 사탄이 하늘에서 떨어지는 것을 보았다(12:9). 다시 말해서, 사탄이 하느님의 세계에 참여했던 것에서 쫓겨나 "불의 연못"에 결정적으로 떨어지는 것을 보았던 것이다(20:10). 따라서 『계시록』의 마지막 기록에서 사탄은 완전히 선하고 자비롭고 긍정적인 하느님의 형상을 고수한다고 공언하는 종교에서 잃어버려졌고 잊혀졌으며, 억압되고 인식되지 않는 "네 번째" 요소가 된다. 그리고 자기 안에는 선과 안이 담겨 있다.

『욥에의 응답』이 출판된 지 5년이 지난 다음 융은 1957년에 발표된 어떤 논문에서 다음과 같이 결론지었다. "삼위일체 교의는 자연적 질서 체계가 아니라 '인위적인' 질서이다. 상징주의의 자연스러운 상태는 성부—성자—성령—악마 등 사위성의 이미지를 따라서 복원되어야 한다. 거기에서 한편으로는 그리스도와 그의 적수라는 대극의 정체성과 다른 한편으로는 성부의 단일성이 성령이라는 다양한 신적 기능의 전개라는 두 가지 대응이 서로 교차된다." 하지만 융은 이 사위성이 삼위적 리듬에 의해서 활성화된다고 짐짓 양보를 하는데, 그것은 첫째로 성부-성자라는 신성의 빛나는 축, 둘째로 사탄이라는 어두운 극과 맞선 그리스도, 셋째로 대극의 일치(*coincidentia oppositorum*)를 실현시키는 성령 안에서의 결정적인 이원성 등이다.

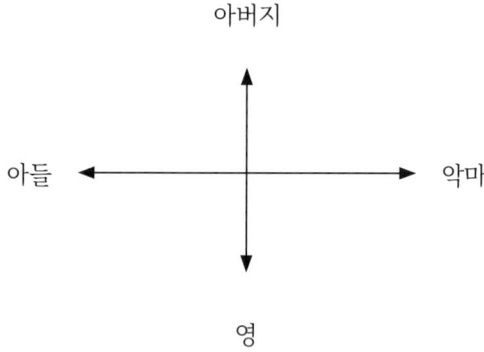

우리는 이런 종합을 일부 비판자들이 비난하는 것처럼 형이상학적 망상과 비슷하다고 여긴다면, 그것은 잘못된 생각이다. 그것은 지난 50년 동안 방어가 가능하지 않았지만 심리학과 신학 사이에 있는 무주공산을 채우려는 시도로서 종교상징에 성공적으로 적용시킨 방법의 논리적 귀결이었기 때문이다. 결국 융의 이런 시도는 다음과 같은 비교로 요약된다: 자연적인 삼위성의 상징주의가 사람들이 그림자를 억압한다고 비난하는 것처럼 악은 삼위일체 교의에 의해서 하느님의 형상으로부터 억압된다. 그러므로 악을 복권시켜야 한다. 그리고 융은 악의 비실체성에 대한 가설, 즉 선의 결핍(privatio boni)으로서의 악[17]의 가설을 공격함으로써 가능할 것이라고 믿었다. 그 가설은 그에게 악의 모든 존재를 부정하는 것으로 보였기 때문이다. 심리학자로서 융에게 악은 존재하는 것이 틀림없었다. 악은 "개성화를 막고, 방해하며, 잘못되게 하거나 변질시키는 모든 것"[18]이다. 따라서 이런 비교에서는 심리학적인 악이 하느님에게 전가되었고, 거기에서 신적인 표현과 심리학적 실재 사이에 어떤 평행이 있는 것으로 가정된다. 우리는 신학자들의 거부를 이해할 수 있다. 그래서 융은 다음과 같이 추론을 개진한다. "하느님은 사람들이 만들어내고, 그 자신으로 만들어야 하며, 초인간적이거나 형이상학적인 질서에 투사하는 이상적인 이미지이다. 그때부터 융은 도그마 자체로부터 아주 멀리 떨어졌다. 도그마는 사람이 하느님에 대해서 가지는 표상을 말하는 것이 아니라 하느님이 자신을 계시하신 대로의 하느님 존재를 말하기 때문이다."[19] 심리학적 표상의 계시된 진리로의 도약은 기독교인들에게 허용되지 않는다. "종교적 기능은 인간에게 뿌리박고 있지만, 계시된 진리는 하느님에게 닻을 내리고 있다."[20] 이것은 여기에서 기독교의 사위성으로 얼핏 살펴보았던 것 같은 자연적 상징주의에 문제를 제기하지 않고, 다만 인간과 우주, 말씀과 그 해석, 즉 신적 사역의 표현에만 적용된다. 앙리 드 뤼박(Henri de Lubac)은 숫자의 상징주의를 이용하여 이것을 잘 요약하였다. "그러므로 3과 4는 초월과 내재이다. 그것은 신과 인간이거나 신과 우주이다. 또한 그것은 영원한 것과 시간적인 것이다. 이 두 숫자의 차이는 환원할 수 없는 존재의 두 영역의 차이이다."[21]

2. 융과 기독교

무의식에 대한 신학과 심리학 사이의 오해의 대부분은 기독교에 대한 융의 미묘한 입장에서 비롯된다. 나는 먼저 그의 자서전에 있는 그의 생각에 대해서 환기시키고자 한다: "나의 어머니의 가계에는 목회자가 여섯 명이고, 나의 아버지가 목사일 뿐만 아니라 그의 두 형제들도 그렇다." 또한 다음과 같은 일화도 있다. "나의 아버지는 나에게 개인적으로 종교 교육을 시켰다. ... 어느 날 나는 교리문답서에서 일상적인 이야기 이외의 다른 것들을 찾으려고 대충 훑어보다가 ... 삼위일체에 관한 문장을 보았다. ... 나는 삼위일체 도그마 안에 있는 내적 모순에 사로잡혀 있었다. 나는 우리가 이 질문에 다가갈 순간을 초조하게 기다리고 있었다. 우리가 여기에 다다랐을 때, 아버지는 이렇게 말하였다. '우리는 이제 삼위일체 도그마에 다다랐다. 그러나 우리는 이 주제를 건너뛸 것이다. 이 문제에 대해서는 나도 전혀 이해하지 못하기 때문이다."[22] 융의 종교적 동기를 정신분석해야 한다면, 이와 같은 종류의 기억은 그 출발점이 되기에 훌륭한 것이 틀림없다. 간단히 말해서, 신자들의 태도는 그에게 차례차례로, 때로는 그와 동시에 이해하기를 포기하거나 도그마를 소극적으로 받아들이거나 그와 정반대로 인간을 뛰어넘는 신비에 의식적으로 굴복하는 것처럼 보였다.

신의 원형과 기독교의 하느님

자기 또는 신의 원형이라는 이 정신적 실재(réalité)는 어떻게 기독교의 하느님이라는 신학적 실재 앞에 설 수 있었을까?

그 문제에 대해서 신학자는 곧 하느님은 심리학적으로 설명될 수 없다거나 본성상 초월적이라고 거부할 것이다. 그러나 이런 초월성의 관념은 심리학으로 하여금 하느님에 대해서 말할 수 있는 권리를 부정할 수 없다. 자기는 정의상 그 안에서 정신적 극성(極性)이 "하느님"과 "자기"라는 용어로 해소되는 "초월적" 기능을 나타내기 때문이다. 거기에 대해서 융은 "이 두 용어는 초월적인 내용들을 말하는 궁극적인 개념들이다"라고 주장하였다. 더 나아가서, 그는 훌륭한 경험주의자로서 신적 존재에 대해서 결코 그 어떤 정의를 내리는 우를 범하지 않았다. "우리가 '하느님'을 '원형'이라는 용어로 부를 때도, 그것은 결코 하느님의 본성을 말하는 것이 아니다."[23] 다른 말로 해서, 개성화 과정을 이끌어가는 정신의 "초월성"은 존재하는 것이다. 그러나 이 자연적 사실은 신앙에 대한 환원적 시각을 선험적으로 강요하지 않는다. 나는 곧 이 질문으로 돌아올 것이다.

자기에는 융이 기독교 도그마와 비교하고 싶어하는 상당히 폭넓은 상징적 음역(音域)이 있다. 도그마가 하느님의 존재를 언급하는 것과 똑같이 통합의 상징들은 자기의 실재를 보여주는 것이다. 신의 원형과 기독교의 하느님 사이의 관계는 교리로 대표되는 상징의 자연적 양식과 문화적 양식 사이에 관계의 문제를 제기한다. 거기에 대한 융의 입장은 아주 뚜렷하다. "정신분석가가 상징에 관심을 가질 때, 그는 무엇보다도 먼저 '문화적' 상징에 맞서는 '자연적' 상징에 관심을 가진다. 자연적 상징은 정신의 무의식적 내용들에서 비롯되기 때문에 원형의 근본적인 이미지들의 수많은 변용들을 나타낸다. 어쨌든 많은 경우에서, 우리는 그것들의 고태적 뿌리, 다시 말해서 우리가 원시사회에서 보는 이미지들과 생각에까지 거슬러 올라갈 수 있다. 다른 한편, 문화적 상징들은 "영원한 진리"를 표현하기 위하여 사용된 것들이었고, 지금도 많은 종교들에서 사용된다. 그것들은 수많은 변환들을 겪었으며, 심지어 어느 정도 의식적인 정교화 과정을 거쳐서 문명사회에서 받아들여지는 집단적인 이미지들로 되었다."[24] 융은 "자연적 상징"과 "문화적 상징"이 공통의 원천을 가지고 있다고 주장하지는 않았다. 간단하게 말해서, 문화적 상징은 정신의 분화된 상태, 즉 반성적 의식에 속해 있다는 것이다. 도그마에 대한 그의 분석은 이와 같은 구분에 직접적으로 연결된다. 도그마는 즉각적인 종교체험의 합리적이고, 실체적 구성이며, 그것의 역할은 본질적으로 개인을 신성력과의 직접적 접촉에서 나올 수 있는 상처로부터 보호하는 것이다. 우리는 여기에서 "종교"라는 말이 가진 두 가지 의미를 구별하게 되고, 그 이유들도 더 잘 이해하게 된다. 종교는 한편으로 즉각적인 종교체험, 즉 정신적 본성에 있는 초월성(자기)의 작용의 상징화의 자연스러운 과정이고, 다른 한편으로 도그마의 중재에 의한 종교체험, 즉 신적 인격의 초월성에 복종한 문화적 상징주의인 것이다. 심지어 심리학에 흥미를 느끼는 신학자조차 융이 각 학문 분야를 자신의 영역으로 재구조화하려는 이런 명료화 시도에 동의할 수는 없을 것이다. 도그마는 결코 하나의 상징, 다시 말해서 그것이 아무리 고상할지라도 인간의 언어로 해석될 수 없기 때문이다. 오히려 그것은 하느님의 말씀이 직접 발화(發話)된 일련의 주장인 것이다. 도그마는 무엇보다도 먼저 하느님의 계시, 말하자면 그 자신의 본질에서 나온 계시이다. 여기에서 신학자들은 그들에게 공개적으로 제기한, 특히 『욥에의 응답』 이후에 생각 앞에서 대답을 유보하고 있다.

전체성에 대한 추구와 신앙의 행위

종교사가는 이 분야에 대한 토의에 들어오려는데 심리학자보다 무장이 덜 되어 있다. ... 그의 작업은 무엇보다도 먼저 성(聖)에 대한 경험의 양태에 행해지는데, 그와 관련하여 나는 곧 신의 원형과 기독교의 하느님 사이의 관계에 대한 새로운 유형의 성찰을 시행하려고 한다. 융에게 자기는 "대극의 일치"로 구성되며, 모든 신격(神格)은 우선적으로 대극들을 조화롭게 담은 전체성으로 정의된다. 하느님은 본능이 생물학적인 종들을 확실하게 조건 짓는 것처럼 그가 인간에게 대극들의 해결을 위한 완전한 모델을 제공하는 한 하나의 원형이다. 그런데 비교종교사에는 이 도식의 정확성과 어떤 경우(인도 신이나 영지주의 체계) 그것들의 실제적인 설명 가치를 확인할 수 있는 수단을 가지고 있을 뿐만 아니라 기독교의 신은 이러한 대극의 일치라는 범주에 들어가지 않는다는 점을 확인해 준다. 융은 『욥에의 응답』에서 전체성의 신화의 문제를 매우 계시적으로 드러내는 듯한 요한계시록을 폭넓게 해석하자고 제안한다. 그래서 그는 요한계시록에서 성도들에게 영원한 삶을 허락하지 않고, 불경건한 자들에게 가장 고약한 재앙을 내리지 않는 "하느님의 모순된 본질"이 드러나는 것을 본다. 다시 말해서, 요한의 하느님은 반대의 일치라는 원형에 의해서 그 자신을 마치 선과 악의 담지자처럼 관통되게 하는 것이다. 요한의 의식 수준에서 볼 때 모순인 것이 틀림없는 이 진리에는 비합리적인 계열에 속한 "제3의 항목"의 창조적인 상징적 기능의 활동이 필요하다. 그것으로부터 "통합적 본성을 가진 상징이 나오고, 그 가운데서 가장 많이 나타나는 것이 영웅-아이와 사분원(四分圓), 다시 말해서 대극들의 화해의 주제"[25]이다. 융의 그런 해석은 악의 문제에 대한 기독교 신학의 잘못된 이해에 대한 반대만이 아니라 "선의 결핍"이라는 까다로운 주제에 대한 그의 독학적(autodidacte) 고찰이라는 내적 일관성이 있는 것을 깨달아야 한다. 궁극적으로 이런 일관성은 인간에게 정신체계 전체는 종교체험과 관계되고, 인간의 그 어떤 표현이나 동기도 거기에서 예외가 아니라는 그의 확신에서 비롯되었다. 극성(極性)들을 융합한 "하느님"은 영적 여정의 모델이며, 동시에 목표인 것이다. 융은 그렇게 하면서 통합의 실현을 위한 모델을 고안하였다. "종교적인 태도"로 사는 것은 각 사람이 그의 정신 안에서 다가가는 전체성의 신화로서의 "하느님의 형상"을 만들어야 한다는 것이다.

그런데 기독교인들은 개인적인 하느님에 대한 믿음을 주장하면서 융의 모델을 제대로 살지 않는다. 세례식에 대한 루이 베르네르(L. Beirnaert)의 분석은 이것을 분명하게 보여 준다. "신앙의 행위는 원형적 표상의 세계에서 나누어진다. 이제부터 뱀, 용, 어둠, 사탄 등은 사람들이 거부하는 것들을 가리킨다. 우리는 역사적 공동체가 그렇다고 하면서 제시한 것들이 구원을 가져다줄 수 있는 유일한 표상들이라고 인정한다. 원형적인 관점에서 볼 때, 신앙은 그런 이름으로 지칭된 정신적 힘에 대한 그리스도와 교회의 조절(régulation)을 받아들이는 것이라고 말할 수 있다. ... 융은 원형을 체험적으로 경험한 사람이 단순히 믿는 사람과 ... 나누어지는 것을 잘 보았다. 체험자들에게 선과 악은 쌍둥이들보다 서로가 서로에게 더 가까이 있는 것이다. 사실, 전체성으로 경험되는 '자기'에는 대극들의 원형이 포함되어 있는 것이다. 그러나 단순히 믿는 사람에게 선과 악은 상반(相反)된 것이고, 그들이 이것이냐, 저것이냐 선택해야 하는 것이다. 신앙이란 바로 그런 결단이다."[26] 융의 심리학과 기독교의 관계에 대해서는 이것보다 더 잘 쓸 수는 없을 것이다. 더 나아가서 베르네르는 에라노스 학회를 통해서 융을 잘 알고 있었으며, 융이 그의 관점과 기독교 비전의 차이에 대해서 알지 못했을 것이라고는 상상할 수 없다. 사실, 영혼의 세계는 지극히 분화된 결과인 신앙의 삶과 비교해 볼 때 미분화된 것처럼 보인다. 연금술사들의 용어를 빌려서 말하자면, 영혼의 세계는 원질료(*prima materia*)이다. 개성화 체험은 사람들에게 하나의 형태와 구조를 제공하는 반면, 종교체험은 "절대 타자"나 "위대한 타자"를 각인(刻印)시킨다. 그런데 그 두 "작업"은 일반적으로 똑같은 상징들로 표현된다. 기독교 영성은 그 원천으로부터 집단적 무의식의 목록들을 끌어내는데, 그것은 별로 놀랄 만한 일이 아니다. 모든 진정한 전통은 인간적 기반을 담당하고, 그것을 전달하기 때문이다. 그러나 그 사이에서는 때때로 격절(隔絶)이 깊어진다. 삼위일체와 사위성 사이의 차이는 좋은 예를 보여 준다.

신학자에게는 "인간의 숫자"와 하느님의 숫자 사이의 이 차이는 명백하고, 정상적인 일이다. 그러나 정신분석가에게 그것은 하나의 손실이다. 기독교 문화는 원형들로 표현되고, 특히 자기 안에 있는 잠재성의 완성에 의해서 표현되는 자연의 거룩성과 분리되는 것이다.

3. 질문들

"초월성"

융은 인간의 영혼에 있는 내적인 "신성한" 요인으로서, 그것에 대한 신중한 고려가 "종교적 태도"로 이끄는 정신적 초월성에 대해서 말하였다. 이 본래적 요소에 대해서 편의상 이름을 붙일 수는 있다. 그러나 거기에 이름을 붙일 필요성이 환상을 만들어서는 안 된다. 우리는 그것들이 드러난 모습이나 개성화의 특성을 궁극적으로 결정하는 정신적 발달을 향한 이 에너지 이외에는 자기(自己)에 대해서 아는 것이 하나도 없기 때문이다. 영혼의 궁극적 심급(審級)을 정의 내릴 수 없다는 것은 그것의 통합을 온전히 실현할 수 없다는 것과 같다. 정신에는 언제나 어떤 결핍이 있는 것이다. 아무리 완성에 도달했을지라도, "나 자신을 넘어서는" 어떤 것이 있는 것이다. 자기는 바로 이 "나 자신을 넘어서는" 어떤 것, 즉 온전성을 향해서 끊임없이 이끌릴지라도, 결코 완전히 실현되지 않는 존재의 본능적인 미충족성(inassouvissement)이다.

그와 같은 인간의 비전은 특히 어거스틴이『고백록』에서 "하느님은 내가 나에게 가까운 것보다 더 나의 내면 깊이 계시다"(Deus interior intimo mea)라는 놀랄 만한 말을 하거나 이사야가 "나의 영은 내 안에서 당신을 찾나이다"(26:9)라고 말할 때, 그 예언자의 비전과 그렇게 멀리 떨어져 있는 것 같지 않다. 유대-기독교 전승 가운데 신비주의의 흐름에서 인간 안에 있는 신의 현존은 결코 부정되지 않았다. 신의 현존은 그들의 가장 특권적 주제 가운데 하나인 것이다. 그러나 어거스틴의 그 공식에는 두 부분이 있다: "하느님은 내가 나에게 가까운 것보다 더 나의 내면 깊이 계시며, 나의 가장 높은 자아보다 더 높으시다"(Deus interior intimo mea et superior summo meo)[27]. 하느님은 중심의 중심일 뿐만 아니라, "나 자신이 할 수 있는 것보다 더 높은 것이다." 우리는 그것을 이렇게 번역할 수 있다: 하느님은 내 안에 있는 초월성을 초월한다. 자기를 초월하는 것이다. ... 따라서 우리는 루이 베르네르의 직관과 다시 합쳐질 수 있는데, 그에 의하면 기독교 신앙은 "그런 이름으로 지칭된 정신적 힘에 대한 그리스도와 교회의 조절(régulation)을 받아들이는 것"이다.

그러나 자기를 가장 가까이 실현하는 융적인 관점을 가지고 사는 것은 그 자체로 "존재한다"는 의미에서의 외부의 궁극자를 거부하는 것은 아닌가? 내면의 심층에서 나오는 계시는 필연적으로 절대 타자에 대한 인식을 흐려버리는 것이 아닐까? 절대로 그렇지 않다. 이 취리히의 의사가 그와 동향인 니콜라스 드 플루에(Nicolas de Flue)[28]의 체험이나 기욤 드 디귈빌(Guillaume de Digulleville)의 꿈들을 해석한 것과 그의 제자 폰 프란츠가 순교자 페르페투아(martyre Perpetue)의 환상에 대해서 연구한 것들은 영적인 삶은 그들에게 개성화 과정과 연계된다는 사실을 보여 준다. 그러나 "신학에서는 자기가 중심적 표상을 가리키는 반면, 심리학에서 종교적인 상들은 자기를 가리킨다."[29] 명확하게 구분된 두 가지 목표는 그것들이 강조하는 것에 의해서 구별된다. 종교 전통에서 나온 상징들이 자기를 향해서 나아가는 반면, 기독교인들에게 "믿는 것"은 자기를 목적으로가 아니라 신적 현존에 대한 유비적 밑그림으로 받아들이는 것이다. 이런 의미에서 초-개인적 심급인 자기는 통합된 삶의 가장 강한 수준에서 포섭되고, 지나간다. 하느님의 형상과 중심의 원형 사이의 유사성을 넘어서 균열이 생기는데, 그것은 종교적 기능의 자연스러운 체제인 유비가 더 이상 행사될 수 없기 때문이다. 거기에서도 다시 아우구스티누스의 놀라운 통찰력을 인용해야 한다. "나의 하느님을 눈에 보이는 죽을 수밖에 없는 피조물들 속에서 찾았지만 그를 찾지 못하였다. 그분과 나 사이에 어떤 닮은 것이 있는 것처럼 나로부터 그의 실체에 대한 생각을 해보려고 했지만 언제나 성공하지 못하였다. 나의 하느님은 나의 영혼을 넘어서는 어떤 것이라는 느낌이 든다. 그러므로 그에게 다가가려고 나는 그 주제에 대해서 생각하였고, 내 영혼을 내 위에 펼쳐 놓았다."[30]

"신성한 것"

영적 체험을 개성화 과정으로 보는 융의 비전에서 이 관념은 중심적인 위치를 차지하는데, 그 기원을 추적해 보는 것이 중요하다. 우리는 먼저 자연적이고 보편적인 종교적 기능에 대한 생각은 하나의 가설이 아니라 분석가들이 임상의 실제에서 도출한 결론이라는 사실을 기억해야 한다. 그것은 『심리학과 종교』, 그 다음에 『심리학과 연금술』에서 전개된 모든 논증이다. 한편으로 원형은 계시된 현실의 "경험적으로 입증 가능한 대응"이다. 반면에 제도화된 실천은 즉각적인 경험의 결정체에 그 근원을 두고 있으며, 너무 가까이 다가가는 신성성의 폭발력을 막아서 보호하는 역할을 한다.

우리는 융이 어떻게 정신분석가로서는 매우 독특한 생각을 고백하게 되었는지를 살펴보았다. 그러나 우리가 그의 자서전을 통하여 어린 시절 그를 둘러싼 매우 짙은 개신교적 분위기를 감안한다면, 우리는 그가 그의 가정적 환경이 그에게 부과했던 종교적 문화의 영향을 덜 받았다고 생각한다. 그런데 그의 할아버지에게 의사, 목회자, 자유주의적 철학자 등의 친구들이 많았다는 것을 기억하면 그런 문화는 비교적 광범위하고 세련되었을 것이 틀림없다.

어쨌든 융에게 결정적인 영향을 준 두 명의 위대한 신학자들이 있는데, 한 사람은 융이 "신성한 것"이라는 말을 빌려온 루돌프 오토(Rudolf Otto)이다. 오토의 대표작 『신성한 것』(Le Sacré)이 독일어로 출판된 것은 1917년이다. 융이 그 책을 읽은 것은 매우 이른 시점이었을 것이다. 그는 종교를 정의하면서 자연스럽게 그 책을 언급하였다: "신성한 체험에 의해서 변환된 의식의 태도 … '종교는 루돌프 오토가 기꺼이 누미노줌(numinosum)이라고 부르는 것, 다시 말해서 의지의 자의적 행사에서 비롯되지 않고 … 한 개인의 바깥에 있는 원인에게 귀속되는 역동적 존재나 효과를 의식적이고, 주의 깊게 고려하는 태도이다.'"[31] 오토에게 "신성한 것"은 에너지이면서 동시에 감정이다. 그는 영혼 속에서 그런 변환을 불러일으키면서 의식적이거나 무의식적인 수많은 정동을 자극하는 초월적인 것과의 관계에서 비롯된 영향에 대해서 지적하였다. 오토는 절대 타자(Tout Autre)에 대한 가치의 근본적인 차이를 몇 가지 구별하였다. 그것들은 특히 "장엄한 신비"(*mysterium augustum*) 앞에서 보이는 존숭과 "어마어마한 신비"(*mysterium tremendum*, 문자 그대로 말하면 벌벌 떨게 하는 신비)앞에서 보이는 공포가 그것이다.『욥에의 응답』의 저자가 그 책에서 말한 것은 그가 심리학적 측면에서 느꼈던 것을 신학적으로 일종의 확인을 했던 것이 분명하다. 루돌프 오토는 본래 에라노스 학회에 영감을 주었을 뿐만 아니라 그의 연구의 원천을 독일 낭만주의와 연대했던 그의 선배 신학자 슐라이에르마허(Friedrich Schleiermacher)의 연구에 두었다.

우리는 의사이며 가톨릭 신자였던 융의 친할아버지가 19세기 초 베를린에서 슐라이에르마허로부터 개신교의 세례를 받았던 것을 기억한다. 융은 앙리 코르뱅(Henri Corbin)이 그의『욥에의 응답』에 대한 매우 훌륭한 서평을 써 준 것에 대한 감사의 편지에서 다음과 같이 덧붙였다: "슐라이에르마허는 나의 영적 조상 가운데 하나임이 틀림없습니다. 그는 가톨릭 가정에서 태어나 그 당시 이미 의사였던 나의 할아버지에게 세례를 주었습니다. ... 슐라이에르마허의 폭넓고, 밀교적이며, 개인적인 정신은 나의 아버지 쪽 가정의 지적 환경을 형성하였습니다. 나는 그에 대해서 연구하지 않았지만, 그는 무의식적으로 나의 '영적 지도자'입니다."[32] 1768년부터 1834년 사이에 살았던 이 위대한 신학자이자 철학자는 프랑스에 별로 알려지지 않았지만, 독일어권 국가들에 많이 알려졌고, 커다란 영향을 주었다. 우리는 우리의 목적을 위해서 단지 그가『종교에 대한 담론』(1799)에서 말한 두 가지 중요한 관심사만 살펴볼 것이다. 첫째로 종교는 궁극적으로 감정(Gefuhl)에 기초를 두고 있으며, 그 역동을 마음(Gemut)의 바탕에서 이끌어내는데, 마음은 그 원천을 "무한에 대한 열망"에 이끌리는 "자유로운 사랑"에 두고 있다. 따라서 살아 있는 종교체험은 도그마의 비인격적 강제에서 벗어나서 심리학적 차원을 배제하지 않고, 오히려 그것을 중심점으로 삼는 낭만주의적인 신학의 대상이 될 수 있다. 여기에서 슐라이에르마허는 초월성과의 실존적 접촉의 안내자로서 신에 대한 즉각적인 인식, 직관, 감수성에 탁월한 가치를 부여한다. 그가 강조하려는 두 번째 요점은 종교적 정동의 객관화와 관계된다. 그는 조야한 개인주의를 주장하지 않고, 감정을 신적 차원의 무조건성과 연관시키고, 감정이 이 초월성에 의존함으로써 구조화되고 저지되며 정화되는 것을 보여 준다. 더 나아가서 신앙의 정감적 표현에 너무 많은 자리를 허용하는 듯한 이런 해석은 더 광범위한 관점, 즉 사회-문화적 공동체적 관점을 보여 준다. 종교적 감정은 공유될 때에만 진정한 윤리적 가치를 가지며, 모든 인간 존재의 깊은 곳에 존재하는 원상(Urbild)에 기초할 때만 공유될 수 있다는 것이다.

슐라이에르마허가 말한 원상은 융의 원형이 아니고, 신학의 장에 있는 것이다. 그러나 우리는 융이 이것에 빚지고 있다는 것을 알며, 그가 거기에서 개성화 과정과 얼마나 비슷한 것과 반향되는 것을 발견하고 감동 받았는지 알 수 있다.

온전성과 타자성

그러므로 융의 글을 다시 살펴보면, 그의 글에 대한 논평이 종종 과도했던 것을 어느 정도 바로 잡을 수 있다. 우리는 영혼에 대한 이 과학과 기독교적 성찰의 어떤 흐름, 결코 주변적인 것이라고 해서는 안 될 흐름 사이에 치유할 수 없는 반대가 있었다는 사실을 알지 못한다. 나는 영혼에 대한 융의 비전을 마주한 어떤 사상가들이 보이는 짜증은 사실 다음과 같은 단순한 질문에서 비롯되는 것이라고 믿는다. 개성화 과정은 하느님 없이 사는 인간을 만들려는 것은 아닌가? 신앙을 통합적인 자기 인식에서 나오는 지혜로 대체시키려는 것은 아닌가? 그렇지 않으면, 개인으로 하여금 자신의 무의식을 탐구하고 자기가 재중심화 되게 하려는 목적은 그를 자기-충족적인 존재로 되게 하려는 것이 아닌가? 융은 온전성의 신화나 그 자신의 전체성에 대한 신화를 통해서 이 질문들에 대해서 즉시 거부한다.

엘리 웜베르의 예리한 두 가지 생각은 흥미 있는 방식으로 그 문제에 접근한다. "중요한 것은 모든 것을 가지거나 모든 것이 되는 것이 아니라 반대되는 원리가 작용하는 구조를 따라서 존재하는 것이다."[33] 융이 근본적으로 자족적인 체계를 추구했다고 비난하는 사람들은 융에게 타자성에 대한 체험(웜베르는 아니마/아니무스, 자기 등은 자신 안에 있는 타자라고 한다—역자 주)이 제기하는 역할의 진정한 중요성을 이해하지 못했음이 분명하다. 그림자와의 투쟁이나 아니마/아니무스와의 만남에 의해서 주어지는 자신의 내면에 있는 타자에 대한 깨달음은 초월성이 내재적, 외재적인 두 차원이 있다는 낯설음에 대한 수련이다. 그러나 그 어떤 것도 융이 외적 초월성을 소개하기 위해서 자신의 탐구 영역인 내적 초월성을 거부했다고 말해 주지 않는다. 그러나 그가 궁극적으로 경계한 것은 양극성에 대한 경험을 뛰어넘으며 발달하면서도 갈등에 저항하지 않는 영적인 삶이었다. 그와 반면에 "의식과 무의식 사이의 대화"는 그에게 언제나 자아 중심성에서 벗어나서 타자성을 받아들이는 첫 번째 단계, 첫 번째 수행이었다. 더구나 그는 아니마나 아니무스와의 관계를 거의 입문식적인 용어로 환기시켰다. 내면의 극이 드러나면 사람들은 자신의 준거점, 즉 여태까지 한 번도 완전히 실현되지 않았던 전체성인 자기가 소환되면서 사랑의 감정을 바로 잡아주기 때문이다. 그러므로 융의 과정을 구성하는 이와 같은 종류의 정신-내적 영지에의 접근이 그 어떤 것이든지 간에 진정한 종교에서 벗어나게 한다고 여기는 것은 완전히 초보적인 생각이다. 오히려 그것은 "종교"라는 말이 모든 구체적인 의미를 상실했고, 원형의 내적 계시가 일관된 대답을 가져다주는 사람들에게 삶의 의미를 부여해 줄 수 있었다.

이 장을 마치기 전에, 융이 1916년에 펴낸 『죽은 이들을 위한 일곱 편의 설교』에 대해서 살펴보아야 하는데, 이 매우 흥미로운 본문은 융의 삶과 저술에서 하나의 전환점이 되었다. "죽은 자들인" 기독교인들은 심리학적인 의미에서 아직 "완성되지" 못했고, 입문식을 집전하는 바실리데스(Basilide)의 추가적인 가르침을 요구한다. 이 가르침은 수수께끼 같은 형식을 취하고, 자기의 잠재성을 온전히 완성시키려는 정신적 발달의 비유라는 하나의 신화처럼 전개된다. 바실리데스는 자아의 가치와 윤리적 일방성 위에 선 종교를 앞두고 대극의 경험 위에선 체험, 즉 그림자를 억압하지 않고, 통합한 종교를 제안한다. 그 종교는 그림자를 통합하여 그것의 창조적인 측면들을 강화시키면서 그림자를 변환(變換)할 수 있다. 그것은 도그마와 집단적 상징주의에 대한 신앙을 성의 모호성에 대한 진정한 개인적 체험으로 대체시켜서 합리성으로 옹색해진 서구의 의식적 입장을 확장시키려고 한다.

*

"언제나 그래왔듯이 오늘날 사람들이 자신의 내면에서 기회를 엿보는 악의 위험성을 인식하지 못한다는 것을 대단히 중요하다. 불행하게도 이런 위험성은 지극히 실제적이다. 그래서 심리학은 악의 실재에 대해서 강조해야 하고, 악이 별로 중요하지 않다거나 존재하지 않는다는 모든 주장을 거부해야 한다. ... 과학적인 관점에서 볼 때 '선의 결핍설'은 모든 사람들이 알 수 있듯이 당연하게도 우리가 거기에 넣은 것들만 나오는 원칙을 구걸하는 학설이다. 이런 종류의 논의는 그 어떤 확신도 주지 못한다. 그러나 그것이 통용될 뿐만 아니라 믿어지기까지 한다는 사실을 나로서는 쉽사리 무시해 버릴 수 없다. 이것은 사실 원칙상 '선'에 우선권을 주려는 경향이 있음과 사람들은 그것이 적당하거나 적당하지 않건 간에 모든 수단을 동원한다는 사실을 증언한다. 그에 따라서 기독교의 형이상학이 선의 결핍설에 초점을 맞추고 있다면, 그것은 언제나 선을 증가시키려고 하며, 악을 감소시키려고 한다는 것을 나타낸다. 그러므로 선의 결핍설은 형이상학적 진리가 될 수 있다. 나는 이 문제에 대해서는 판단을 내리지 않을 것이다. 단지 나는 우리의 경험의 영역에서 흰색과 검은색, 빛과 어둠, 선과 악은 그것들 가운데 어느 하나가 언제나 다른 하나를 전제로 하는 동일한 대극이라는 입장을 유지할 것이다"(『아이온』, "자기의 현상학에 대한 연구", 68-69).

제6장
융과 융 이후

"나는 단지 어느 누구도 '융학파'가 되지 않기를 바라고, 소망할 뿐입니다. ... 나는 그 어떤 결정적인 가르침을 주장하지 않습니다. 나는 각 사람에게 그 자신의 방식대로 사실의 끝에 이를 자유를 허용합니다. 나 또한 똑같이 그런 자유를 취하기 때문입니다"(*Lettres*, vol.II. 1946년 1월 14일).

"그에게는 자아 속에 몸을 숨기고, 거기에서 빠져나오려고 하지 않는 사람에 대해서 말할 줄 아는 특별한 재능이 있었다"(Miss Allenby, Vincent Brome, *C. G. Jung*, 253).

    융의 생각은 오랜 세월이 지났음에도 불구하고 여전히 논쟁의 여지가 많다. 그의 생각은 인간의 내적 생활의 본래적이고, 온전한 상태를 더 잘 이해하기 위하여 끊임없이 새로운 영역을 다시 살펴본 직선적이지 않은 이 행로(行路)의 자연스러운 운명이다. 정신분석학자이며 철학자인 융이 거기에서 취하는 방식은 얼핏 볼 때, 그가 이미 검증된 이론적 경로를 따르지 않았다는 점에서 결코 정통적이지 않다. 다음으로 그의 방법론은 행동에 깊이 뿌리박은 미묘한 방법론인 것이 지극히 분명하다. 자기 인식의 주요 원리들은 비록 수 년 간의 임상을 통하여 끊임없이 확장되고 수정되었음에도 불구하고 독법(讀法)과 해석에 있어서 매우 명료한 망(網)을 구성한다. 자아를 올바르게 인식하고 타자성과 분명하게 대결하며, 무의식적인 내용들과 진정으로 대화하려는 개인에게 융의 지표(指標)는 제대로 작동하며, 오늘날 제기되는 질문들에 완벽하게 적용된다.

그러나 융을 읽는 것은 매혹적이다. 특히 꿈에서 보편적인 위대한 신화가 펼쳐질 때 그렇다. 그러나 그것은 융의 평판에 도움을 주지 못한다. 어떤 사람들은 이 치료자가 유사-신화를 위해서 환자의 개인사를 무시한다거나 그와 정반대로 종교사가로 변장한 정신분석가가 종교적인 것들을 심리학 계열에 잘못 끌어들인다고 너무 급하게 믿는 것이다. ... 그가 죽은 지 30년이 지난 다음 논쟁은 여전히 진행되는데, 그것은 그가 현대 인문주의의 핵심을 건드렸다는 사실을 보여 준다!

융은 "근대성-이후"[1] 시대의 모든 특성들을 제시했는데, 그것들은 총체성(globalité)에 대한 관심, 소위 말해서 "전체주의"; 개인/우주, 개인주의/보편주의, 영혼/물질 등 아주 의미 있는 쌍의 형태로 나타나는 의식의 법칙으로서의 양극성; 동양의 지혜가 서구 젊은이들을 매혹시킬 것이라는 예감; 매우 제도화된 세계 속에서 개인적 체험에 대한 축성(祝聖); 놓아두기의 실천, 즉 새로운 것이 나타날 수 있도록 "일어나게 하기"의 실천; 다른 차원에 대한 직관, 즉 시간과 공간에 대한 또 다른 가능한 인식에 대한 직관; 삶과 죽음 사이의 경계에 대한 탐구 ... 매우 중요한 이 모든 주제들은 어떤 것이 그들에게 올바른 자리를 부여하는지 알지 못했기 때문에 종종 잘못된 해석을 불러일으켰다. 다시 말해서 통합을 위한 모든 진전에 대한 분화와 사전의 직면이 이루어지지 못했던 것이다.

융의 생각들의 확산을 거의 사회학적 조사라고 할 수 있는 것을 통해서 살펴보면 두 가지 커다란 흐름으로 나누어진다. 첫째로 나에게 그럴 만한 능력이 없기 때문에 조금만 살펴보려고 하지만, 거기에 대해서 말하지 않을 수는 없다. 그의 궤적 속에 진정한 방법론적 요소들이 성숙되어 있기 때문이다. 이 세상에는 수많은 정신치료학파들이 존재한다. 그 가운데서 운이 좋게도 융의 현존을 직접 체험할 수 있었던 취리히의 치료자들이 있다. 그 다음에 눈에 띄는 것은 1953년부터 런던과 뉴욕에서 『C. G. 융 전집』이라는 이름으로 그의 저작들을 번역하고, 체계적으로 출판한 앵글로-색슨 집단이 있고, "프랑스 분석심리학회"는 특히 융의 개념들을 다른 정신분석학적 측면이나 문화 일반에 개방시켜서 성숙시키는 이중적 작업을 수행하였다.[2] "유럽의 거의 모든 대도시인 런던, 파리, 브레멘, 베를린, 슈트트가르트, 뮌헨, 취리히, 바젤, 코펜하겐, 로마, 밀라노 같은 대도시에는 융 분석가협회와 융의 정신을 따르는 다른 모임이 있으며, 그 가운데 어떤 도시에는 융 분석가 양성 교육기관이 있다. 이스라엘과 미국에서도 마찬가지인데, 그 가운데 뉴욕, 시카고, 휴스턴(텍사스), 샌프란시스코, 로스앤젤레스와 브라질(리오데자네이로)에도 중요한 집단들이 있다. 융학파에는 수많은 저자들이 있다. 『의식의 기원』을 쓴 에릭 노이만과 조셉 헨더슨, 존 페리, 게르하르트 아들러, 마이클 포댐, E. A. 베네트, 브루노 클로퍼, 빌헬름 비터, C. A. 마이어, 구스타프 슈말츠와 그 밖에 많은 사람들이 있다."[3]

내가 언급할 두 번째 흐름은 다루기가 더 어려운, 융의 사상이나 저술이 현재의 어떤 사회학적 지배자들과 비공식적인 만남을 통해 이루어지고 발달한 것이다. 나는 그것에 대해 좀 더 길게 설명할 것이다. 왜냐하면 그것은 20세기 말의 특징인 완전히 "모호한" 측면을 보여 주기 때문이다. 어떤 그룹이 『심리학과 종교』나 융의 자서전에서 취하는 입장은 때때로 이상하지만, 그 이상함에도 의미가 담겨 있다. 따라서 나는 융의 글 여기저기에 있는 것들 가운데서 권위 있는 과학적 성찰과 일부 신-종교 운동에서 말하는 것이 어깨를 나란히 하는 "항목"들을 구별하려고 시도하였다.

1. 융은 영적 스승인가?

"늙은 연금술사"

"많은 사람들은 나에게 ... 분석심리학이 실제로 하나의 종교가 아닌가 하는 질문을 하였다. 그러나 분석심리학은 그렇지 않다. 나는 철학자로서 말하였다. 사람들은 종종 나를 종교 지도자라고 부른다. 그러나 나는 그렇지 않다. 나에게는 그 어떤 사명도, 메시지도 없다. 나는 단지 이해하려고 노력하였다. 우리가 고전적인 의미에서의 철학자라고 한다면, 우리는 지혜를 사랑하는 사람들일 것이다."[4]

이런 질문이 제기될 수 있다는 사실은 그 자체로 융의 성격이 자연히 "스승"에게 기대되는 특성과 비슷한 것이 있다는 것을 보여 준다. 그가 인생의 후반기에 접어들었을 때 그를 알았던 대부분의 사람들은 그 점을 증언한다: 그는 나이든 연금술사처럼 보였다. 거의 말이 없는 것과 같은 그의 침묵은 다른 이에게 숨겨져 있는 차원인 존재의 "신성한" 요소를 관찰하려는 경향을 일깨우기 위하여 심층에서 솟아나오는 것 같았다. 최근에 거기에 대한 아주 의미심장한 사례가 있다. 그것은 1988년 보르다스 출판사에서 "핵심"이라는 기획물 가운데 있는 『영적 스승들』이다. 저자 브로스(Jacques Brosse)는 거기에서 융에 관해서 살펴본다. 그는 당연히 이렇게 조심할 것을 권한다. "어떤 이들은 그를 영적 스승이라고 생각하지만, 그는 결코 그렇게 주장한 적이 없다." 그러나 브로스는 "콤플렉스 심리학", "그의 저작의 완전히 영적인 경향", "힌두교와 불교의 심리학과 매우 가까운" 주제들에 관한 "교리"에 대해서 말하고, "보이지 않는 진리"와 "필요한 변환"[5]에 관해서 두 가지 인용문을 전한다. 이 모든 것은 부인할 수 없고, 어떤 경우에도 냉정한 약간의 심층적 고찰이 필요하다.

살펴보아야 할 첫 번째 요소는 개인적인 부분이다. "나에게 중요했거나 내가 추구했던 인식은 아직 그 당시 과학의 유산에 속하지 않았다. 나 자신이 그것을 처음 경험해야 했다." "분석가는 ... 그 자신의 전 인격을 가지고 환자의 살아 있는 전체성과 마주해야 한다."[6] 매우 농도가 짙은 이 참여는 전이와 역전이라는 게임의 분명한 규칙에 기반을 두고 있는데, 그것들은 반드시 분화되어야 한다. 치료의 틀을 상당히 벗어나는 과정에서 치료자 자신이 스스로 실험실이 되는 이 강력한 입장은 자신의 전체성을 찾는 환자에게 특별한 종류의 요구들에 의해서 특징적으로 드러난다. 그런데 환자는 이 전체성은 초개인적인 차원에서만 전개될 수 있다고 느끼고, 그에 따라서 치료자를 뛰어넘는 영적 동반자를 찾는다.

정신치료와 영적 동행

엘리 윔베르는 융이 그에게 처음 어떻게 보였는지를 묘사하면서 우리 문화에서 매우 강한 반향을 일으키는 이미지를 선택하였다. 그것이 "너희는 사람을 낚는 어부가 되라"는 그리스도가 그의 제자들에게 했던 말을 상기시키기 때문이다. 윔베르는 그가 "일종의 어부 ... 거리의 무게와 분리의 무게, 차이와 결별의 중요성을 지극히 잘 알고 있어서 당신에게 그것을 아끼지 않는 ... 그래서 다른 사람의 어디에 '물고기'가 있는지 잘 아는 지극히 선량한 사람"[7]을 보았다고 말하였다.

그런데 융은 그의 "낚시"가 다른 영적 지도자의 그것과 다르다는 사실을 잘 알고 있었다. 그것은 그가 그의 저서들과 편지에서 종종 환기시키는 문제였다. 그는 『정신치료와 양심의 지도의 관계』에서 그 두 작용이 얼마나 가깝고 보완적인지 보여 주었다. 그러나 우리가 정말 거기에 주의를 기울이면 베르네르가 원형들의 체제와 신앙 행위와의 관계에서 결단하거나 가입하는 것 사이를 미묘하게 구분했듯이 무엇인가 다른 점이 있는 것 같다. 의사는 환자를 대할 때 그에게 어떤 "어두운 부분"이 있을지라도 도덕적으로 중립적인 태도를 취해야 하는 것이다. 그는 그것이 동정심이든지 아니면 "생명의 충만함을 구성하는 것에서 어느 것도 배제하지 않는 것이든지 간에 환자를 판단하지 않아야 한다. 그것은 궁극적으로 양심의 지도자도 마찬가지다. ... 나에게 잘못된 것처럼 보이는 것이 결국 진실이라고 생각되는 것보다 더 효과적이고, 강력한 것이라면, 먼저 그 잘못된 것을 따르는 것이 중요하다. 그 안에 힘과 생명이 들어있으며, 내가 진실이라고 생각되는 것을 따라간다면 나는 거기에서 배제되기 때문이다. 빛은 어둠을 필요로 하고, 어둠이 없으면 빛은 자신이 빛인지도 모른다!"[8] 따라서 치료자는 선과 악을 명확하게 가르는 윤리적 참조 체계를 따르지 않고, 그 윤리에서 벗어나거나, 때때로 그것과 반대된다. 아르키메테스 점을 자기(自己)라는 가설에 두는 것이다. 우리는 원형이 "도덕적으로 중립적"이고, 반대의 극성을 포괄하고 있으며, "악"이 연금술적인 의미에서 전환되고, 승화되면 개성화 과정을 촉진하는 리비도를 나타낸다는 사실을 기억한다. 그림자와의 만남의 열매가 거기 있는 것이다: "모든 것은 병의 정점에서 파괴적인 요소들이 구원적인 요소들로 변하는 것처럼 진행된다."[9] 그러나 양심의 안내자가 전통적인 입장에서 그의 학생에게서 이 질서가 뒤집어지는 것을 느끼고 그것을 부추긴다면, 그것은 그의 방법론에서 벗어나는 일이 될 것이다. 그것은 오히려 그에게 성자의 모델이나 일관되게 계시된 진리에 따라 수행되어야 할 변화를 상기시켜 준다.

융 학파 치료자의 입장은 미묘하다. 결국 그 나름대로 걸어가는 길에서 누구로부터, 또한 무엇으로부터 참조를 얻을 것인가? "그 자신이 최초로 경험하는 것"에서 무엇을 참조할 것인가? 그렇다. 그러나 더 알 수 없는 것은 다음과 같은 요청을 통해서 드러난다. 융의 생각에 영혼에는 스스로 실현되려는 경향, 즉 자기(自己)가 실현되려는 경향이 있다. 그런 관점에서 개성화 과정은 뛰어넘을 수 없는 장애를 만나지 않는 한, 자발적으로 이루어지는 운동을 거기 동의하면서 따라가는 것일 뿐이다. 자신의 궁극적 목적을 향해서 나아가는 정신의 자연스러운 지향(志向)에서 의사와 환자는 서로를 포함하는 일종의 환경을 조성하고, 그들 사이의 유일한 차이점은 치료자가 감춰진 이 주인의 존재를 온전히 감지하는데, 그 주인은 자기이다. 그러므로 그의 역할은 부분적으로 두 사람 사이의 관계 속에서 환자에게 그의 의미와 출구를 마련해 주는 "제3의 요소"가 "일어나게 허용하라"는 것이 된다.

"원천이고, 창조자이며, 동시에 전망하는 관점도 가지고 있는 무의식이 말하도록 하는 것"은 "어떤 의미에서 자기가 내면의 스승"[10]이라는 사실을 인정하는 것이 된다. 그때 치료자는 본질적으로 개성화의 증인으로 되고, 이런 기능은 기독교의 영적 지도자보다는 동양의 어떤 전통에서의 스승과 더 연관된다. 증인이라는 말은 비활동적이고, 수동적인 것을 의미하지 않는다. 증인은 분석에 필요한 무의식에의 집중에서 기준점이 되고, 변환의 촉매, 타자성의 현존을 의미한다.

융은 끊임없이 그것이 만들어내는 변환의 역동에서 관계의 중요성을 강조하였다. 증인은 그것이 진정한 것으로 되도록 의사소통을 친교로 바꾸는 의사소통이 나타나도록 한다. 거기에는 두 존재가 유기적, 정신적, 영적 전체성 안에 포함된 살아 있는 체험이 가능한데, 그 체험은 그 두 사람을 모두 담은 비어 있으면서도 동시에 충만한 자기인 "제3의 요소"를 끌어내려는 체험이다. 거기에 대해서 융은 미구엘 세라노에게 "환자와 분석가에게 동시에 서로의 개성화가 일어납니다"[11]라고 말하였다.

2. 새로운 시대와 융의 추종자들

영혼의 이런 각성에는 불편할 수도 있는 광휘(光輝)가 있는데, 거기에 저항하는 사람은 거의 없었다. 실제로 그의 연구를 너무 급하거나 열정적으로 살펴보면 인간에 대한 "확장된" 관념을 살펴볼 수 있다. 그런데 그것은 대체로 "순전히 딱딱한" 정신분석이 천식처럼 보이는 것과 달리 어떤 숨결에 영감을 받은 것처럼 보인다. ... 그에게는 "검열", "충동", "억압" 같이 평가절하 하는 말이 거의 없다. 그래서 상징적 표현을 깎아내리려는 유혹이나 환상에 대한 의심이 없다. 그와 반대로 집단적 무의식이나 원형, 자기 같은 아름다운 개념들은 그렇게 오래 지속되지 않는 작은 자아 안에 어느 정도 영적인 것과 영원의 불꽃을 끌어들이는 듯하다. ...

침묵이나 제도, 즉 "아버지들"과의 대결이 이루어졌던 시기가 지난 다음, 금지들을 해제하고, 이타주의적 활동을 본래적 의도로 환원시켜야 할—필요한 가면이기도 하다—필요성이 인식되었고, "1960년대"의 창조성이 꽃을 피웠다. 새로운 이상을 추구하는 젊음의 약동 속에서 우리는 융의 사상에 대한 흥미가 탄생하거나 재탄생하는 것을 보는데, 그의 사상은 때때로 어느 정도 샤만 같은 일종의 예언자로 변환되었다.

합리적인 것을 넘어서

뉴 에이지 그룹들이 특히 그에게서 높이 평가하는 덕목들은 그가 끊임없이 일상적인 논리적 문턱의 아래나 위에 있는 정신의 수준을 탐구한 것이었다. 그 아래 있는 것은 그가 『영혼의 변환과 그 상징들』에서 밀러 양(Miss Miller)의 환상에 관해서 놀랄 만큼 설명한 것처럼 신경증이나 정신증에서 자아와는 다른 계열이지만 어떤 똑같은 일관된 상태를 인식한 것이다. 너머에 있는 것은 초-개인적이고 초-합리적인 에너지의 장(場)에 의해서 지배되는 상위의 존재 상태인데, 그것은 일종의 전-의식적인 원형들이 실현되거나 전개된 상태로 이루어져 있다. 어떤 이들은 그의 정신의학의 논문의 주제가 "신비현상의 심리학적이고 병리학적인 공헌"이며, 그가 거기에서 그의 영매인 사촌 여동생을 관찰한 것을 다루었다는 사실을 상기할 것이다. 융은 그의 아니마와 "내면의 스승" 필레몬과 대화하였고 볼링겐에 있는 그의 별장의 벽에 입문식적 인물의 상을 그렸다. 그리고 종교체험의 "반박불가능성"을 변호하였고 연금술 논문들을 해석하였으며, 『역경』을 참조하였다. 이 모든 이미지들은 굉장히 유명한 것들이다.[12] 사실, 이런 이미지들은 소위 정밀과학의 객관성과 모든 의학적 설명의 전능성에 대한 과도한 믿음의 해독제로 일종의 반-문화로 발달한 실제적 흐름과 공명(共鳴)을 불러일으켰다. 또한 그것은 무의식을 각자 속에 있는 창조성의 거대한 저장고로 보는 순진한 비전에서 나온 것이기도 하였다. 말하자면, 존재의 과잉인 것이다. 일부 "정신과의사"들은 융의 적극적 상상을 그 어떤 종류의 통제도 없이 그저 "일어나게 하라"는 목적만 가지고 사용해서 웃지 못할 해프닝이 일어나기도 하였다. 다른 집단에서 "자아초월심리학"이 탄생하였다: "에고나 자아를 초월하는 존재의 수준이 '개인'이라는 관념에서 벗어나 의식의 비일상적으로 확장된 상태에 들어가서 자기(융), 잠재의식, 초-인간(떼이야르 드 샤르댕), 상위-인간(스리 오로빈도), 불성에 도달한다. ... 그것은 신화, 상징, 절정체험 등을 통해서 표현된다. … 미국의 인본주의 심리학에서 탄생한 자아초월 운동은 과학과 영성의 교차점을 만들고, 인류에게 새로운 문예부흥(renaissance)를 가져온다."[13] 1990년 스트라스부르에서 조직된 제2차 유럽회의 프로그램은 관심의 중심을 다음과 같이 명확하게 밝혔다: "이 회의는 새로운 르네상스로 이어지는 다리가 될 것이다.

과거의 세계는 일반화된 위기(경제적, 정치적, 과학적, 도덕적, 가치 등) 상태에 있다. 자아초월 운동 덕분에 새로운 세계, 즉 뉴에이지의 세계가 이미 나타나고 있다. 그것은 과학과 고대 전통 및 신비주의의 교차점으로 표시된다: 과학과 의식; 과학적 패러다임의 변화: 물질주의에서 에너지 의식으로; 전체론(Holisme), 세계성에 대한 감각과 새로운 행성 의식의 출현; 국가적 이기주의, 종교적이고 종파적 광신주의, 폭력과 전쟁을 피하기 위한 인간적이고 국제적 상호 지원; 인류가 의식의 높은 상태와 영성에 도달하는 것; 신비가의 고대적 기법에 대한 과학적 연구: 라인란트 학파와 기독교 신비주의, 불교, 선, 요가, 수피즘, 하라, 화음을 맞춘 노래, 자각몽, 죽음의 경계로의 여행, 절정적 상황(불 위를 걷기, 트랜스, 경계 바깥의 단계) 등이 그것들이다."

심리학의 전환

따라서 융의 생각은 인간 정신의 정동적(情動的) 역학의 일반적 조건을 뛰어넘는 모든 종류의 연구에 관한 기본적인 틀이 되었는데, 그것은 결코 놀랄 만한 일이 아니다. 그런데 그의 생각은 그의 생각이 갖는 유연성과 다형성(多形性), 즉 수준의 다양성 때문에 무의식, 점성술, 유사-심리학, 우주적 차원과 신성과의 관계 등에 대해서 질문하는 상징주의를 규명하도록 호출받을 위험성이 있었다.

나는 두 가지 사례를 들어서 그런 연장이나 확장이 개성화의 의미를 정말로 왜곡시키기까지 한다는 것을 보여 주려고 한다. 그래서 그는 "물병좌 시대"(ère du Verseau)에 대해서 여러 번 말하고, 그의 자서전의 부록으로 붙인 "그 다음의 생각들" 장에서 다음과 같이 말한다: "나는 내가 인간의 신화와 의미에 대해서 어떤 궁극적인 것을 말하였다고 생각하지는 않는다. 나는 다만 우리가 사는 물고기좌 시대의 끝 무렵에 앞으로 다가올 물병좌 시대를 앞두고, 물고기좌는 사람의 모습을 하고 있다는 것을 말할 수 있고, 말해야 한다고 믿는다. 물병은 서로 반대 방향으로 가는 두 마리의 물고기(반대의 일치) 다음에 오고, 자기(自己) 모양을 한 듯하다."[14] 그는 『아이온』에서 연금술 문헌과 영지주의 문헌을 통하여 물고기의 의미에 대해서 명확하게 설명한다. "인간이 '세상이라는 바다'에 있는 것처럼 이 상징은 여기에서 무의식이라는 괴물 같은 바다에서 '무한하게 작은' 것처럼 보인다. 물고기의 상은 이 경우 무의식의 내용으로서의 자기라는 성격을 가지고 있다. 의식적 주체 안에 '지혜의 자석'이 없다면, 눈에 보이지 않는 이 존재를 잡을 수 있는 희망은 아마 전혀 없을 것이다."[15] 이 구절은 엘리 윔베르가 "다른 사람의 속 어디 '물고기'가 있는지 아는 ... 어부"에 대해서 말한 것과 특별히 비슷하다. 융의 생각은 다른 곳에서도 그렇지만 여기에서 점성술적 징표에 의한 집단적 표상들이 자기의 두 가지 상태를 환기시킨다고 말하는 듯하다. 하나는 무의식적 상태로 단지 반대되는 극들(머리와 꼬리를 맞댄 두 마리의 물고기)의 존재로 예감되고, 다른 하나는 그것이 사람의 모습으로 이행되면서 "의식화되는" 상태인데, 이 물병은 『심리학과 연금술』에서 하나의 비이커에서 다른 비이커로 물을 붓는 어머니가 나오는 꿈을 떠오르게 한다.[16] 이 꿈은 리비도를 정말 해결해야 하는 문제로 이동시켜야 하는 것을 말한다. 이와 마찬가지로, 우리는 실제로 개인적이고, 집단적인 에너지를 다른 존재 방식으로 살도록 전환시켜야 하는 시점에 와 있다. 그러나 이런 전환은 원형적 세계에 대한 상상계적 아름다움에 매혹되거나 편안함을 느끼는 길에서 벗어나 정말 분화된 태도를 통해서만 가능할 수 있다. 현대 사회에는 우리가 흔히 볼 수 있는 방해 요소들이 있는데, 그것은 "무의식을 활성화시키고, 무의식이 나오게 하는 기술들이다. 그런데 그때 사람들은 거기에 ... 직면하지 않는다. 주체는 ... 거기에 아무 설명도 하지 않고, 아무 책임도 지지 않으며, 아무 거리도 두지 않고 ... 역동적인 움직임만 즐기려고 한다. 사람들은 에너지가 전개되는 것만을 위해서 에너지 전개의 맛만 보려고 하는 것이다."[17]

두 번째 사례는 죽음에 대한 새로운 담론이다. 융은 『삶 이후의 삶』을 쓴 무디(Raymond Moody)와 『검은 샘물』을 쓴 반 에르셀(Patrice Van Eersel) 같은 뉴-에이저들보다 훨씬 이전에 임사체험을 했고, 죽은 이들의 영(특히 그의 아내 엠마)과 대화를 나누었으며, 그것들에 대해서 이야기했다. 그리고 그것들을 그의 자서전에 "환상들"과 "죽음 이후의 삶"이라는 장에 기술했는데, 그가 체험했던 것을 매우 탁월한 방식으로 기록한 것이다. "1944년 초에 나는 발이 부러졌고, 얼마 후 심장마비가 찾아왔다. 나는 무의식 상태에서 섬망들과 환상들을 경험했다. 그것들은 내가 죽을 위험이 있어서 사람들이 나에게 산소와 강심제를 처방했을 무렵에 시작된 것이 틀림없다. 그 이미지들이 너무 강력해서 나 자신도 내가 이제 죽겠구나 하고 결론을 내릴 정도였다. 나의 간호사는 나중에 나에게 이렇게 말하였다. '당신은 마치 환한 빛에 둘러싸인 것 같았습니다.' 그것은 그녀가 죽어가는 사람들에게서 종종 보았던 현상이었다. 나는 한계점에 도달하였고, 그것이 꿈인지 엑스터시인지 알지 못하였다. 그것이 어떤 것이었든지 간에 나에게 아주 이상한 것들이 전개되기 시작하였다.

나는 우주 공간의 아주 높은 곳에 있는 것 같았다. 나는 내 아래쪽으로 멀리서 지구가 놀랄 만큼 파란색에 잠겨 있는 것을 보았다. 짙은 파란색 바다와 대륙들을 보았던 것이다. 내 발밑 아주 아래쪽에 실론이 있었고, 내 앞으로는 인도 반도가 펼쳐져 있었다. ... 또한 나는 틀림없이 흰 눈이 덮힌 히말라야의 봉우리들을 보았는데, 그것들은 모두 안개와 구름 속에 있었다. 나는 '오른쪽'은 보지 않았다. 나는 내가 지구를 떠나려는 것이라는 사실을 알았다. ... 잠시 동안 바라본 다음에 나는 몸을 돌렸다. 그러니까 나는 인도양에 등을 돌리고 얼굴을 북쪽으로 향한 셈이었다. 그러자 나는 남쪽을 향해 있는 것 같았다. 어떤 새로운 것이 나의 시야에 들어왔다. 얼마 떨어지지 않은 곳에서 나는 우주공간 속에 하나의 거대한 검은 돌덩어리를 보았는데, 그것은 나의 집채와 같거나 더 큰 것이었다. 우주 속에 돌이 떠있고, 나 역시 공간 속에 떠있는 것이었다.

나는 돌 비슷한 것을 벵갈 만의 해안에서 보았다. 그것은 흑갈색의 화강암 덩어리였는데, 그것들 속에 때때로 사원들이 조각되어 있었다. 나의 돌도 역시 그 어둡고 거대한 덩어리 가운데 하나였다. 입구를 거치면 전실(前室)로 갈 수 있다. 오른쪽에 돌로 만든 의자가 있고 검은 피부의 인도인이 가부좌를 틀고 있는데, 완전히 긴장을 푼 편안한 자세였다. 그는 흰옷을 입었다. 이렇게 그는 아무 말 없이 나를 기다리고 있었다. 두 걸음을 걸으면 전실이 나오는데, 그 안 왼쪽에 그 사원의 현관이 있었다. ... 바위로 다가가는 계단에 가까이 갔을 때, 아주 이상한 느낌이 들었다. 여태까지 나에게 있던 것들이 나로부터 멀어지는 것 같았던 것이다. 내가 믿었던 모든 것, 바랐거나 생각했던 모든 것들, 즉 지상에서의 삶과 관계되는 모든 환영들이 나로부터 떨어져 나갔다―지극히 고통스러운 과정이었다. ... 이제 나에게는 더 이상 바랄 것도, 욕망할 것도 없었다. 말하자면, 나는 객관적이었던 것이다. 나는 그렇게 살았던 그 사람이었다. 처음에는 무화되었다는 느낌, 강탈당하거나 빼앗겼다는 느낌이 지배적이었다. 그러다가 그것도 사라졌다. 모든 것이 지나간 것 같았고, 남은 것은 그전에 있었던 일에 대해 아무 언급도 하지 않고 기정사실화한 것뿐이었다. 더 이상 무엇인가가 사라졌거나 제거되었다는 후회도 없다. 그와는 반대로, 나는 내가 가진 모든 것을 가졌고, 그것이 내가 가진 전부였다.

나는 또 다른 생각에 몰두했는데, 내가 사원에 다가가는 동안 불이 밝혀진 곳에 이르면서 나에게는 거기에서 내가 실제로 속해 있는 일단의 사람들을 만나게 되리라는 확신이 들었다. 거기에서 나는 마침내―이것 또한 나의 확신이었다―나 또는 나의 삶이 어떤 역사적 관련 속에서 이루어졌는지 이해할 수 있을 것이라고 생각하였다. 어떤 것이 내 앞에 있었고, 왜 지금의 내가 되었으며, 내 삶이 어디로 계속해서 흘러갈 것인지 알게 될 것이다. 내가 살아온 삶은 마치 하나의 시작도 끝도 없는 역사처럼 보였다. 나는 하나의 역사적 단편, 즉 그 앞에 있는 것과 앞으로 이어질 것이 빠진 하나의 단편인 것 같다는 느낌이 들었다. 나의 삶은 마치 하나의 긴 사슬에서 가위로 잘라졌고, 수많은 질문들에 대답이 주어지지 않은 것 같았던 것이다. 그것은 왜 이런 방식으로 흘러갔고, 나에게는 왜 이런 전제 조건들이 주어졌는가? 나는 그것을 가지고 무엇을 했는가? 그 결과는 어떠했는가? 내가 그 바위 사원에 들어가자마자 나는 이 모든 질문들에 대한 대답을 얻으리라는 확신이 들었다. 거기에서 나는 그것이 왜 다른 방식으로가 아니라 그렇게 되었는지 알게 될 것이라는 말이다. 거기에서 나는 나의 이전과 이후에 대한 질문에 대한 대답을 알고 있는 사람들을 만나게 될 것이다.

내가 이 모든 것들에 대해서 생각하는 동안 어떤 일이 나의 주의를 사로잡았다. 아래쪽, 유럽으로부터 어떤 이미지가 솟아올랐던 것이다. 그것은 지구로부터 나에게 어떤 소식을 전해 주려고 파견된 나의 의사, 아니면 그의 이미지였다. 나는 아직 지구를 떠나지 말아야 했던 것이다. … 나에게는 지구를 떠날 권리가 없었고, 다시 돌아가야 했다. 내가 그 소식을 듣자 환영은 사라졌다."[18]

처음 기록되었을 당시 아주 이상하게 들렸던 이 이야기는 반박할 수 없는 수많은 증언들과 일치하기 때문에 이제는 완전히 자연스럽게 느껴진다. 그러나 수많은 현대인들은 거기에서 또 다른 세계에 대한 일종의 우연적이거나 직접적인 계시를 보며, 융은 영혼의 실재(réalité)에 대한 그의 개인적이고 치료적인 작업을 경험적으로 확인하게 된다. 사실, 그는 그 사건의 초-감각적 성격보다 죽음에 대한 심리학적 가르침에 무한하게 더 관심을 가지고 있었고, 그가 거기에 대해서 쓴 것은 오늘날 소위 "임사체험"에 관한 문학적 극화(劇化)보다는 몽떼뉴의 묵시(默示)에 더 가까워 보인다. 폰 프란츠는 다음과 같이 그의 생각을 반영하는 듯한 말을 한다. "인생의 중년이라는 시간의 신비한 흐름 가운데서 일어나는 것은 '죽음의 탄생'이다. … 무엇이 되는 것과 스러지는 것은 똑같은 곡선이다."[19] 그러나 인생의 중년은 융에게 1913년부터 1916년까지의 심각한 우울로 표시되었고, 그는 수수께끼 같은 "죽은 이들을 위한 일곱 편의 설교"를 가지고 되돌아왔다. 마야르(Christine Maillard)는 거기에 대해서 우리가 다루는 것을 위해서 다음과 같이 아주 명료하게 주석을 한다. "'죽은 이들을 위한 일곱 편의 설교'의 가르침은 유명한 영지주의자 바실리데스의 이름을 한 입문식 주재자에 의해서 죽은 자들, 즉 '기독교인'이며 '아직 완성되지 못한 사람'들이라고 정의된 수신자들에게 주어진다. … 융이 나중에 '의미를 찾지 못한 영혼의 고통'이라고 정의한 신경증은 이 '미완성 상태'에서 잘 나타난다. 그것은 바실리데스가 그들의 완성을 위해서 그들의 모든 내적 여정들을 가리키는 위대한 상징들을 직면하게 하고, 그들에게 일종의 개성화 과정을 촉진시키며 완수하게 하면서 설교하고 또 설교한 죽은 자들의 상태인 것이다. 우리는 죽은 자들의 입문식 주재자인 바실리데스는 그 설교에서 그들이 거부해야 하는 것, 즉 그들을 빈약하게 하는 일방성을 알려주고, 그들이 다가가야 하는 것, 즉 무의식에서 비롯되는 보상할 부분들을 받아들임으로써 온전하게 되는 것을 알려주면서 초월적 기능들의 모든 것을 발견하게 해주었다고 말할 수 있다."[20]

따라서 이 "늙은 연금술사"인 "어부"는 뉴 에이지의 사상가들과 반대로 살아있는 사람들이 "죽음"이라고 부르는 경험을 그 표현이 아직도, 언제나 내면의 작업, 즉 깊은 자기 수양인 분화의 노력을 하게 하는 한에서만 중요하게 생각한다. 그러나 우리는 너무 편안하게 살거나 절망적일 때마다 그의 사상을 거부한다. 우리는 이런 고통을 피하려고 하는 것이다.

융의 전체론적 입장

융은 전체적이다. 따라서 그는 현대적이다. 우리는 그의 저서에서 삶의 의미가 너무 복합적으로 돼서 거의 해독할 수 없게 된 사회에 구체적인 대답을 가져다 줄 수 있는 일종의 심리학적 영지(gnose)를 뽑아낼 수 있다. 그림자를 통합하는 이 영지는 선과 악을 상대화시킨다. 그것은 어쩌면 미국에서 1970년대에서 1980년대에 『욥에의 응답』이 미국인들의 베스트 셀러 목록에 들었었다는 설명해준다. 대중적으로 알려진 아니마/아니무스 개념은 하나의 전체, 즉 완전한 존재, 순환하는 단자(單子)가 되려면 발굴하고, 알아야 하는 자신의 알지 못하는 부분을 가리킨다. 여기에서도 이 총체성에 대한 생각을 잘못 알고 전달할 위험성이 있다. 사람들은 어쩌면 아직 분화되지 않아서 전체성이 모호한 채로 남았거나 극들이 보안돼서 전체성이 이루어진다는 사실을 충분히 고려하지 않는 것이다. 거기에 대해서 엘리 윔베르는 이해를 잘못하면, "아무 거리도 없어진다"고 말하였다. 사실 직면에 의해서 만들어지고, 정신분석적 관계에서 조성되는 이 내면의 공간은 통일을 위해서 필수적인 조건이다. 더구나 전체성은 그 전의 본래적이고 고태적인 상태로 되돌아가는 것으로 주어지지 않고, 더 넓고, 더 잘 이해하고, 더 잘 적용하는 새로운 육화를 비싸게 지불해서 얻어진다. "의미의 결과는 개인의 상태에 따라서 얻어진다. 정신체계의 부분들이 그 사이에서 조화를 이룰 때, 말하자면 관계들이 수립되고 리비도가 제대로 흐를 때, 나는 더 이상 말할 수가 없고, 나의 삶에 의미가 있다는 인상을 받는다. … 참조해야 하는 생각, 방향, 초월하는 것으로 요구되었던 것은 관계 형성, 대극들의 융합, 의미의 구성처럼 경험된다. 의미에 대한 질문은 전체성의 체험으로 대답된다. … 모순을 거부하고, 의미를 위해서 싸우는 것은 오늘날 가장 살아있는 입장이다. 거기에는 그 어떤 결정적인 태도도 없는 것이 틀림없다. 그것이 극복되고, 우리가 그 안에서 투사, 즉 세계 의식 안에서 자신에 대한 의식의 새로운 형태를 향한 전환을 깨닫게 될 날이 올 것이다."[21]

다시 말해서, 특히 "전체적인 것에 대한 유혹", 즉 융합에 대한 열망은 모순에 대한 체험에 자리를 양보해야 한다. 그렇지 않으면, 현대의 위대한 철학자들의 언어를 빌려서 말하자면, 정체성은 궁극적으로 타자성에 대한 체험으로 밖에는 발견되지 않는다.

3. 동양의 약속

우리는 여기에서 두 종류의 동양을 구분해야 한다. 하나는 인도이고, 다른 하나는 중국이다. 그것은 그것들이 이질적일 뿐만 아니라 서양의 정신치료자들에게 서로 다른 역할을 하기 때문이다. 인도는 자기가 보편적인 성장의 싹이고, 자기의 작업은 시간 속에서 서로 다른 문화에서 비슷한 영원한 상징 전체로 나타난다는 가설을 확인한다. 또한 중국은 융에게 물질과 정신 사이에 존재하는 비인과적인 동시적 관계를 신비하게 소개한다. 중국은 그가 연금술에서 이미 감지했던 것과 물리학자 볼프강 파울리와의 오랫동안의 교유로 돌아가게 한다. 융의 사고의 발생에는 인도가 첫 번째이다. 그는 그의 역사적인 것들에 대한 연구가 많이 진전된 다음에서야 비로소『역경』의 의미와 중국 점술(占術)의 의미에 대해서 이해할 수 있었던 것이다.

인도

융은 1936년 2월 이미 인도와 유럽 사이의 역할이 나누어지는 방식에 대해서 예상하였다. "인도인은 그의 본성을 인식할 뿐만 아니라 자신이 어떤 점에서 이 본성이라는 사실도 안다. 그와 달리, 유럽인은 본성에 대한 지식을 가지고 있지만 놀랍게도 그 자신의 본성, 자신 속에 있는 본성에 대해서 거의 알지 못한다."[22] 우리는 그의 저서에서 때때로 나타나는 인도의 매력에 대한 그의 유보적 태도를 이해하려면 이런 구분으로부터 출발해야 한다. 폰 프란츠는 그 이유들을 다음과 같이 잘 요약하고 있다. "그것은 그의 눈에 절도이며, 우리를 우리의 자료, 특히 그림자와 직면하는 것을 회피하게 하는 방식이었다. 동양 세계가 우리의 고뇌를 덜어주기 위하여 우리에게 줄 수 있는 모든 것에도 불구하고, 우리는 우리 자신의 궁핍에서 출발하여 우리 자신에 대하여 끊임없이 작업해야 하는 과제를 제쳐놓아서는 안 된다."[23] 미구엘 세라노(Miguel Serrano)는 퀴스나하트에 있는 융의 집에서 있었던 긴 대화를 보고했는데, 그 주제는 바로 자아와 무의식 사이의 대화의 관점에서 본 인도인들과 서양 사람들 사이의 차이였다. 동양에서는 전통적으로 내면에 대해서 상당히 더 직관적으로 지각한다. 잠재의식을 구성하는 흡수선은 더 유연하고, 투과성이 강한 것이다. 그래서 인도인들은 분석에서 기술적으로 잃은 것을 종합에서 얻는다. 그에 따라서 우리는 전체성을 추구하는 사람들이 왜 그들의 지평을 변화시키고, 카트만두로 떠나는지 이해하게 된다. 1961년에 죽은 융은 60년대의 심리학적이고 영적인 이민이 구체적으로 이루어진 것을 알지 못했지만, 그것이 집단의식에서 싹트는 것을 느꼈다. 또한 그는 거기에 함정이 있는 것도 알았다. "유럽인들은 자연으로 돌아갈 필요가 있다. 그러나 루소가 말한 의미에서의 복귀가 아니라 '그들의 본성'으로 돌아가야 한다."[24] 그리하여 그는 1968년 5월 이후의 또 다른 움직임, 더욱 현실적인 움직임을 기대하였다. 인도의 매혹을 자기 자신으로 복귀하는 서곡(序曲), 즉 그 자신의 원형적 기반을 재발견하는 서곡으로 만드는 움직임을 기대했던 것이다. 그때 낯설게 느껴지는 것은 그 자신에 대해서 알고, 상호 공감 속에서 다른 사람에 대해서 아는 것으로 돌려진다. 인도가 그렇게 매력적으로 느껴진다면, 그것은 인도가 우리의 집단적 상상계 속에서 개인의 상상계 속에서 아니마가 매력적으로 느껴지는 것과 비슷한 것이 아닐까?

융은 인도의 영적 문화의 다른 면들에 대해서 많이 연구하였다. 그는 우파니샤드를 읽었고, 희생에 대한 베다의 이론을 모르지 않았으며, 베다 철학의 주요 옵션들도 알았다. 그의 주의를 특히 끌었던 것은 분명히—의례적 활동과 요가에서 행해지는—정신의 기능에 대한 분석분만 아니라 전통적인 도식 속에 고정된 매우 고대의 신성한 예술에 의한 정신의 표현이었다. 융은 거기에서 자기의 가장 잘 읽을 수 있는 상징 가운데 하나를 보았다. 나는 이미 만달라의 발견이 그와 연관된 방법의 확장에 미친 근본적 공헌에 대해서 길게 개진한 적이 있다. 1950년에 출판되었지만 1930년에 베를린에서 있었던 세미나를 위해서 모든 그림을 중심으로 한 가장 의미 깊은 본문의 제목은 "만달라 상징에 대하여"이다. 융은 거기에서 54개의 표상에 대해서 논평하면서 티베트 불교의 관습적인 상들과 인도의 얀트라를 그의 환자들의 꿈의 상들을 비교하였다. 그러면서 그는 다음과 같은 결론을 내렸다. "우리는 개인에게는 무의식적인 상태로 있는 어떤 성향, 따라서 언제, 어디서나 원칙적으로 같은 상징들이나 적어도 상징 비슷한 것을 만드는 성향이 반드시 존재한다고 확인할 수 있다. 개인적인 무의식의 내용과 그와 비슷한 무의식의 민족적 내용의 동일성은 이미지의 실현뿐만 아니라 그 의미에 있어서도 드러난다."25

융은 1939년 8세기에 살았던 티베트의 영적 스승 파드마삼바바(Padmasambhava)로까지 거슬러 올라가는 논문인 "대해탈의 책, 또는 정신에 대한 인식을 통해서 열반에 이르는 방법"에 관한 소개 논평을 했고, 티베트로부터 불교 논문들을 수입하였다. 그것들을 번역하고 새로운 수도 모임에서 사용하려는 의도에서였다. 이 논평에서 그는 다시금 새롭게 신들과 인간의 잠재성에 대한 서양인들의 태도와 동양인들의 태도 사이의 차이에 대한 문제를 제기하였다. 서양인들은 외향성을 발달시키고, 동양인들은 내향성을 발달시킨다는 것이다. "한쪽이 다른 쪽의 관점을 채택하는 것은 바람직하지 않다." 그러나 그들 각자의 접근에 대한 명확한 인식은 상징화 과정이나 "상징의 초월적 기능"과 그 사용, 즉 상상의 훈련이라는 형태로 동양에 널리 퍼진 것을 더 잘 이해하게 한다. "그것은 과정이며, 동시에 방법이다. 의식의 실현은 하나의 방법이며 무의식의 보상의 산물은 즉각적인 과정이다. ... 그 기능은 대극(對極)을 직면함으로써 하나의 정신적 조건을 다른 정신적 조건으로 전환시켜주기 때문에 '초월적'이라고 불린다."26

이 책의 분량이 적지 않다면 더 많은 다른 본문들도 소개할 수 있었을 것이다. 사실 융은 일반적으로 『티베트 사자(死者)의 서』라는 이름으로 알려진 『바르도 퇴돌』(Bardo Thodol)에 흥미를 느끼고 있었는데, 그 책은 무엇보다도 신체적 연결을 상실한 정신의 역동에 대해서 다루고 있었다. 티베트인들은 거기에서 무의식에 대한 그들의 거대한 지식과 영혼의 깊은 층을 보여주었다. 다른 한편 융은 요가의 전통적 형태나 탄트라적인 측면에 대해서 많은 논문들을 썼다. 그러나 그는 요가가 탁발승들의 체조이거나 비상한 능력을 얻으려는 것이라고 믿는 그의 세대 사람들이 흔히 범할 수 있는 오류에 빠지지 않았다. 그는 요가가 자아를 자기라고 하는 초월적 중심으로부터 조심스럽게 상대화시키고, 정신의 발달에서 정신과 신체와 물질에 분명한 역할을 할당하는 형이상학에 근거를 둔 일관된 방법을 제안하고 있음을 잘 알았던 것이다.[27]

중국

리하르트 빌헬름은 1928년 그의 친구인 정신분석가 융에게 도교의 명상에 관한 서적 『태을금화종지』의 번역본을 보냈다. 그가 서양의 독자들을 위해 덜 신비한 방식으로 그 책의 심리학적 해설을 해 달라는 목적에서였다. 융은 30년이 지난 다음, 거기에 대해서 다음과 같이 회고한다. "나는 그 본문이 만달라와 중심을 둘러싼 숙고(熟考)에 관한 상상하지도 못했던 확신을 가져다주었기 때문에 그 원고를 즉시 게걸스럽게 삼켜버렸다. 그것은 나의 외로움을 파고들었던 최초의 사건이었다. 나는 거기에서 나와 연관시킬 수 있는 어떤 동질성을 느꼈다."[28] 융은 『황금꽃의 비밀』 제2판의 서문에서 그의 외로웠던 감정과 그에게 느껴졌던 기대하지도 않았던 공모(共謀)의 느낌에 대해서 다시 토로하였다. "15년 동안 노력했던 나의 연구 결과들은 그것과 비교할 수 있는 것들을 찾지 못해서 공중에 떠 있는 것 같았다."[29] 사실 그는 1913년부터 연금술과 어떤 영지주의자들에게 영혼의 초월적 심급(審級)일 수밖에 없는 중심을 향한 충동이 있지 않을까 하고 의심하고 있었다. 그러나 그에게는 그와 같은 충동이 한 개인이 그 자신을 완전히 실현하려는 모든 곳에서도 존재한다고 주장할 수는 없었다.

그 논평의 서문에는 의미 있는 관찰이 몇 개 나와 있다. 나는 그냥 읽어도 되는 본문 내용을 자세하게 다루지 않고, 몇 가지 강조해야 할 부분만 빠르게 지적하고자 한다. 학자들의 관심을 끄는 첫 번째 성찰은 "중국 본문의 생경함", 말하자면 서양인들의 일반적인 추론의 축에서 완전히 벗어나게 하고, 인도의 그것과도 근본적으로 다른 중국적 사고의 일반적인 타자성이다. 이런 낯설음―우리가 그것을 견디는 한, 다시 말해서 그 생경함을 이미 알고 있는 것으로 환원시키려고 하지 않는 한―은 정신분석학 분야에서 특히 풍요함을 가져다 줄 수 있는 세 가지 길을 보여 준다. 무엇보다도 먼저 중국철학은 우리의 그것처럼 지성의 일방성에 빠진 적이 없기 때문에 우리를 놀라게 한다. "그에 따라서 그것은 역설적 성격과 살아있는 존재들의 극성을 끊임없이 인식시켜 준다. 거기에서 대극들은 언제나 균형을 이루고 있었다." 상보성에 기초들 둔 이런 지혜는 일반적으로 "대극의 역전"(enantiodromie)의 삶을 작동시키거나, 그 복귀 운동이 중재적 균형을 가져오도록 그 전과 완전히 다른 태도의 전환(conversion)을 하게 한다.『역경』의 말을 다시 취하면, 중국의 지혜는 다음과 같이 말한다. "양(陽)이 가장 커다란 힘에 도달했을 때, 음(陰)의 어두운 세력은 자신의 안에서 커진다. 정오에 밤이 시작하고, 양이 깨지며, 음으로 되기 때문이다." 융은 자신의 투지(鬪志) 덕분에 성공했던 그의 환자 가운데 한 사람이 중년의 위기에서 갑자기 심한 신경증에 빠진 것을 환기시킨다: "이런 종류의 경우는 의식적 관점의 일방적 과장과 그에 따르는 무의식의 음의 반작용을 나타낸다." 극들의 실재 사이의 관계에 대한 이런 생생하고, 역동적 인식은 콤플렉스 심리학의 가장 독창적 작용 모델 가운데 하나이다.

연구의 두 번째 고찰은 갈등의 부정적 영향을 "극복"하여 변환하는 것인데, 이런 극복은 어쩌면 정신의 모든 발달에서 볼 수 있는 것이다. "삶의 가장 심각하고, 가장 중요한 문제는 궁극적으로 모두 해결 불가능한 것들이다. ... 그것들은 결코 해결될 수 없고, 오직 지나가는 것일 뿐이다. ... 침묵 속에서, 그리고 무의식적으로 스스로를 초월하는 사람들의 발달 과정을 지켜보면서, 나는 그들의 운명에는 어떤 공통점이 있는 것을 본다. 그들에게는 새로운 것이 희미한 가능성처럼 다가오는데, 그들은 그것을 받아들였고, 그것 덕분에 넘어갈 수 있었다." 중국 사람들의 말로 하자면, 도(道)는 사람들 안에서 행해지지만, 그것은 그 자신의 안에서 무한히 작고, 한계가 있기 때문에 한 사람은 그것이 나아가는 것에 대해서 명확하게 알지 못한다고 말할 수 있다.

발달이 스스로에 의해서 완성으로까지 이끌린다는 생각은 세 번째 혁신적인 직관을 뒷받침한다. 중요한 것은 실현을 위해서 스스로를 활성화시켜야 하는 것이 아니라 일어나게 그대로 두는 것이다. "이 사람들은 자유롭게 앞으로 나아가기 위해서 무엇을 했는가?" 내가 볼 수 있었던 한, 그들은 아무것도 하지 않고(無爲), 그것이 이루어지게만 했다. 노자 선생이 우리 본문에서 지적했듯이, 우리가 일상적인 일들을 그치지 않으면, 빛은 스스로의 법칙을 따라서 돈다. "일어나게 하라"(laisser advenir), 무위지위(無爲之爲), 에크하르트가 말한 포기는 내가 생각하기에 길로 이끄는 문을 열 수 있는 영원한 열쇠이다. 심리학 영역에서 말하자면, 일어나게 할 줄 알아야 하는 것이다. 융은 이 마지막 말을 강조하면서, 그가 환자들에게 사용하였고, 엘리 윔베르가 자신의 환자들에게 중요한 방법론적 개념으로 사용했던 것의 중요성을 강조하였다: 그렇게 "의식의 긴장"을 피하면, "그것이 단순히 스스로 생기기 때문에 비합리적이고, 이해할 수 없는 것들을 똑같이 받아들이는 태도"가 저절로 만들어진다. 우리는 거기에서 내면생활에 대한 관찰과 민감성의 실제적인 의미를 볼 수 있다. 우리는 그것을 어떤 체념과 혼동하지 말고, 서양인들에게서 볼 수 있는 영웅적인 의지주의(意志主義)의 포기로 받아들여야 한다. 우리는 융의 친구이며, 철학자이자, 요가 교사인 칼프리드 폰 뒤르크하임 백작의 간결한 문구를 생각하게 된다: "길은 거기 있는 것에 무조건적으로 예라고 하는 것이다."[30]

그런데 이 "무조건적인 예"는 실제로 자신의 정신과 세계 및 그 둘 사이의 관계를 인식하는 방식에서 새로운 몇 가지 조건들을 전제로 한다. 또한 융이 의미와 해석에 대한 관념에서 일종의 논리적 비약을 할 수 있었던 것에는 중국 사상에 어느 정도 빚을 지고 있다. 특히 『역경』은 그가 1930년이 되기 조금 전에 엿보기 시작한 가설인 동시성에 대한 경험적 모델을 그에게 제공해주었고, 그것은 진정으로 "총체적인" 비전으로 이끌어갔다.

4. 심리학과 과학의 만남

이제는 융의 위대한 친구 가운데 하나—그는 융과 함께 오랫동안 영혼의 치료를 같이 했다—가 천재적인 물리학자 볼프강 파울리(Wolfgang Pauli)였다는 것을 기억할 시간이 되었다. 그는 1900년에 태어났고, 하이젠베르크, 디락, 조르단과 함께 양자역학의 아버지 그룹을 이루었다. 그는 스물한 살에 『수리 및 물리과학 백과사전』(*Encyclopédie des sciences mathématiques et physiques*)에 현대 개념사에 기원을 긋는 종합인 "상대성이론"이라는 논문을 썼다. 그는 보어, 쉬뢰딩거, 페르미와 함께 작업하였고, 오펜하이머가 그의 제자였다. 그는 입자의 어떤 특성을 이해하게 해주는 배제(exclusion)의 원리를 발달시켰으며, 반물질

(anti-matière) 개념의 근원이 되는 다른 가설을 세웠다. 그는 1945년 노벨상을 받았으며, 과학이 제기하는 문제의 철학적 측면에도 관심을 가지고 있었다.

동시성, 또는 영혼과 물질의 암시적 통일성

"융이 어떤 젊은 여성 환자를 치료하는 가운데 어떤 결정적인 순간, 그녀는 선물로 황금 풍뎅이를 선물로 받았다. 그녀가 자신의 꿈 이야기를 하는 도중 ... 나는 어떤 곤충이 바깥에서 나르면서 유리창에 부딪히는 것을 보았다. ... 그것은 우리가 사는 지구의 위도 상 황금 고래를 볼 수 있는 것처럼 황금 풍뎅이와 비슷한 비유를 제공하였다."[31] 우연의 일치? 기적? 융은 조사를 더 멀리 하였고, 내면의 상황에 따른 외부적 사건의 의미를 찾았다. 그때 상황은 추론하는 지성의 입장에서 완전한 장벽으로 요약된다. 아니무스가 부정적인 측면을 보이는 것이다. 그것은 정말 비합리적인 사건인 것이 틀림없지만, 막다른 골목에서 나올 수 있는 의미를 주는 것 같다. 그것은 분석가가 고대 이집트의 지혜 전승에서 황금 풍뎅이가 재탄생의 상징이었다는 것을 분명히 할 때 더욱더 그렇다. 그런 것이 동시성적 사건이다. 그것은 비일상적인 우연이 아니라, "원형적 기반" 위에 선 듯한 "의미 있는 일치", 즉 "아무런 인과관계가 없지만 같거나 비슷한 의미를 담은 둘이나 여러 개의 시간적 일치"를 보이는 사건인 것이다.

그런데 같은 무렵, 볼프강 파울리는 그의 전공 분야에서 비슷한 직관을 진전시키고 있었다. 그는 1952년 융이 동시성에 관한 그의 연구를 출판한 책에 원형적 관념이 케플러(Kepler) 이론의 탄생에 미친 영향에 관한 주제를 연구물로 출판하였다. 그 역시 외부의 사건과 무의식에서 올라온 직관 사이에 존재하는 것이 틀림없는 관계에 관해서 추적하기 시작한 것이다. 그래서 이 정신분석가와 물리학자는 똑같은 지적 모델, 즉 상보성(complémentarité), 미묘한 에너지론, 상대성, 관찰자의 비-외부성(non-extériorité)을 같은 언어로 말한다는 인상을 받았다. 융은 리처드 에반스와 인터뷰하면서 이렇게 말했다. "정신은 자연의 살아있는 정신적 측면입니다. 심지어 정신은 물질의 정신적 측면이기까지 합니다. ... 그것은 내부에서 바라본 세계 이외에 다른 것이 아닙니다."[32] 또 다른 곳에서 그는 다음과 같이 분명하게 밝혔다. "미시물리학은 심층심리학이 정신의 알지 못하는 것 속으로 나아가는 것처럼 물질의 알지 못하는 것 속으로 더듬어 나간다."[33]

이런 대응은 궁극적으로 연금술사들이 상상했던 정신적인 것과 물질적인 것의 공통적이고, 감춰진 층인 "하나인 세계"(Unus Mundus)를 연상시킨다. 융은 1930년 그의 친구 리하르트 빌헬름에게 바치는 헌사와 그가 쓴 『역경』의 영문판 서문에서 매우 개인적인 방식으로 썼다. 그는 "동시성 현상"에 대한 관심에서 얻어지는 의미 때문에 인과성의 공리를 뒤흔드는 것을 주저하지 않고 말하는 것이다. 『역경』은 수많은 상황과 의미를 끄집어내면서 이런 현상들에 대해서 매우 분명하게 말한다. 그는 도에 대한 빌헬름의 해석을 받아들였는데, "도(道)의 중심적인 사상은 의미이다. 그 의미를 삶에서 번역하면, 도를 실현하는 것, 그것이 제자들의 과제가 될 것이다"[34]라고 말하였다. 그리고 그는 수 년 전부터 『역경』의 자문을 받는데, 그것은 통상적인 의미에서 점괘를 받으려는 것이 아니라, 거기에서 그 자신이나 그의 환자들을 위해서 새로운 출구를 담은 의미를 읽으려는 것이라고 서슴없이 말하였다. 더구나 그는 점성술도 비슷하게 사용한다고 말했는데, 그것은 미신과는 아무 관련이 없다. 그는 미구엘 세라노에게 이렇게 말하였다. "개인의 정신과 세계 사이에는 어떤 관련이 있습니다. 나는 환자의 상황이 어떤지 찾기 어려울 때, 언제나 그의 점성술의 운세를 살펴보라고 말합니다."[35] 그것을 강조할 필요가 있었는지는 모르지만, 이런 질문들은 과학이나 심리학의 변방에 있는 나이브한 탈선 같지는 않다. 그와 반대로 시간이 지나면서 그것들은 새로운 인식론의 전조처럼 보인다.

과학과 의식

더구나 이 "늙은 연금술사"의 발걸음은 그의 완전한 일관성으로 구별된다. 그가 청년기에 앞으로 살아갈 길에 대해서 알게 되었을 때 그를 즐거움에 사로잡혔던 것을 설명하면, 그는 정신과의사가 과학과 철학을 연결하는 것처럼 보였던 것을 떠올렸다. "그것은 마치 두 개의 강이 갑자기 합쳐지는 것 같았다"[36]고 그는 토로하였다. 사람들이 자기 자신에게 충실한 것, 말하자면 자신의 심층에 대한 충실성이라는 개인적인 요소는 융이 영혼과 세상 사이를 자연히 이어주는 삼투적 관계의 영역을 추구해가는 고집스러움에 매우 커다란 자리를 차지한 듯 하였다.

나는 이론적 인식을 뒤로 하고, 융이 어떤 학자들의 발걸음에 대해서 성찰한 것 가운데 일부를 직접 살펴보려고 한다. 동시성 같은 가설과 융이 앞서 나갔던 다른 것들이 확실하고 긍정적으로 평가 받을 수 있다고 믿는 것은 사실 명백한 환상일 것이다. 그러나 실재의 신비로운 모호성에 대한 통찰력, 즉 용감한 탐구자의 질문 사이의 만남에서 촉발된 통찰력을 부정하는 것은 잘못일 것이다.

따라서 융은 나이가 든 다음 이렇게 고백한다. "때때로 나는 풍경 속, 사물 속에 펼쳐져 있는 듯하고, 나무들 하나하나, 찰랑이는 물결 속과 구름 속, 오가는 동물들과 사물들 속에서 나 자신이 살고 있다. ... 여기, 공간의 바깥에 있는 배경의 영역을 위한 공간이 있다."³⁷ 이 몇 줄은 인간의 실존에 대한 매우 도교적인 전망을 표현하고 있으며, 고대 중국 현자들의 특징인 인간과 우주 사이의 불연속성의 부재를 상기시킨다. 노자의 후예 가운데 하나인 리쯔(Li-tseu)의 뛰어난 말을 생각나게도 한다. "나는 나뭇잎 하나나 마른 지푸라기처럼 바람을 따라서 동쪽으로, 서쪽으로 따라가지만, 사실 나는 나를 미는 것이 바람인지, 아니면 내가 바람인지 모른다." 그러나 우리는 또한 우리의 동시대인인 카프라(Fritjof Capra)의 비전에 대해서도 생각한다. 그는 『물리학의 도』의 서문에서 바닷가에서 미립자 물리학의 수수께끼에 대해서 생각하다가 갑자기 그의 지성과 사물들 사이를 유지시켜주던 거리를 잃어버렸다. "내가 물가에 있을 때, 과거의 이론적 체험들이 생생하게 살아났다. 나는 우주로부터 에너지의 폭포들이 떨어지는 것을 보았고, 그 가운데서 입자들이 리드미컬한 박동을 따라서 만들어졌다가 파괴되는 것을 보았다. 나는 원소들의 원자들과 내 몸의 원자들이 이 에너지의 우주적인 율동에 참여하는 것을 보았다. 나는 그 리듬을 느꼈고, 그 소리들을 들었으며, 그때 그것은 힌두교에서 숭배하는 춤의 주인인 시바의 춤이라는 것을 분명히 알았다."³⁸ 거기에는 의식이 매우 구체적으로 확대되면서 느껴지는 깊은 위로가 있는데, 그것은 마침내 외부 환경에 의해서 스며들지 않는 작은 물방울 같기를 그친다. 또한 이와 조화되는 표상은 시간으로 펼쳐지는데, 시간도 이제 더 이상 순간들이 단속적으로 연결된 것처럼 느껴지지 않고, 집단적인 것이 개인적인 연속을 잇고 포괄하는 거대한 연속체처럼 느껴진다. 융은 BBC 방송사에서 존 프리맨이 기획한 인터뷰에서 집단적 무의식에 대해서 이렇게 놀랄 만한 언급을 한다. "우리는 오늘, 내일을 사는 것이 아닙니다. 우리 나이는 어마어마합니다."³⁹ 시간은 커다란 강이지만, 각자는 원형이 육화된 것으로서 그 원천이다. 그런데 천체물리학자들은

"우리는 세상이 시작될 때부터 살아있었고", "모든 것은 우리 안에서, 그리고 우리에 의해서 즐기는 '우주적 체험'"⁴⁰이라고 설명하려고 한다. 두 가지 유형의 추론은 똑같은 관점을 가지고 있지 않지만, 각각의 것은 그 나름대로의 방식으로 개인을 뛰어넘는 거대한 우주적 시간에 대한 직관을 추구하려고 한다.

우리가 순진하게 물질, 공간, 시간, 정신이라고 부르는 모든 것들에는 생각하지도 못했던 차원이 있다. 그렇지 않고, 더 정확하게 말하면, 그것은 역동적인 교환의 신비한 연속체 속에서 연결되어 있다. 그것을 어떻게 말할 수 있을까? 상징의 언어로 말하면 된다. 융은 그 소망에 대해서 세계와 존재의 상징적 비전으로 복귀할 것을 호소하였다. "오늘날 우리에게는 통일체에 대한 감정이 부족하다. ... 그런 막다른 골목에서 나오는 유일한 길은 상징을 다시 살고, 과학과 연금술, 그렇지 않으면 더 나아가서 과학과 영혼 사이의 관계를 되찾으려는 시도밖에 ... 없는 듯하다. 왜냐하면 과학 자체가 하나의 상징, 즉 투사일 수 있기 때문이다. 과학이 보편적인 것과 우주를 정복하려는 열망 속에서 과학 역시 전체성과 통일성을 드러내려는 정신의 영원한 욕망을 되풀이할 수밖에 없기 때문이다."⁴¹ 나는 물리학자-시인이라는 종족이 태어나는데, 그것은 세계 문화를 위해서 매우 행복한 일이라는 말을 들었던 적이 있다고 믿는다. 그리스와 이오니아의 위대한 물리학자들 이후 과학과 시는 서구 세계에서 원수였던 것 같았기 때문이다. 합리주의 시대의 위대한 천문학자들이나 수학자들이 물질적 우주의 구조를 관찰할 때 인간을 사로잡은 전율을 모르지는 않았다. 그들의 전기(傳記)는 오히려 깊은 감수성을 보여준다. 그러나 그들은 그들의 가설이나 발견을 설명할 때 이 감수성을 받아들이려고 하지 않았다.

그와 반대로 오늘날 학자들은 시(詩)가 그들의 언어 속에 들어오고, 덜 기술적이어서 더 보편적일 수 있게 표현 하는 것을 주저하지 않는다. 따라서 리처드 파인만(Richard Feynman)은 이렇게 인간과 우주 사이의 대화에서 나오는 최초의 말을 구성하는 전통적 찬탄을 이어가며 "우주의 거대함이 나를 사로잡았다"고 외친다. 다른 이들도 시간과 공간적인 현기증을 토로하는 구절들로 지극히 복합적인 추론의 결론을 마무리 짓는다. 그래서 사강(Carl Sagan)은 "우리들은 별들의 물질로 되어 있다"고 말하고, 루이어(Raymond Ruyer)는 "미래의 존재들과 작업들이 오직 수소의 흩어진 섬광 상태로만 존재했던" 원시 세계로부터 "인간은 시간의 엄청난 소유자이다"[42]라고 말한다. 과거에 이 분야의 대가였고, 이런 종류의 물리학자-시인이며 대중들이 그의 시를 듣고 "감동하면서" 널리 알려진 위베르 리브(Hubert Reeves)는 융의 사상에 대해서 매우 잘 알고 있다. 우주의 진화에 대해서 다룬 흠잡을 데 없는 논문 "짙은 청색 안에서의 인내"(Patience dans l'azur)는 그 제목을 주저하지 않고 현대의 가장 위대한 시인 가운데 하나인 폴 발레리(Paul Valéry)에게서 빌린다. 그 책에서 채택한 관점에 대해서 그는 솔직하게 이렇게 고백한다. "나는 순진한 입장에 섰다. 우주는 헤아릴 수 없을 정도로 우리 너머에 있다. 모든 면에서. 어찌할 도리가 없다. 제일 풍성하게 되는 것은 흔히 가장 어린아이처럼 되는 것이다. 그것은 유치한 것이 아니다. ... "

이렇게 시와 감수성을 과학에 진입시키는 것은 어떤 것일까? 나는 그것이 매우 전문화된 분야의 한복판에서 이루어진 지극히 심오한 발전을 보여주는 것이라고 믿는다. 수학적 가설이라는 극도로 추상적인 것 속에서 움직이고, 매우 복잡한 방정식들을 다루는—그리고 이런 방법들이 그들의 발견의 도구이기 때문에 계속해서 이렇게 움직일 것이다—사람들로부터 새로운 바람이 불어온다. 그것은 주변 문화에 문을 여는 것이고, 지적인 차이를 뛰어넘어서 더 폭넓게 의사소통을 하려는 욕망이다.

이런 혁신의 중요성을 아무리 강조해도 지나치지 않는다. 그것은 커다란 부분에서 간접적인 방식으로, 심지어 매우 직접적으로 융에게서 기인한다. 그것은 두 개의 주목할 만한 심포지움, 즉 "과학과 의식, 우주에 대한 두 가지 독법"이라는 제목으로 개최되었던 코르두(Cordoue) 심포지움과 "과학과 상징, 인식의 길들"[43]이라는 제목으로 개최되었던 쓰쿠바(Tsukuba) 심포지움을 기획하고, 이끌어갔거나 따라갔던 사람들에게는 반박할 수 없는 증거이다. 우리는 1979년부터 1985년까지 계속해서 자연과학을 전공한 학자들과 영혼을 탐구하는 사람들 사이의 대화가 깊어지는 것을 안다. 덜 입문적인 것이기는 하지만 에라노스 학회의 어떤 것도 계속해서 수많은 융 학파의 작업들과 종교사학자들, 우주의 관찰자들에게 영감을 불어넣는다. 중요한 것은 이 모임들을 시작한 사람이 프랑스 미디어 문화의 중요한 활동가라는 사실이다. 그는 그 당시 프랑스 문화 감독이었던 이브 재구(Yves Jaigu)이다. 그는 융의 사상에 대해서 매우 해박하였다. 나는 이런 추구가 지속되는 것을 더 잘 이해하기 위해서 코르두 심포지움의 출판물 서문에서 카즈나브(Michel Cazenave)가 제기한 질문에 대해서 언급하려고 한다. "우리는 중세 철학자들이 '하나인 세계'(*Unus mundus*)라고 불렀던 우주 전체의 잠재적인 정신-물리적 통일성에 대한 가설을 더 개진할 수 있을까? 우리는 물리적, 생리적, 심리학적, 무의식적 현상들은 그것들이 드러나는 서로 다른 양식일 뿐이고, 심상이 그것을 전달하는 것이라는 근본적인 의식-에너지라는 가설 (hyphothèse d'une conscience-énergie)을 세울 수 있을까? 우리는 존재론적으로 서로 다르지만, 그 둘이 끊임없이 상호작용하는 의식과 물질의 공존을 생각해야 하지 않을까? 우리는 우주를 우연과 필연의 각도 아래서만 보아야 하는가? 아니면 거기에서 심층심리학이나 어떤 물리학 이론들이 재발견한 것 같은 의미 현상이 드러나는 것으로 볼 수 있지 않을까?"

융 자신도 질문을 즐겨하였다. "확실한 것만 쫓는 사람은 죽은 사람 같다." 융의 질문을 계속해서 음미하는 사람들은 도교 문장의 형태로 된 이 짧은 구절의 의미를 잘 이해할 것이다. 수많은 인용들을 통해서—내가 말하는 것을 놓칠 위험이 있지만—나는 여기에서 취리히의 이 스승에 의해서 열린 우주는 우리들에게 수많은 관점들을 보여주고, 융 이후의 융학파가 되는 것은 어쩌면 이 우주를 존재와 물질 사이의 관계를 새로운 방식으로 인식하는 현장으로 만들면서 그 자신으로 되는 것이 아닌가 하는 것을 보여주려고 하였다.

*

"나는 인도에서의 요가의 중요성에 대해서는 아무 말도 하지 않으려고 한다. 내가 경험적으로 아는 주제가 아니면 그 어떤 판단도 할 수 없기 때문이다. 그와 반면에 나는 그것이 서양인에게 얼마나 중요한지에 대해서는 말할 수 있다. 우리에게 길이 없다는 사실은 영적 무정부상태와 비슷하다. 그 결과 모든 종교적이거나 철학적인 실천은 심리학적인 훈련, 따라서 정신위생의 방법으로 나타난다. 요가의 순전히 신체적인 수많은 절차들 역시 그것이 순전히 기계적이고, 과학적일 뿐만 아니라 철학적이기도 하기 때문에 단순한 체조나 일반적인 호흡 훈련보다 더 생리적으로 위생적인 것으로 나타난다. 이 수련에서 그것은 몸을 정신의 전체성과 연결시키기 때문이다. 프라나야마(Pranayama) 수련에서 특별히 뚜렷한 것은 그것이 호흡이면서 동시에 우주의 보편적 역동이라는 것이다. 개인의 활동이 동시에 우주적 사건이라면 신체(신경분포)에의 참여는 정신(일반적인 생각)의 참여와 함께 가고, 이 결합으로부터 그 어떤 기술로도 (그것이 아무리 과학적이라고 할지라도) 낳을 수 없는 살아 있는 전체성이 탄생한다. 요가에 대한 사상이 없으면, 요가 수련은 상상할 수 없고, 아무 효과도 없을 것이다. 그것은 아주 드물 정도로 완벽하게 신체와 정신의 융합을 실현한다. …

  서양인들은 한편으로는 믿고 싶은 잘못된 습관 때문에, 다른 한편으로 지나치게 나아간 철학적이고 과학적인 비판 때문에 믿음의 함정에 빠지고, 아무 검토 없이 프라나, 아트만, 샤크라, 사마디 등의 개념을 채택할 수 있다. 그와 달리, 과학적인 비판은 이미 프라나와 푸루샤 같은 개념을 겨누기 시작하였다. 따라서 서구 정신의 분열은 처음부터 요가 정신의 올바른 실현의 가능성을 무화시킨다. 요가는 이제 완전히 종교적인 것이거나, 기억강화술, 호흡을 위한 체조, 리듬의 조화 같은 훈련 방법으로 되었다. 요가의 특징인 이 통일성과 전체성을 더 이상 찾아볼 수 없다. 인도인은 몸이나 정신 중 어느 하나도 잊을 수 없지만, 유럽인은 언제나 이것이나 저것을 잊어버린다. 이런 기능은 유럽인들에게 인도인이 하지 못했던 것, 즉 세계를 정복하게 해 주었다. 인도인은 자신의 본성을 알 뿐만 아니라 자신이 어느 정도까지 이러한 본성인지도 알고 있다. 이와 반면에 유럽인은 자연 과학을 가지고 있지만, 놀랍게도 그 자신의 본성과 그의 안에 있는 자연에 대해 거의 알지 못한다" ("Le yoga et l'Occident", in *Psychologie et orientalisme*, 188-189).

결론

이 책은 한 정신분석가에 대한 성찰이 아니라 종교의 역사에 대한 시론(試論)이다. 이 책은 "종교체험은 절대적이다. 그것은 그 자체로 논란의 여지가 없다"[1]고 주장한 정신분석가가 말한 것이 어떤 의미를 가지고 있는가 하는 질문에서 탄생하였다. 그가 거기까지 가는데 어떤 길을 거쳤나? 그리고 그런 주장에는 어떤 설명적이고, 해석학적 가치가 있을까? 그렇지 않으면, 융은 어디서 말하고, 그렇게 말하면서 어디에 있는가? 따라서 내가 거기서 그가 언급하는 것을 들으려면 나는 두 가지 점에서 자유로워야 했다.

먼저 나는 정신분석적 사고를 다시 살펴보는 것은 일반적으로 역사적 실재와 일치하지 않는 이미지에 고착되어 있기 때문에 고려하지 않았다. 사실, 정신분석학이 한 세기가 지난 다음에도 소위 과학적이라고 하는 대부분의 출판물들이 이 분야의 창시자들인 두 명의 "아들", 칼 융과 알프레드 아들러가 "아버지"인 프로이드에 대항한 삼각 구도 아래 진술하는 것은 오히려 놀라운 일이다. 서로 다른 정신분석학파들 사이에서 생긴 그 다음의 대립을 이렇게 설명하는 것보다 더 잘못된 것은 없는 것이다. 융은 프로이드의 제자였던 적이 없었다. 그의 작업의 근본적인 방향은 그에게 별로 결정적이지 않았던 그들의 만남 이전에 이미 확고하게 기초되어 있었다. 두 사람을 계속해서 비교하는 것은 두 사람이 처음 책임을 져야 했던 다툼 속으로 빠져 들어가는 것인데, 거기에서는 그 어떤 긍정적인 결론도 도출할 수 없다. 우리는 융의 인격이 매우 광범위한 상황에 처해 있었고, 그의 의식은 우리가 살고 있으며, 의미를 추구하기에 매우 적합한 시대로 정의될 수 있는 역사적 시점에 예민했었다고 말할 수 있다. 그 시대는 그 어느 것도 제대로 가지 않는 시대, 그 어떤 철학적 체계나 종교적 교의도 통하지 않는 시대였다. 거기에서 우리 실존은 그 어떤 확실한 것을 따라서 생각하지 못하고, 질문들만 한다. 나 자신은 누구인가? 이 세상에서 나의 존재는 무엇인가? 거기에서 현대 인문주의의 모든 특징적인 전도(顚倒)가 비롯되었다. 인간의 의식이 최종적 질서에 속해 있다는 데카르트의 인식론적 비전은 전환돼서 이제 더 이상 존재를 안심시키는 중요한 자료들을 주지 못하고, 끊임없이 사람들 앞에 감당해야 할 과제처럼 던져진다. 융은 의미를 회복하고, 의식을 회복하려는 이중적 요청에 의해서 스스로를 완성시키려는 이 열정을 그가 치료하는 환자들에게서 가장 높은 수준으로 느꼈으며, 그들에게 고취시켰다. 그의 작업은 우리 현대성의 가치의 일부이며, 그것으로부터 복합적이지만 풍부한 "인문과학"인 새로운 인류학의 생산적 방법론들이 도출되고, 의미에 대한 모든 차원에서의 질문들이 가능해진다. 우리는 그의 끊임없는 관심사 가운데 하나는 그가 무엇보다도 먼저 상징 의식의 변이(變移)에 대한 이해의 추구였다고 요약할 수 있다. 사실, 서양의 영적 전통, 특히 기독교의 그것은 "높은 곳"이라는 상징에 대한 해석의 확립이었다. 상징은 감각을 넘어서는 초월적 실재에 대한 직관을 향해 올라가게 하는 사다리였기 때문이다. 그 반면에, 믿음과 관계되는 모든 현상들에 대한 질문은 "깊은 곳"에 대한 해석을 촉구하는데, 그것은 독특한 순간들마다 변하는 서로 다른 의미의 층을 분석하는 것이다. 그것이 상징이다.

또한 나는 그에 관한 기존의 생각과 다른 관점에서 그의 생애와 작업에 대해서 소개하였다. 사실 역설적인 것은 융이 그가 죽었던 1961년까지 프랑스에 거의 잘 알려지지 않았다는 사실이다. 그는 프로이드와 라캉 같은 인물들에게 가려져, 우리가 평가하는 범주에 들어오기에 너무 비합리적이라서 지성인들에게 이상한 밀교주의자―더 고약하게는 "신비한 이상한 사람"―이라는 딱지가 붙었고, 사람들은 흔히 "뿌연 융"이라고 부르기도 한다. 그러나 우리나라에는 다행스럽게도 프랑스분석심리학회가 매우 활성화되어 있고, 수준 높은 학회지, 나중에 "*Cahiers jungiens de psychanalyse*"로 개명한 "*Cahiers de psychologie jungienne*"가 출판되고 있다. 또한 나는 취리히의 융 곁에서 훈련 받은 훌륭한 치료자들을 만날 수 있었고, 그들이 오늘날 인문주의의 새로운 것들을 드러낼 수 있을 정도로 개방적이라는 사실을 확인할 수 있었다. 융은 앵글로색슨 국가에서 프랑스에서처럼 배척당하지 않았다. 특히 미국과 캐나다에서는 정신치료와 신화 연구에서 융의 자료를 많이 의존했다. 이렇게 너무 반대되는 평가 앞에서 나는 그의 작업이 초기 정신분석학의 이차적이거나 이단적인 가지를 구성하기는커녕 그의 시대를 실제로 앞서 갔다―적어도 어떤 측면에서는 앞서 갔다고 생각하였다. 융은 중요한 질문은 삶의 의미에 대한 것이 될 테고, 패러다임의 전환이 필요할 것이라고 예견했던 것이다. 그는 환자들은 건강한 사람들이 갈등상태에 있을 때 훼손되는 정신체계에 결함을 보인다는 것을 알았다. 따라서 그에게는 원칙상 치료의 목표와 인격 발달의 목표 사이에 아무 차이가 없었다. 이것은 결국 현대 사회의 젊은 치료자들이 가지고 있는 가설이다. 그는 서양인들이 동양의 인도, 티베트, 중국인들의 소리를 들으면 그들의 가치 체계가 변화되고, 동시에 신체에 대한 의식이 새로워지며, 지혜에 대한 어떤 열망이 생길 것이라고 느꼈다. 그는 그 자신의 죽음을 통해서 죽음에 대해서도 말할 수 있었다. 그것은 "임사체험", 즉 삶의 경계에서의 체험에 대한 최근의 수많은 이야기를 분명히 상기시킨다. 그는 영혼에 대한 과학과 자연과학 사이의 연관성에 대해서도 이해하려고 하였다. 그의 친구인 위대한 물리학자 볼프강 파울리와의 수많은 대화들은 그가 우주와 의식의 배경(背景)에서 감지했던 혼란스러운 일종의 "전체론", 즉 모든 것을 감싸고 있는 총체성과 관계된다. 이 모든 지표들은 융의 직관이 얼마나 우리 시대에서 싹트고 있으며, 우리 세대에서 일부나마 흩어져서 개화하고 있는 발달들에 얼마나 열려 있는가 하는 것을 보여준다.

나는 그렇게 하면서 일부 사람들이 때때로 그의 사상을 오용한다는 점을 지적했는데, 그런 일은 그를 비방하는 사람들보다 그의 열렬한 옹호자들 사이에서 더 심하게 일어났다. 뉴 에이지 운동을 하는 그룹들 가운데 일부는 정신체계에 대한 전체론적인 비전을 주장하고, 통일성에 대한 그들의 매우 융합적인 추구를 순진하게 자기를 원형들의 모든 내용들을 전체적으로 포함하고 있는 것으로 믿는 작업에 기초시키려고 하는 것이다. 또 다른 사람들은 융이 탐구한 집단적 무의식이 환생의 실재에 대한 훌륭한 경험적 증거라고 생각하기도 한다. ... 또한 원형은 모든 종교적 표상들에게 똑같은 원천이 있으며, 그에 따라서 모든 종교들은 전적으로 종교 혼합적이라고 주장하는데 사용된다. 그러나 융은 이런 영역들에서 지극히 유보적인 태도를 취하였다. 나는 이것을 다시 한 번 더 말하고, 그의 저작에 대한 잘못된 해석을 수정할 필요가 있다고 생각한다.

우리가 그의 사상을 찬찬히 살펴보면, 우리는 그의 사상에 일관성이 매우 높다는 것을 알게 된다. 그를 좋아하든지 않든지, 그의 생각이 불편하든지 매혹적이든지 간에, 그의 접근 방식이 근본적으로 통일되어 있음을 인정하게 되는 것이다. 그의 생각은 처음부터 인간의 정신체계와 존재의 내면에 "거룩한 것"이 있다는 가설을 핵으로 하여 출발해서 풍부하고 광범위하게, 그리고 계속해서 수정을 거치면서 전개된다. 정신분석학 운동의 틀 안에서 거룩한 차원이라는 가설은 즉시 비신성화하려는 경향에 부딪쳤고, 환멸과 비마술화라는 어려운 작업에 부딪쳤다. 그러나 그것만이 사람들에게 커다란 죄책감을 심어 주는 제도화된 믿음에 대한 의존으로부터 해방시킬 수 있는 듯하다. 당시 많은 사람들은 융의 관점을 받아들임으로써 프로이드가 그 후계자였던 계몽주의 철학에서 한 발 물러서서 상류로 거슬러 올라가는 것 같은 느낌을 가졌을 것이다. 종교에 대해서 근본적인 질문을 던지고 수도 없이 의심하면서 어렵사리 획득한 이 인류학적인 입장, 그 안에 수많은 의심과 위험을 담은 이 입장을 섣부르게 다시 문제 삼는 것은 말이 안 된다. 결국 우리는 융의 입장이 인간의 대의(大義)를 저버리는 것이라고 믿을 수도 있을 것이다. 하느님의 전능성을 희생시키면서 그의 자율성과 그 나름대로의 영역을 주장하기 시작한 이 인간의 대의를 말이다. 그러므로 이런 시도는 우리가 일반적으로 생각하는 것보다 단순한 학파 간의 논쟁보다 훨씬 더 커다란 것이다.

나는 종교사가(宗敎史家)로서 여기에서 정신분석의 한 복판에 종교적인 문제들을 다시 끌어들이는 일이 뒤로 물러서는 것이기는커녕 새로움을 가져오는 것이라는 점을 보여주려고 했다. "신이 죽은" 시대—융은 짜라투스트라에 대해서 많이 생각하였다—에 "가장 높은 가치", 루돌프 오토가 "신성한 것"이라고 부른 가치는 어떻게 될까? 융은 임상가로서 "신이 죽었을지라도"—이것은 더 입증해 보아야 한다—신적인 것은 어쨌든 신성한 힘의 표현으로서 여전히 살아 있다고 확인하였다. 변화된 것이 있다면, 신은 외적 초월성으로 체험되지 않고, 가장 깊은 곳에서 내재성으로 느껴진다는 것이다. 우리가 "신"이라고 하는 생각은 어떤 면에서 바뀌었다. 융은 이런 변화와 그 변화가 서구의 전통적인 "하느님의 상"(*Imago Dei*)에 가지고 온 변화에 주목하였다. 그는 그렇게 하면서 당시 지식인의 지배적인 사상과 거리를 두었다. 그는 유럽인의 종교 감정의 발전과 분열을 추적하는데 몰두하면서, 역사의 흐름을 거슬러 올라가고, 중세 기독교에 관심을 가졌으며, 연금술 마법서를 해독했으며, 영지주의 신화들을 연구하였다.

그러나 그는 때로는 다른 걱정을 하였다. 하느님이 없어진 세계에서 사는 어려움을 의식화한 결과 나온 소위 "종교적인 것으로의 회귀"가 인간 속에 거룩한 것이 존재하는가 하는 질문과 거기에서 나오는 출현에 대한 질문을 중심적인 것으로 대체했는가 하는 걱정이다. 지극히 제도화된 역사적 종교들이 그 추종자들의 갈망을 전혀 충족시켜주지 못한다면, 종교 감정과 믿음의 현상이 인간의 삶을 구성한다는 생각은 전혀 터무니없는 것 같다. 이런 상황에서 융의 저작을 재평가하는 것은 우리가 사는 이 역사적 순간을 더 잘 이해하려는 시도라고 할 수 있다.

참고문헌

1. 융의 저서

Ma Vie : Souvenirs, rêves et pensées, recuillis par Aniela Jaffé. Trad. Dr. Roland Cahen et Yves Le Lay, Paris, Gallimard, 1966. Folio, 1991.

L'Homme à la découverte de son âme, Genève, ed. du Mont-Blanc, 1943; Albin Michel, 1987.

Dialectique du moi et de l'inconscient, Paris, Gallimard, 1964; Folio-Essais, 1995.

Types Psychologiques, Genève, Georg, 1950, 1981.

L'Energétique Psychique, Genève, Georg, 1956, 1981.

La Guérison Psychologique, Genève, Georg, 1953, 1970.

Lettres sur la religion, Paris, Albin Michel, 근간.

"Les Sept Sermons aux morts", 1916, *La Vie symbolique*, Paris, Albin Michel, 1989, 25-39.

Psychologie et Religion, Paris, Buchet / Chastel, 1958.

"Essai d'interprétation psychologique du dogme de la Trinité." dans *Essai sur la symbolique de l'esprit*, Paris, Albin Michel, 1991.

Psychologie et Alchimie, Paris, Buchet / Chastel, 1970.

Réponse à Job, Paris, Buchet / Chastel, 1964.

Les Racines de la Conscience, Paris, Buchet / Chastel, 1971.

Métamorphoses de l'Âme et ses Symboles, Georg, 1953.

자기에 대한 참고로는

Aïon, études sur la phénomenologie du Soi, Paris, Albin Michel, 1983.
L'Âme et le Soi, Paris, Albin Michel, 1990.

연금술에 대한 참고로는

Psychologie et Alchimie: Psychologie du transfert, Paris, Albin Michel, 1980.
Mysterium Conjunctionis, I & II, Paris, Albin Michel, 1980, 1982.
M.-L. von Franz, *Aurora Consurgens*, Paris, La Fontaine de Pierre, 1982.
"Essai sur la symbolique de l'esprit" dans L'Esprit Mercure, 에라노스 학회 발표 논문, 1942.
"Synchronicité et Paracelsica"(Albin Michel, 1988). Paracelse(1942)

현대 유럽인의 의식에 대한 참고로는

Problème de l'Âme moderne, Paris, Buchet / Chastel, 1960.
Aspects du drame contemporain, Genève, Georg, 1948, Paris, Buchet / Chastel, 1983.
Présent et Avenir, Paris, Buchet / Chastel, 1962 et Paris, Hachette, coll. References, 1995.

융과 동양사상에 대한 참고로는

Commentaire sur le Mystère de la Fleur d'Or, Paris, Albin Michel, 1979.
Psychologie et Orientalisme, Paris, Albin Michel, 1984.

융과 과학에 대한 참고로는

Synchronicité et Paracelsica (Albin Michel, 1988): "Sur la Synchronicité" (1942), "La la Synchronicité, principe de relations acausal" (1952).

상징과 신화론에 대한 참고로는

Introduction à l'Essence de la Mythologie(avec Ch.KERENYI), Paris, Payot, 1953, 1993.

Le Fripon Divin avec Ch. KERENYI et P. RADIND, Genève, Georg, 1984.

L'Hommes et ses Symboles, Paris, Laffont, 1964

대담, 인터뷰, 서한

Richard I. Evans, *Entretien avec C. G. Jung*, avec des commentaires de Ernst Jones, Princeton, 1964. Paris, Payot, 1970,

Miguel Serrano, *C. G. Jung et Hermann Hesse*, recit de deux amitiés, Londres, 1966. Georg, Genève, 1991.

C. G. Jung parle, rencontre et interviews réunis par William McGuire & R. F. C. Hull, Princeton, 1981, Paris, Buchet / Chastel, 1985.

Correspondance entre Sigmund Freud et Carl Gustav Jung, ed. William McGuire, Princeton, 1974. Paris, Gallimard, 1976.

Face to face with Professor Jung, J. Freemen for B.B.C. television, ed. by 1959년 3월. *Jung, Cahier de l'Herne*, 1984, 310-325.

2. 융에 관한 저서

C. G. Jung : Bild und Wort, éd. par A. JAFFÉ, Walter-Verlag AG, Olten, Switzerland, 1977.

Gerhard ADLER, Etudes de psychologie jungienne, Genève, 1957.

Charles BAUDOUIN, Le Triomphe du héros, Paris, 1952.

— "Psychologie analytique et religion", in Psychologie moderne et réflexion chrétienne, Paris, 1953, p. 65-84.

— L'Œuvre de C. G. Jung et la psychologie complexe, Paris, 1963.

— "Puissance de l'archétype", in Etudes carmélitaines, sur "Elie le Prophète", 1956, 11, p. 1-22.

— Psychanalyse du symbole religieux, Paris, 1957.

— De l'instinct à l'esprit, Précis de psychologie analytique, éd. Neuchâtel, 1970.

Vincent BROME, Carl Gustav Jung, l'homme et le mythe, Londres 1978, Paris, Hachette, 1986.

Michel CAZENAVE, Jung, l'expérience intérieure, Paris, éd. du Rocher, 1997.

Frieda FORDHAM, Introduction à la psychologie de Jung, Penguin Books, 1953, Paris, Imago, 1985.

Elie G. HUMBERT, "C. G. Jung, l'homme et son message", revue Planète, no 18, novembre 1970.

— Jung, Editions Universitaires, Paris, 1983.

— L'Homme aux prises avec l'inconscient, Retz, 1992.

— La Dimension d'aimer, conférences réunies dans un numéro

spécial des *Cahiers jungiens de psychanalyse*, 1994.

J. JACOBI, *La Psychologie de Carl Gustav Jung*, Genève, 1950.

— "Archétype et symbole dans la psychologie de Jung", in *Etudes carmélitaines*, sur "La polarité du symbole", 1960, p. 167-206.

Christine MAILLARD, *Du Plérôme à l'Etoile : Les Sept Sermons aux morts de C. G. Jung*, Nancy, Presses Universitaires, 1993.

Pierre SOLIÉ, *Psychanalyse et imaginal*, Paris, Imago.

— *Mythanalyse jungienne*, Paris, E.S.F.

Erna VAN PE WINCKEL, *De I'inconscient à Dieu, Ascèse chrétienne et psychologie de C. G. Jung*, Paris, 1959.

Marie-Louise von FRANZ, *C G. Jung, son mythe en notre temps*, Frauenfeld 1972, tr. fr. Paris, 1975.

Gerhard WEHR, *Jung*, Genève, éd: Coeckelberghs, 1989.

3. 융에 대한 비판

Raymond HOSTIE, *Du mythe à la religion dans la psychologie de C G, Jung*, dans *Etudes carmélifaines*, 1955 ; 2e éd. Paris, D.D.B., 1968.

Eliane AMADO-LEVY-VALENSI, *Job : Réponse à Jung*, Cerf, 1991.

주석

1 서문

C. G. Jung, *Ma Vie. Souvenirs, rêves et pensées*, Aniela Jaffé 엮음, Roland Cahen et Yves Le Lay 번역(Paris: Gallimard, 1973).

제1장 칼 구스타프 융, 선구자로서의 삶

1　C. G. Jung, *Ma Vie. Souvenirs, rêves et pensées*, 258.
2　그의 자전적 전기 *Ma Vie. Souvenirs, rêves et pensées*의 한 장(章) 이름.
3　Ibid., 386.
4　Ibid., 348.
5　Ibid., 358.
6　Ibid., 340.
7　Ibid., 362.
8　Ibid., 271.
9　Ibid., 333.
10　아니엘라 야페가 쓴 *Ma Vie*의 부록 "C. G. 융의 가족"을 참조하시오.
11　Ibid., 69.
12　이 꿈에 대한 융의 소개와 언급은 *Ma Vie*, 31-34에 있다.
13　Ibid., 83.
14　Ibid., 140.

15 우리는 앞으로 여기에 대해서 길게 살펴볼 것이다. 또한 이 연상 실험 이론을 설명하는 *L'Homme à la découverte de son âme*, 143-180을 참조하시오.

16 Frieda Fordham, *Introduction à la psychologie de Jung*, Imago, 1979.

17 *Ma Vie*, 208.

18 Ibid., 214.

19 Christine Maillard, *Du Plérome à l'Etoile: Les sept sermons aux morts de C. G. Jung*, Nancy, Presses Universitaires, 1993.

20 M. L. von Franz, *C. G. Jung, son mythe en notre temps*, 147.

21 우리는 융이 그 중요성에 대해서 많이 강조하였고, 그의 친구였고, 노벨 물리학상을 수상한 위대한 물리학자 볼프강 파울리(W. Pauli)와 함께 오랫동안 연구했던 동시성에 대한 가설에 대해서 다시 언급하게 될 것이다.

22 C. G. Jung, *Spirit and Nature*, ed. J. Campbell, 13. Vincent Brome, *Carl Gustav Jung. L'homme et le mythe*, Hachette, 1986, 255에서 재인용.

23 1949년 12월에 뉴욕의 *Bulletin of the Analytical Psychology Club*의 캐롤 바우만과의 인터뷰. *C. G. Jung parle. Rencontres et interviews*, Buchet-Chastel, 1985, 154-156.

24 취리히의 *Weltwoche*에 나온 인터뷰 기사. op. cit., 122-127.

25 또 다른 자료들을 위해서는 *Aspects du mythe*, 앞에서 언급했던 "융과 나치즘", *Cahiers de psychologie jungienne*, no. 12, 1977년 겨울; E. Perrot, "나치즘에 맞서서 자유로운 정신치료의 방어자로서의 융",
C. G. Jung et la voie des profondeurs, La Fontaine de Pierre, 1980. 더 오래 된 자료로는 E. Harms, "칼 구스타프 융, 프로이드와 유태인의 옹호자", *Psychiatric Quaterly*, Urica N. Y. 1946 봄.

26 *Ma Vie*. 364.

27 Ibid., 339.

28 "Face to face with Pr. Jung", in *Cahiers de l'Herne* sur Jung, 1984, 310-325.

29 *Ma Vie*. 408. 엘리 윔베르도 1983년 Editions Universitaires에서 출판된 『융』(Jung)의 머리말에서 같은 구절을 인용하였다.

30 Paul Ricoeur, *Le Conflit des interpretations*. Essai d'her-méneutique, Paris, Seuil, 1969, 148-150.

31 나는 이 용어를 1979년 2월 24일 *Figaro-Magazine*의 기사 제목으로 쓴 장-피에르 뒤쟈르댕의 표현에서 빌렸다.

제2장 영혼의 세계

1 *L'Homme à la découverte de son âme*, Albin Michel, 1987, 141.

2 Ibid., 104.

3 *Types psycholpgiques*, 정의 52, Georg, Genève, 1991, 466.

4 *L'Homme à la découverte de son âme*, Albin Michel, 1987, 115, *Types psychologiques*, 정의 38, 453-456.

5 Ibid., 정의 51, 463-465.

6 *L'Homme à la découverte de son âme*, 115.

7 *Types psychologiques*, 327.

8 그러나 내향성은 자아-중심성과 같지는 않다. ... 따라서 생각이 깊은 사람들은 종종 내향적이지만, 전혀 이기주의자가 아니다.

9 Collective Works, t. XI, 167.

10 *L'Homme à la découverte de son âme*, 105.

11 콤플렉스에 대해서는 본서 154-162쪽을 참고하시오.

12 Ibid., 121-122.

13 Ibid., 83.
14 Ibid., 273.
15 Ibid., 187.
16 Ibid., 191.
17 Ibid., 279.
18 *Dialectique du moi et de l'inconscient*, 117-118.
19 Ibid., 119.
20 *L'Homme à la découverte de son âme*, 295.
21 Ibid., 322-323.
22 Ibid., 296.
23 *Psychologie et la religion*, 196.
24 *Les racines de la conscience*, 97. 110.
25 또한 이 문제에 대해서 많은 연구를 한 융의 제자 보두앵(Charles Baudouin)의 저서『영웅의 승리』, Paris, 1952(서문에서 그는 "'이중적 탄생'의 환상"에 대해서 썼다)와『미술의 정신분석』, 29쪽을 참조하시오.
26 Charles Baudouin, *Le triomphe du héros*, 79. 228.
27 Erna van de Winckel, *De l'inconscient à Dieu: Ascèse chré-tienne et psychologie de Carl Gustav Jung*, Paris, 1959, 114.
28 *Les racines de la conscience*, 114.
29 Ibid., 65.
30 Marie-Louise von Franz, in Jung, *L'Homme et ses symboles*, 177.
31 Cf. S. Freud, *Délire et rêves dans la Gradiva de Jensen*, Gallimard, 1949. C. G. Jung, *Les racines de la conscience*, 73-85. 모성 상징과 아니마 상징을 구별하고, 해석하는 것이 "개성화 과정"의 발달에 중요하다. 제3장을 참고하시오.
32 *Les racines de la conscience*, 42.

33 *Dialectique du moi et de l'inconscient*, 182. 189.

34 *Les racines de la conscience*, 449. *Dialectique du moi et de l'inconscient*, 171.

35 "Elie le Prophète", *Etudes Carmelitaines*, 1956, II, 22 in *Psychanalyse du symbole religieux*, 제II권 제5장.

36 *Psychologie et la religion*, 103-104.

37 Ibid., 103; 이 꿈에서의 청각적 환각에서 사원은 "명상의 집"으로 불린다.

38 Ibid., 162.

39 *Psychologie et Alchimie*, 61. 각주 2.

40 Ibid., 125-293. "만달라의 상징주의.

42 *Evangile selon Philippe*, 75절, J. Ménard, Le Symbole, colloque internationalde Strasbourg, 1974, 45.

42 *Apocalypse johannique*, 21장, 22장 1-5절.

43 *Psychologie et Alchimie*, 54; 그림 60, 163, 525-526..

44 Ibid., 65, 꿈 37.

45 "자기와 매우 가까운 의식에 도달하려는 희망을 품지 않아야 한다. 그 범위가 아무리 대단하고, 확장될지라도, 우리가 의식할 수 있는 우리 자신의 광경은 어떤 분명하지 않은 덩어리에 불과하고, 규정할 수 없는 무의식성의 집체이기 때문이다. 그것들이 자기의 전체성을 구성하는 부분이다. 따라서 자기는 언제나 하나의 거대한 것, 말하자면 "상위의" 실체로 남을 것이다."(*Dialectique du moi et de l'inconscient*, 118).

46 사람들은 흔히 잘못된 해석으로 이끄는 비슷한 것에 의해서 융의 내적 성찰의 방법을 어머니의 배로의 회귀, 다시 말해서 퇴행과 혼동하고는 한다 (Gilbert Durand, *Structures anthropologiques de l'imaginaire*, 283). 융은 어떤· 한 연구 전체를 신적인 아이를 자기의 상이라는 주제에 할애한 적이 있다.

Introduction à l'essence de la mythologie, Payot, 1968.

47 L'Homme à la découverte de son âme, 85-86.

48 Dialectique du moi et de l'inconscient, 111.

제3장 개성화 과정, 영적 체험

1 La Guérison psychologique, 259.

2 L'Energétique psychique, 224.

3 Maurice Blanchot, L'espace littéraire, Paris, 1955, 359.

4 Elie Humbert, Jung, 54. "일어나게 하라"와 "직면하라"는 윔베르가 융의 정신역동에서 확인한 의식의 두 가지 기본적인 태도이다(14-19).

5 Psychologie et Alchimie, 47. 또한 L'Homme à la découverte de son âme, 318-319; Aïon, 20-23; Psychologie du transfert, 100-102; La Guérison psychologique, 270-271을 참고하시오.

6 Psychologie et Alchimie, 217.

7 Ma Vie, 393. 398.

8 Ibid., 381.

9 Elie Humbert, Jung, 56.

10 Dialectique du moi et de l'inconscient, 82.

11 Ibid., 87.

12 Aïon, 26-27.

13 Les racines de la conscience, 44.

14 Ma Vie, 216-218.

15 아니엘라 야페의 설명. Ma Vie, 451.

16 Mircea Eliade, Forgerons et alchimistes, 289와 8쪽의 "광물들은 지구의

뱃속에서 '자란다'", 46쪽의 "바위는 귀중한 돌들을 낳는다"는 말은 미트라스교의 어머니 바위(*petra genitrix*) 신앙과 관계된 믿음을 보여 준다. 또한 그는 177쪽에서 Rosnel, *Le Mercure indien*, 1672를 인용하는데, 그 책의 12쪽에는 "아기가 어머니의 뱃속에서 자라는 것처럼 루비는 저절로 만들어지고, 자란다"는 말이 있다. 또한 엘리아데는 48쪽에서 다음과 같은 관습에 대해서 말한다. "광산은 열심히 채굴한 다음, 휴식기가 주어진다. 지구의 이 자궁인 광산은 새롭게 생산하기 위해서 시간을 요구하는 것이다."

17 Ibid., 55.

18 *Psychologie et Alchimie*, 349. 152.

19 Ibid., 316-319의 주. *Rosarium philosophorum*은 1593년경 스위스 바젤에서 출판된 연금술서이다.

20 Ibid., 344. 1602년부터 1661년에 출판된 *Theatrum chemicum*에 수록된 논문인 "*Liber Platonis Quartorum*"을 참조하였다.

21 Ibid., 319.

22 Gérad Dorneus, *Theatrum chemicum*, I, 267. *Psychologie et religion*, 184와 *Psychologie et alchimie*, 348에서 인용.

23 Zosime, *Traité sur l'art*, III, I, 5. *Les racines de la conscience*, 142-143에서 인용.

24 *Les racines de la conscience*, 176. 완전의 본래적인 원형으로서의 "금 인간"의 주제는 이란의 신화들에서 널리 사용되었다. 거기에서는 아리아에서 창조되었다가 아리만에게 정복된 최초의 인간 가요마트(Gayomart)는 떨어지면서 그의 몸의 일곱 부분에 해당되는 금속 일곱 개를 방출했다고 한다. 그 다음에 여덟 번째 금속인 금은 가요마트와 그의 자손의 영혼에서 나온다. 그 고귀함이 다른 모든 금속보다 위에 있는 금은 여기에서 본질적인 자아인 영혼을 상징하고, 그것이 전체적으로 지배하는 "기관들"에 덧붙여지며, 거기에 각각의 금속

들이 불려온다. 우리는 금이 연금술 전통에서 특히 왕의 아들, 자기가 부활한 몸이라는 사실을 안다. 스펜타 아르마이티(Spenta Armaiti, 조로아스터교 우주론에서 지상의 천사)가 모았던 것은 이 금이다. 그녀는 그것을 지켰는데, 마지막에 "토양"으로부터 비상한 식물이 싹텄는데, 그것이 최초의 인간의 부부인 마흐랴그-마랴나그(Mahryag – Mahryânag)를 만들었다. 그 두 존재는 서로가 너무 비슷하고, 너무 가깝게 통합돼서 그것들을 구분하기가 불가능하였고, 더 나아가서 남성적인 것과 여성적인 것을 분리시키기가 더 불가능하였다"(Henry Corbin, *Terre Céleste et corps de résurrection*, 75). 이렇게 금으로부터 양성적인(androgyne) 형태 아래 완전히 통일된 두 개의 대극이 나오는데, 융은 이것을 자기 속에서 아니무스와 아니마가 화해한 것이라고 해석하였다. *Psychologie et alchimie*, 452, 주 13.

25 *Psychologie et Alchimie*, 452, 주 13.

26 *Rosarium Philosophorum*, in *Psychologie et Alchimie*, 223, 110. 1931년 베를린에서 출판된 13세기 원고인 *Turba Philosophorum*.

27 *Les racines de la conscience*, 193, 252.

28 Pao P'u Tsu, 3-4세기에 살았던 위(僞) Ko-Hung.

29 al-Biruni, *Description de l'Inde*, M. Eliade, *Le yoga*, 277.

30 Robert Desoille, *Marie-Clotilde, une psychothérapie par le rêve éveillé*, Paris, 1971. 257, 183, 198.

31 *Psychologie et alchimie*, 347.

32 Ibid., 393, 419-435. 더구나 무의식은 의식 안에 담긴 이 원질료(matéria)이다. 원질료는 출발점, 작업의 어머니가 되는 물질로서 여러 가지로 정의된다. 여러 연금술사들이 그것을 서로 다르게 정의했기 때문이다. 그것은 *massa confusa, Unum, Unica res, Monas, elementum primordiale, radix* 등으로 불린다. 그것은 어떤 것을 표상하는(*forma*) 소질(*possibilitates*), 즉 원형들로

이루어진 융의 집단적 무의식의 가설과 완전히 들어맞는다. *Psychologie et Alchimie*, 407-411 참조,

33 *Les racines de la conscience,* 173.

34 *Psychologie et alchimie*, 403-404.

35 Ibid., 607-608.

36 *Les racines de la conscience,* 45.

37 *Aïon, Psychologie du transfert*, 69-97, *Mysterium Cojunctionis,* II. 205-218을 참조하시오.

38 *Psychologie du transfert*, 195.

39 *Psychologie et alchimie*, 126.

40 만달라에 대한 탄트라교의 설명을 위해서는 P. Rawson, *Tantra, le culte indien de l'extase*, 1973과 *L'Art du tantrisme,* 1973을 참조하시오.

41 P. Santarcangeli, *Le Livre des labyrinthes*, Florence, 1967. 프랑스어 번역 1974, 특히 제8장 "영혼의 긴 여행과 그 신비"를 참조하시오.

42 M.-L. von Franz, "Le Processus de l'individuation", in C. G. Jung, *L'Homme et ses symboles*, 161.

43 *Psychologie et religion*, 75. 다른 인용들과 해석들도 같은 책의 186, 163, 187쪽과 특히 139-147쪽에 있다. 또한 *Psychologie et alchimie*, 275-282. "목소리"에 관해서는 욜란드 야코비의 "개인의 분석에서 내면의 상징"을 참조하시오. "융 박사는 꿈에서 목소리의 개입을 자기의 개입과 동일시하였다. 그것은 정신의 집단적 기반에 있는 원천에서 나온 인식을 나타내는 것이다." Jung, *L'Homme et ses symboles*, 280.

44 *Psychologie et religion*, 78, 186.

45 Ibid., 163.

46 Gérard Cames, *Allégories et symboles dans l'Hortus deliciarum*, Leyde,

1971, pl. LVII, fig. 103.

47 *Psychologie et religion*, 139-137와 *Psychologie et alchimie*, 275-282를 참조하시오.

48 *Aïon*, 52.

제4장 의미의 시험

1 나는 여기에서 특히 M.-L. von Franz,의 *C. G. Jung, son mythe en notre temps*, Elie Humbert의 *Jung*, Luigi Aurigemma의 "La dimension spirituelle dans l'oeuvre de Jung", in *Cahiers de psychologie jungienne*, no. 44, 1985, 1-20, R. Gordon, "Tentative d'anatomie d'un concept": le Soi, *Cahiers de psychologie jungienne*, no. 39, 1983, 52-61에 대해서 언급할 것이다.

2 *Ma vie*, 242.

3 *Types psychologiques*, 정의 55, 468-476.

4 *Problèmes de l'âme moderne*, 92.

5 Ibid.

6 *Types psychologiques*, 472.

7 Ibid. 474.

8 cf. Jolande Jacobi, "Archétype et symbole dans la psychologie jungienne" in *Etudes Carmélitaines*, "Polarité du symbole", 1960, 167-206.

9 *Types psychologiques*, 정의 27, 432-437.

10 Raymond Hostie, *Du mythe à la religion dans la psychologie de C. G. Jung*, 2e édition., D. D. B., 1968, 76.

11 융은 생물학적인 면에서 본능의 역할과 정신적인 면에서 원형의 역할 사이의 평행에 대해서도 특별한 관심을 가지고 있었다. *Les racines de la*

conscience, 521-541, "행동유형과 원형"을 참조하시오.

12 *Psychologie et religion*, 196. *Psychologie et alchimie*, 25.

13 바울 사도는 이렇게 말하였다: "*Per visibilia ad invisibilia.*"

14 Thomas d'Aquin, *Somme théologique*, III a. 60, a. 1, ad. 2, Augustin, *De doctrina christina*와 *De magistro* 참조.

15 *Psychologie et alchimie*, 69.

16 "바다는 환상을 보게되는, 즉 무의식적 내용이 분출되는데 아주 적합한 장소이다." *Psychologie et alchimie*, 69.

17 *Les racines de la conscience*, 31.

18 *Psychologie et éducation*, 71.

19 예를 들면, 세피로트의 나무가 그것이다. 유대교 신비주의에 의하면 그 나무는 이 세상에서의 계속적인 신적 활동의 양태를 말하는 것이다.

20 cf. *Les racines de la conscience*의 제6권 "철학적인 나무"(327-464)와 특히 "인간 같은 나무", "무의식의 해석과 통합"(448-464)를 참조하시오.

21 *Les racines de la conscience*, 그림 2와 329-350을 참조하시오.

22 루돌프 오토는『성스러운 것』(*Le sacré*)에서 종교적인 사실을 융이 매우 흥미를 느낄 수 있는 관점에서 분석하였다. 그는 먼저 "성스러움"이라는 용어에는 처음에 그 단어에 없던 윤리적이고, 철학적인 의미가 덧씌워졌다고 말하였다. 그렇게 "윤리적인 것을 말하려는 요소를 중화시키고", "그 자체로 말하게" 해야 한다는 것이다. 그래서 오토는 *numen*(성스러운 힘)이라는 라틴어에서 "신성한" (*numineux*)이라는 단어를 말하였다. "이런 범주는 절대적으로 '스스로 일어난다.' 그것은 모든 본래적이고, 근본적인 자료들처럼 엄밀한 의미에서 정의의 대상이 아니라 단지 검토의 대상이다"(제2장, 19-21). 우리는 곧 융이 왜 그 용어를 채택했는지 그 이유를 보게 될 것이다..

23 *Psychologie et religion*, 18-19, 161, 21, 198.

24 La Guérison psychologique, 286.

25 Charles Baudouin, Psychanalyse du symbole religieux, Paris, 1957, 111.

26 Psychologie et religion, 183.

27 L'Homme à la découverte de son âme, 92.

28 Psychologie et religion, 198, 113.

29 Psychologie et religion, 177, 198, 148, 161와 Psychologie et alchimie, 7에서 인용.

30 R. Hostie, Du mythe à la religion, 181.

31 Un mythe moderne, 84.

32 Psychologie et alchimie, 28.

33 Ibid., 242.

34 Louis Beirnaert, "Jung et Freud au regard de la foi chrétienne", Dieu vivant, 26, 1954, 98.

35 L'Homme à la découverte de son âme, 210.

36 Ibid., 207. 인과론적 관점에 목적론적 관점을 덧붙인다면, M.-L. von Franz, C. G. Jung, son mythe en notre temps, 104-105, 115을 참조하시오.

37 Ibid., 256.

38 Elie Humbert, Jung, 15. M.-L. von Franz, op. cit, 131, 151.

39 L'Homme à la découverte de son âme, 311.

40 Psychologie et alchimie, 96.

41 Les racines de la conscience, 31.

42 Mircea Eliade, Traité d'histoire des religions, Paris, Payot, 1re ed. 1949, 제5장. 그러나 엘리아데는 원형적 수준과 집단의식 수준의 내용을 혼동하고 있다. cf. M.-L. von Franz, op. cit., 148-149.

43 Louis Beirnaert, "La dimension mythique dans le sacra-mentalisme

chrétien", *Eranos Jahrbuch*, 17, 1949, 281-282.

44　Miguel Serrano, *C. G. Jung et Hermann Hesse, récit de deux amitiés*, Georg, Geneve, 1991, 65-66.

제5장 악, 신적인 것, 성스러운 것

1　*Réponse à Job*, 17.

2　앞에서 언급했던 신학자 L. 베르네르는 물론 Raymond Hostie는 *Du mythe à la religion dans la psychologie de C. G. Jung*에서 Eliane Adado Levy-Valensi는 *Réponse à Jung*, Cerf, 1991에서 그런 작업을 했다.

3　cf. 요한복음 14:14와 10:12.

4　"Scivias"는 빙엔이 쓴 논문 "Sci vias Domini ... "의 약자인데, 거기에는 대우주와 소우주 사이의 구조적 평행과 관련된 일련의 비전들이 설명되어 있다.

5　앞가슴과 아치의 의미적 유사성에 대해서는 Isidore de Seville, *Etymologies*, XI, I, 73를 참조하시오. 그 책에서 저자는 라틴어 단어 arca에는 '갈비뼈'와 '아치'라는 두 의미가 있다고 주장한다. 또 다른 것으로는 Marie-Madelaine Davy, *La Symbolique romane*, 104-113와 110을 참조하시오.

6　아우구스티누스는 *La Cité de Dieu*(XIII, 21)에서 낙원의 네 강과 네 복음서, 네 가지 덕목이 같은 계열이라고 주장한다. 암브르와즈(Ambroise)도 *De Paradiso*, III, 12에서 비슷한 말을 한다. P. A. Ferier, "낙원의 네 강", *Rivista di Archeologia Cristiana*, 32, 1956, 179-199. 참조.

7　시토 수도회 교회의 사각형적 건축을 위해서는 René Crozet, *L'Art roman*, Paris, 1962, 86을 참조하시오. 또한 네 가지 신비를 위해서는 Absalon, *Sermon* 36와 H. de Lubac, *Exégèse médiévale, les quatres sens de l'Ecriture*, II, II, 51을 참조하시오. "반듯한" 세계 질서를 위해서는 Victorin de Pettau, *De fabrica mundi*, 3, 4를 참조하시오.

8 Philon, *De monarchia*, II, 1; Vie de Moise, II, 6,10; J. Danielou, "Symbolisme cosmique des monuments religieux chez Philon d'Alexandrie", *Annales du Musee Guimet*, 1953, 1-65; H. de Lubac, op. cit., II, II, 26.

9 Yves Congar, "La primauté des quatre conciles oeucuméniques, Origine, destin et portée d'un thème traditionnel", in *Le Concile et les conciles*, 1960, 75-109.

10 Ibid., 86.

11 *Registr*, I, 24.

12 우리는 이에 대한 흥미 있는 예를 천상의 예루살렘을 나타내는『호루투스 델리시아룸』(*Hortus deliciarum*, "기쁨의 정원"이라는 의미로 젊은 수녀 교육에 사용된 일종의 백과사전—역자 주)의 요약본 안에 네 명의 주요한 예언자의 그림에서 볼 수 있다. 가장자리를 따라서 네 개의 메달에는 예언자와 복음서 기자의 동물이 연관되어 있다(Gérard Cames, *Allégorie et symboles dans l'Hortus Deliciarum*, fig. 89 pl. XII 및 주석 p. 96). 네 명의 무녀들에 관해서는 Emile Male, *L'Art religieux du XIIIe siècle en France*, II, 352-355. 네 명의 라틴교회 박사들은 암브로와즈, 제롬, 아우구스티누스, 대 그레고리이다. 네 명의 그리스 교회 박사들은 아타나시우스, 바실리우스, 나지안주스의 그레고리, 장 크리소스톰이다.

13 *Réponse à Job*, 134.

14 통합과 영광의 주제인 동정녀의 대관(戴冠)에 관한 주제는 거의 언제나 만달라 도식에 의해서 다루어졌다.

15 *Réponse à Job*, 224-234.

16 *Aspect du drame contemporain*, 77-78.

17 "선의 결핍"(*privatio boni*), 즉 기독교에서 하느님 안에는 악이 존재하지

않는다는 기독교 교리에 대한 『욥에의 응답』의 부록에는 다음과 같은 언급이 있다. "그런 주장은 심리학적 인식들과 부합되지 않는다. 우리의 심리학적 체험은 우리가 '선'이라고 부르는 모든 것들은 '악'이라고 부르는 것과 똑같이 실체적인 것으로 맞서 있는 것을 보여 준다."

18   R. Hostie, op. cit., 255. 또한 이 문제에 대한 모든 신학자들의 견해에 대해서는 254-266을 참조사시오.

19   Ibid., 276-277.

20   Ibid., 299.

21   *Exégèse médiévale*, II, II, 29.

22   *Ma vie*, 62. 73.

23   Ibid., 236. 395. 융은 『영혼을 찾는 인간』에서 심리학과 신학의 관계를 밝히기 위하여 "하느님의 이마고"와 "하느님" 사이를 구분한다. 『영혼을 찾는 인간』, 244.

24   *L'Homme à la découverte de son âme*, 93.

25   *Réponse à Job*, 207.

26   Louis Beirnaert, "La dimension mythique dans le sacra-mentalisme chrétien", *Eranos Jahrbuch*, 17, 1949, 278-279.

27   *Confessions*, III, 6, 11.

28   니콜라스 드 플루에는 무시무시한 삼위일체의 환상을 받은 스위스의 은자(隱者)이다. 그 다음에 그는 수 년 동안 그 중심에 하느님의 얼굴이 있는 여섯 부분으로 된 만달라 형상을 고안하였다. cf. *Les racines de la conscience*, 19 이하와 M.-L. von Franz, *La Vision de Nicolas de Flue*, Zurich, 1959.

29   *Psychologie et alchimie*, 26.

30   *Commentaire au Psaume* 41:5-6, H. I. Marrou, Saint Augustin et l'augustinisme, Paris, 1955, 113.

31   *Psychologie et religion*, 17. 또 다른 참조는 *Psychologie et alchimie*, 607. *Essais sur la symbolique de l'esprit*, 187.

32   『욥에의 응답』의 후기 258쪽에 수록된 1953년 5월 4일 자 서신.

33   E. Humbert, *Jung*, 127-133.

제6장 융과 융 이후

1   내가 제1장의 마지막 부분에서 이미 언급했던 "근대성-이후"는 역사적 시대라기보다는 하나의 관점이다. 근대주의 문화에는 풍성과 함께 함정이 있는 총체성, 직관, 내면성 등을 지향하는 "반문화"가 뒤따른다.

2   예를 들면, 융연구그룹(Jung Study Group)에는 라캉학파 분석가들을 기꺼이 초대해서 토론한다. 또한 나는 그 그룹에 요가협회 회장의 자격으로 초대 받아서 *Cahiers de psychologie jungienne*에 논문을 쓰거나 개성화에서 신체의 자리에 관한 강연을 하였다.

3   M.-L. von Franz, *C. G. Jung, son mythe en notre temps*, 92-93.

4   뉴욕에서 1937년에 있었던 세미나 가운데 "분석심리학은 종교인가?"라는 것이 있다. 그 본문은 *Cahier de l'Herne sur Jung*, 391-394에 수록되었다.

5   op. cit., 109.

6   *Ma Vie*, 223-224. *L'homme et ses symboles*, 65.

7   E. Humbert가 프랑스의 요가협회에서 했던 강연.

8   1932년 스트라스부르에서 개최된 목회자 대회에서 했던 강연으로 *La Guérison psychologique*, Genève, Georg, 1953, 277-304에 수록되었다. 특히 299쪽에 나와 있다.

9   Ibid., 301.

10   앞에서 말했던 엘리 윔베르의 강연.

11 Miguel Serrano, *C. G. Jung et Hermann Hesse*, 74.

12 cf. 1990년 3월호 *Psychologies*, no. 74, 32-67.

13 M. A. Descamps, *L'Amour transpersonnel*, éd. Trismégiste, Paris, 1989, 서문.

14 *Ma Vie*, 385-386.

15 *Aïon*, 157-158; 물병좌에 대해서는 95-107.

16 제4장을 참조하시오. 53.

17 Elie Humbert, 같은 강연.

18 *Ma Vie*, 331-334에서 발췌.

19 M.-L. von Franz, *C. G. Jung*, 124.

20 Christine Maillard, "Les sept Sermons aux morts, une clé pour l'oeuvre de Jung", *Cahiers jungiens de psychanalyse*, no. 73, 1992년 2분기. 7-8.

21 Elie Humbert, in Revue *Planète* sur Jung, 1970, "La question du sens de la vie", p.87, 89

22 "Le Yoga et l'Occident", *Psychologie et orientalisme,* Paris, Albin Michel, 1985, 185.

23 M.-L. von Franz, *C. G. Jung*, 133. 또한 134, 136을 참조하시오.

24 "Le Yoga et l'Occident", op. cit., 189.

25 "A propos de la symbolique des mandalas", *Psychologie et orientalisme*, 98.

26 W. Y. Evans-Wentz, Oxford University Press, 1974, tr. fr. Paris, in *Psychologie et orientalisme*, 130-163.

27 그의 저서에는 요가에 관한 언급이 자주 나온다. *Cahiers jungiens de psychanalyse*에는 쿤달리니 요가에서의 뱀의 상징주의에 대한 미간행 논문이 수록되어 있다(no. 72, 1992년 봄호). 융에 관한 *Cahiers de l'Herne*에도 1932년

네 차례에 걸쳐서 쿤달리니 요가에 대해서 강연했던 논평 원고가 수록되었다. 또한 같은 *Cahiers de l'Herne*에 있는 Luigi Aurigemma의 주목할 만한 논문 "Jung et l'Orient", 191-223을 참조하시오.

28 *Ma Vie*, 223.

29 *Commentaire sur la fleur d'or*, Paris, Albin Michel, 1979, 17. 그에 따르는 인용은 25-34를 참조하시오.

30 뒤르크하임의 가르침은 융 심리학에서 많이 인용된다. 특히 *Le Maître intérieur, et Exercices spirituels en psychothérapie*(Le Courier du Livre, Paris)를 참조하시오.

31 "La synchronocité, principe de relations acausal", *Synchronicité et Paracelsica*, Paris, Albin Michel, 1988, 39 이하.

32 M.-L. von Franz, *C. G. Jung*, 210에서 재인용. 더 좋은 번역은 *Entretiens avec C. G. Jung*, Payot, 71에 있다.

33 *Mysterium conjunctionis*, II, 317.

34 *Commentaire sur le mystère de la fleur d'or*, 118.

35 Miguel Serrano, op. cit., 105.

36 *Ma Vie*, 316.

37 Ibid., 263.

38 *Le Tao de la physique*, Tchou, 1979, 9.

39 *Cahier de l'Herne* sur Jung, 319.

40 Hubert Reeves, *Patience dans l'azur*, Paris, Seuil, 1981, 160.

41 Miguel Serrano, op. cit., 96-97.

42 cf. Richard Feynman, *La nature de la physique*, Seuil, Paris, 1970; Carl Sagan, *L'Appel des étoiles*, Seuil, Paris, 1975; Raymond Ruyer, *La Gnose de Princeton*, Fayard, 1974, 110, 231.

43   Stock, 1980 et Albin Michel, 1985.

결론

1   *Psychologie et religion*, 198.